池田大作研究

世界宗教への道を追う

佐藤 優

Sato Masaru

朝日新聞出版

池田大作研究◇目　次

断と偏見による「筋読み」／買収事件はなぜ起きたのか／ビジネスや折伏での成功が慢心に／金という権力の魔性／場の空気を支配していた間違った情熱／組織犯罪と決めてかかった警察と検察／早く保釈されたいとの被疑者の心理／国家機関は合法的に暴力を行使できる／日蓮が受けた苦難を刑事事件の形で追体験／弾圧者の中にも無罪を考える人がいる／「宗教人が政治に関与するのは生意気」／精神的拷問への耐性／牢獄は入った者でなければわからない／「あいつはまだ自動販売機になっていないのか」／検察官から脅迫を受けた翌日／創価学会壊滅作戦に出るかもしれない／事態を根底から揺るがす重大な事実／無実と知りながら逮捕した検察の謀略／太平洋戦争中の抵抗に示された国家観／謀略はどのように作られていったか／急な呼びかけにも参加した4万人／偉大なる戦いの成否を決するもの／「その時は差し入れだけはしてくれたまえ」／法的技法ではなく、信心で公判闘争に取り組む／弁護士接見を妨害した主任検事の本音／「一歩後退、二歩前進」という戦略／「皆様、大変にしばらくでございました」／国政で無視できない創価学会の影響力／会長就任から1年半で200万世帯以上に拡大／権力の横暴に泣かされた民衆の立場を代表／起訴されると99％有罪の刑事裁判で無罪／師弟愛が

装幀　加藤光太郎

池田大作研究

世界宗教への道を追う

序章
創価学会の内在的論理とは何か

キリスト教神学とインテリジェンス分析の方法

創価学会《そうかがっかい》名誉会長で、創価学会インタナショナル（ＳＧＩ）会長である池田大作《いけだだいさく》（１928年1月2日生まれ、92歳）について知ることが、現下の日本と世界を理解する上できわめて重要だ。

日本における創価学会は会員世帯数８２７万（公称）の巨大組織だ。

ＳＧＩとは見慣れない略称と思うが、創価学会は現在、世界宗教に発展しつつある。この先、詳しく説明するが、ＳＧＩとは創価学会の国際的なネットワークと考えておいてほしい。２０２０年時点で、１９２カ国・地域に組織されている。日本発の世界宗教が形成されつつあることを伝えることも本書の目的なので副題を「世界宗教への道を追う」とした。

この本で筆者は独自の方法を取ることにした。これは筆者の過去と深く関係している。具体的には、キリスト教神学とインテリジェンス分析の方法を取る。この点について、少し長くなるが説明することをお許し願いたい。

筆者は同志社大学神学部と同大学院神学研究科で組織神学を研究した。組織神学という言葉は、一般に知られていないが、大雑把《おおざっぱ》に言えばキリスト教の理論のことだ。ちなみにキリスト教でもカトリックとプロテスタントでは、教義も教会組織の形態もかなり異なる。同志社はプロテスタントに属する。従って、筆者の用いる方法はプロテスタント神学のものだ。

組織神学にエキュメニカル神学という分野がある。

エキュメニカルとは「人が住む世界の」という意味だ。キリスト教はイエス・キリストを救済主と信じる宗教だ。イエス・キリストに従うという原理原則に従って、教会は本来一つであるべきだ。しかし、実際にはたくさんの教会が分立し、対立している。それをイエス・キリストの教えに基づき、再統一していこうというのがエキュメニズム（教会再一致運動）だ。

このエキュメニズムを理論的に支えるのがエキュメニカル神学である。それぞれの教会には独自の教義や伝統がある。再一致の前提として、互いの立場を知る必要がある。そのためには自分が所属する教会の立場をいったん、括弧《かっこ》に入れて、対話相手の内在的論理をつかむことが不可欠になる。

当初、キリスト教会の再一致を求めることだけがエキュメニカル運動の目的だったが、時代の流れとともにそれが徐々に変化していった。

人間が住む世界にいるのはキリスト教徒だけではない。ユダヤ教、イスラム教、仏教、ヒンドゥー教、神道など、さまざまな宗教を信じる人々がいる。また、神を否定する無神論者、また自分は宗教を一切信じていないと主張する無宗教者もいる。これらの人々もエキュメニズムの対象とすべきとプロテスタント神学者は考えるようになった。

繰り返すが、その際重要なのは、対象の内在的論理をつかむことである。

創価学会に関しても、その内在的論理をつかむことが最優先されると筆者は考える。池田大作の人と思想を知らずに創価学会を理解することはできない。

「ポスト・キリスト時代」は存在しない

創価学会の基本原則を定めた会憲（2017年11月18日施行）という文書がある（巻末付録）。創価学会の憲法に相当する規定と考えればよい。会憲第3条に以下の規定がある。

〈第3条　初代会長牧口常三郎《まきぐちつねさぶろう》先生、第二代会長戸田城聖《とだじょうせい》先生、第三代会長池田大作先生の「三代会長」は、広宣流布《こうせんるふ》実現への死身弘法《ししんぐほう》の体現者であり、この会の広宣流布の永遠の師匠《ししょう》である。

2.〈「三代会長」の敬称は、「先生」とする〉

広宣流布とは、キリスト教の用語では、伝道や宣教に相当する。死身弘法とは身を賭《と》して仏法を広めるという意味だ。牧口常三郎初代会長、戸田城聖第二代会長、池田大作第三代会長で、宗教としての創価学会は完成しているということだ。

ちなみにキリスト教も救済主であるイエス・キリストがこの世界に登場し、十字架上で死んで、復活したことによって完成している。イスラム教も最後の預言者ムハンマドが出現したことで完成している。創価学会が世界宗教として発展していく前提となるのが、池田によってこの宗教が完成しているという基本認識だ。

「ポスト池田時代」についてさまざまな予測を述べる論者がいるが、そのような論者の基本的枠組みが創価学会の内在的論理と一致しない。

キリスト教において「ポスト・キリスト時代」なるものは存在しない。例えば、イエス・キリスト以外の新たな救済主が存在するというようなことを主張する宗教は、キリスト教を自称しても、キリスト教ではない。イエス・キリストが唯一の救い主であるということはキリスト教の公理系で、これを逸脱した言説はもはやキリスト教と認められないからだ。

同様に「ポスト池田時代」という言説自体が、創価学会の公理系を逸脱しているのである。

牧口、戸田、池田には多数の著作がある。これらの著作を解釈する場合に重要なのが、逆時系列で読むことだ。この場合もキリスト教の聖書の読み方が重要になる。キリスト教には旧約聖書と新約聖書という二つの正典がある。それを解釈する場合、時系列順に旧約聖書から新約聖書という読み方をすると、迷路に入ってしまう。

例えば、旧約聖書では〈そこでサムソンは、「わたしの命はペリシテ人と共に絶えればよい」と言って、力を込めて押した。建物は領主たちだけでなく、そこにいたすべての民の上に崩れ落ちた。彼がその死をもって殺した者は、生きている間に殺した者より多かった〉（「士師記《ししき》」16章30節）といった大量殺戮《さつりく》を肯定的に評価している記述が少なからずある。また、一夫多妻制が前提とされている。神の愛よりも怒りの方が旧約聖書では強く打ち出されている。これら旧約聖書の記述を正しく解釈するためには、新約聖書の視座から解釈することが必要だ。

創価学会の場合も、池田の視座から戸田、牧口の著作を解釈することが死活的に重要になると筆者は考える。

神学的方法とともにインテリジェンスの技法もこの本で活用したい。インテリジェンスに「オシント（ＯＳＩＮＴ）」という分野がある。「公開情報諜報《ちょうほう》（Open Source Intelligence）」の略語だ。公刊された新聞、書籍、政府の公文書、インターネット空間の情報によって情勢を分析する技法だ。

筆者は外交官時代、インテリジェンス業務に従事した。筆者が得意としたのは「ヒュミント（ＨＵＭＩＮＴ＝Human Intelligence）」、すなわち人間関係を用いて秘密情報を得ることだった。

イスラエルやロシアのインテリジェンス専門家は、軍事情報以外の政治情報、経済情報ならば、オシントによって、秘密情報の95〜98％を得ることができると言っていた。筆者の経験からしてもそれは正しい。ただし、オシントに従事する人が秘密情報を扱った経験がないと、情報とノイズ（雑音）の仕分けがうまくできない。

オシントにおいて中心となるのは政府や議会などの国家機関が公表する情報だ。国家が真実をすべて開示することはないが、公式の場で積極的な虚偽情報を流すことはほとんどない。そのようなことをして、露見した場合、当該《とうがい》国家が失うものが大きすぎるからだ。

池田に関しては全１５０巻の全集が完結している。この全集の中に創価学会の「精神の正史」である小説『人間革命』（単行本全12巻、全集では１４４〜１４９の全６巻）が収録されている。また、全集には収録されていない小説『新・人間革命』（全30巻、31冊）も２０

18年に完結した。

これら池田の著作を基本に創価学会の公式ウェブサイトや創価学会機関紙の「聖教新聞」などの公式文書を基本ソースとして筆者は記述を進めることにする。真偽が不確かな伝聞情報よりも公式文書を分析する方が、調査対象の内在的論理をつかむのに適切であると外務省主任分析官をつとめていたときの経験から筆者は確信している。

「三代会長論的集中」という考え方

キリスト教神学には、キリスト論的集中という概念がある。イエス・キリストの行為と言動を読み解けば、世界で起きるすべての事柄がわかるという考え方だ。

それになぞらえれば、創価学会には「三代会長論的集中」がある。「三代会長論的集中」というのは筆者の造語であるが、この構造を会憲前文から読み解くことができる。少し長くなるが、創価学会の内在的論理が端的に記されているので、関連部分を引用しつつ解説する。

〈釈尊《しゃくそん》に始まる仏教は、大乗《だいじょう》仏教の真髄である法華経《ほけきょう》において、一切衆生《いっさいしゅじょう》を救う教えとして示された。末法《まっぽう》の御本仏日蓮大聖人《ごほんぶつにちれんだいしょうにん》は、法華経の肝心であり、根本の法である南無妙法蓮華経《なんみょうほうれんげきょう》を三大秘法として具現し、未来永遠にわたる人類救済の法を確立するとともに、世界広宣流布を御遺命《ごゆいめい》された〉

仏教は釈尊（ガウタマ・シッダールタ）から始まったというのが常識的理解だ。筆者が同志社大学神学部で1回生のときは、上座部仏教の思想であるアビダルマ（阿毘達磨《あびだるま》）、2回生のときは中観《ちゅうがん》、3回生のときは唯識《ゆいしき》というインド仏教の思想を学んだ。そのため無意識のうちに仏教に関しては、釈尊を基点にすべきと考えていた。

しかし、創価学会の思想を学ぶうちにこのアプローチでは不十分と考えるようになった。

短い文言で時代認識と救済観を示す

仏教の目的は人間の救済だ。現在は末法の時代であるという時代認識が重要になる。キリスト教的に言い換えると現在は危機の時代であるという時代認識だ。この危機の時代に仏教を再確立したのが日蓮（1222～1282年）だ。日蓮を基点にしなくては、現実に存在する人間の救済はできないというのが、創価学会の基本認識だ。だから、日蓮自身が仏である（日蓮本仏論）という立場を創価学会は取る。〈末法の御本仏日蓮大聖人は、法華経の肝心であり〉という短い文言で、創価学会の時代認識と救済観を明確に示している。

続いて、牧口と戸田の関係についてこう記す。


〈初代会長牧口常三郎先生と不二《ふに》の弟子である第二代会長戸田城聖先生は、1930年11月18日に創価学会を創立された。創価学会は、大聖人の御遺命である世界広宣流布を唯一実現しゆく仏意仏勅《ぶついぶっちょく》の正統な教団である。日蓮大聖人の曠大《こうだい》なる慈悲を体し、末法の娑婆《しゃば》世界において大法を弘通《ぐつう》しているのは創価学会しかない。ゆえに戸田先生は、未来の経典に「創価学会仏《ぶつ》」と記されるであろうと断言されたのである。

牧口先生は、不思議の縁により大聖人の仏法に帰依《きえ》され、仏法が生活法であり価値創造の源泉であることを覚知《かくち》され、戸田先生とともに広宣流布の実践として折伏《しゃくぶく》を開始された。第二次世界大戦中、国家神道を奉ずる軍部政府に対して国家諫暁《かんぎょう》を叫ばれ、その結果、弾圧・投獄され、獄中にて逝去《せいきょ》された。牧口先生は、「死身弘法」の精神をご自身の殉教によって後世に遺《のこ》されたのである。

戸田先生は、牧口先生とともに投獄され、獄中において「仏とは生命なり」「我、地《じ》涌《ゆ》の菩薩《ぼさつ》なり」との悟達《ごだつ》を得られた。戦後、創価学会の再建に着手され、人間革命の理念を掲げて、生命論の立場から、大聖人の仏法を現代に蘇生《そせい》させる実践を開始された。会長就任に当たり、広宣流布は創価学会が断じて成就《じょうじゅ》するとの誓願《せいがん》を立てられ、「法華弘通《ぐつう》のはたじるし」として、「大法弘通慈折広宣流布大願成就《だいほうぐつうじしゃくこうせんるふだいがんじょうじゅ》」「創価学会常住《じょうじゅう》」の御本尊を学会本部に御安置《ごあんち》され、本格的な広宣流布の戦いを展開された。戸田先生は、75万世帯の願業《がんぎょう》を達成されて、日本における広宣流布の基盤を確立された〉

キリスト教よりはるかに民主的

創価学会は師弟関係を重視する。この点もキリスト教に似ている。キリスト教では、イエスの弟子を使徒（ギリシャ語でアポストロス）と呼ぶ。ペトロやマタイなどの使徒は、イエスによって直接選ばれた者だ。ただし使徒にはそれ以外の者も含まれる。例えば、生前のイエスを知らなかったパウロも使徒と呼ばれた。パウロによれば、復活した主イエス・キリストの証人であることとイエス・キリストによって弟子として召されたことが使徒の条件だ。

牧口は獄中死している。池田は生前の牧口を知らない。しかし、池田は戸田と師弟関係であるように牧口とも師弟関係にある。同様に池田と直接面識のない創価学会員も池田と師弟関係に入ることができるのだ。

創価学会では、師匠と弟子が一体であるという師弟不二が重要な概念になる。すべての創価学会員が池田と師弟不二の関係で結びついている。これが創価学会の強さだ。ちなみにキリスト教徒にとってもイエス・キリストは、「道であり、命である」。すべてのキリスト教徒はイエス・キリストの弟子だ。

ただし、創価学会とキリスト教の違いもある。師弟不二の関係にある創価学会では、弟子から師匠が学ぶことがある。師匠である池田は弟子である学会員からも多くを学んでいる。これに対して、キリスト教では信徒はイエス・キリストに服従することが一方的に求められる。キリスト教よりも創価学会の方がはるかに民主的なのだ。

会憲では池田についてこう規定する。


〈第三代会長池田大作先生は、戸田先生の不二の弟子として、広宣流布の指揮をとることを宣言され、怒濤《どとう》の前進を開始された。

日本においては、未曾有《みぞう》の弘教《ぐきょう》拡大を成し遂げられ、広宣流布の使命に目覚めた民衆勢力を築き上げられた。とともに、牧口先生と戸田先生の御構想をすべて実現されて、大聖人の仏法の理念を基調とした平和・文化・教育の運動を多角的かつ広汎《こうはん》に展開し、社会のあらゆる分野に一大潮流を起こし、創価思想によって時代と社会をリードして、広宣流布を現実のものとされた。

会長就任直後から、全世界を駆け巡り、妙法の種を蒔《ま》き、人材を育てられて、世界広宣流布の礎《いしずえ》を築かれ、1975年1月26日には、世界各国・地域の団体からなる創価学会の国際的機構として創価学会インタナショナル（SGI）を設立された。それとともに、世界においても仏法の理念を基調として、識者との対談、大学での講演、平和提言などにより、人類普遍のヒューマニズムの哲学を探求され、平和のための善の連帯を築かれた。池田先生は、仏教史上初めて世界広宣流布の大道を開かれたのである〉

ここで重要なのは、池田の主導で創価学会の世界宗教化が始まったという指摘だ。日蓮仏法の思想を普遍的なヒューマニズムの哲学に転換するというアプローチを池田は取り、今日に至っているのである。

第一章

幼少時代の思い出、戦争に塗り込められた青年時代

生まれた直後、「捨て子」にされた

池田大作は、1928（昭和3）年1月2日、東京府荏原《えばら》郡入新井町《いりあらいまち》（現在の東京都大田区大森北二丁目）で8人きょうだいの五男に生まれた。父の子之吉《ねのきち》は41歳、母の一《いち》は33歳だった。

両親は太く大きく育ってほしいとの願いを込めて太作《たいさく》と名付けた。1953年11月に大《だい》作《さく》と改名する。この本では、煩雑《はんざつ》になることを避けるために、改名前も大作を用いる。大作には、兄が4人、弟が2人、妹が1人いる。

大作は、生まれた直後に、あえて「捨て子」にされた。

〈子年生まれの父は、名を子之吉といい、母は一で、私はその五男である。妙なことだが、生まれてすぐ私は捨て子にされた。私の生まれた昭和三年に、父は四十一歳で、ちょうど前厄《まえやく》の年に当たっていた。それで厄よけの迷信的風習から、私はとんだ目にあった。もっとも捨てた途端に、拾う人もあらかじめ決めていて、そんな手はずになっていた。

ところが知人が拾う前に、だれかが拾って駐在所に届けてしまったから、一時は大騒ぎになった。消えた嬰児《えいじ》に、父母は大あわてにあわてたらしい。この話はよく聞かされたが、迷信はともかくとして、父母の心情には私が丈夫に育ってほしいという祈願がこめられていたのだろう〉(「私の履歴書」『池田大作全集 第二十二巻』聖教新聞社、1994年、184~185ページ。以下書名のない引用は同書から)

生まれた直後の記憶が残っている人はいない。大作も形式的に「捨て子」にされたが、誰かに拾われて駐在所に届けられて騒動になったという話を後に両親から聞かされたのであろう。そこには迷信にとらわれていたとはいえ、いったん、わが子を捨て、悪縁《あくえん》を断絶し、その子を拾い、新たな関係を構築することで、子どもの幸せを願う親の気持ちが表れている。運命を諦《あきら》めて受け入れるのではなく、それを主体的努力によって転換するという発想が大作の両親にあった。

池田が「私の履歴書」を日本経済新聞に連載したのは、1975年2月から3月にかけてで、1960年に創価学会第3代会長に就任して15年目のことだ。『池田大作全集』の記載もこの連載がもとになっている。

誰もが人間革命を行うことで宿命を転換できるという創価学会の価値観に基づいて池田

は、出生のときに起きた「捨て子」のエピソードを再解釈しているのだと思う。両親の行為を迷信として切り捨てるのではなく、そこにあったわが子が丈夫に育ってほしいという親の愛を読み取っているのだ。

大規模経営で池田家の打撃も大きかった

池田の家業は海苔《のり》製造業だ。1923（大正12）年9月1日の関東大震災以前は大規模な経営をしていたようだ。

〈池田の家の海苔業は繁盛し、東京湾で大規模に魚をとる分野にも手を伸ばしていった。広島から何十人と漁師を採用し、二隻《せき》の動力船で網を引っ張り、大量に魚を捕獲する漁法を工夫していたとのこと。さらに、明治の祖父の代から始まっていた北海道の釧路付近の開拓事業も大規模にやっていた。私の父も、北海道には、よく行っていた。

しかし、このようなかなり大規模な事業も、関東大震災を機に、決定的な打撃をこうむり、また、魚をとるほうもうまくいかず、困難な事態になっていった。『東京府大正震災誌』（東京府編、大正十四年刊）によれば「海岸及海底は約二尺（注・約六〇センチメートル）沈下し準備中の篊《ひび》にては短かく篊建《ひびたて》頗《すこぶ》る困難を感じつゝあり」「悪潮の為め沿岸魚貝概ね斃死《へいし》したり」と、不入斗《いりやまず》、羽田、糀谷《こうじや》、大森などの海岸地帯がほとんど崩壊し、海苔漁業者にも甚大な被害を与えたことがわかる。大規模にやっていればいるほど、その被害状況も、立ち上がり不可能なほどになっていったにちがいない〉（194ページ）

人間には、自らの力では防げない災厄《さいやく》に遭遇《そうぐう》することがある。地震がその典型だ。関東大震災がなかったならば、事業に成功した子之吉は資本家になっていたかもしれない。子之吉の事業が零細《れいさい》だったならば、震災前と後での経済状況が大きく変化することはなかったであろう。大規模な事業を展開していたが故に池田家の打撃も大きかったのである。

大作が生まれた1928年の国内外の情勢を見てみよう。

2月20日に初めての男子普通選挙（第16回衆議院議員総選挙）が行われた。それまでの衆議院議員選挙は一定の納税額以上の者にしか選挙権と被選挙権が認められなかった。それが日本国籍を有する内地（植民地以外の日本）に居住する男子に関して25歳以上が選挙権、30歳以上が被選挙権を持つようになった。女性や朝鮮、台湾などの植民地に居住する日本国籍保持者には選挙権と被選挙権が認められないという、今日の人権基準から見れば不十分なものであったが、男子普通選挙の実施は日本の民主政治の発展にとって画期的な出来事であった。

普通選挙法は１９２５年５月５日に公布された。その直前の４月22日に治安維持法が公布された。１９１７年11月にロシアで史上初の社会主義革命が成立した。１９１９年にはモスクワに本部を置く共産主義インターナショナル（第３インターナショナル、国際共産党と呼ばれることもある）が設置され、ロシアのボリシェビキ（ソ連共産党の前身）政権は、世界的規模で共産主義革命を起こそうとした。

１９２２年７月15日には、非合法（治安警察法違反）に日本共産党が創設された。戦前の日本共産党は、国際共産党日本支部とも称していた。治安維持法は日本での共産主義運動を封じ込めるために制定された法律だったが、後に拡大適用され、合法マルクス主義（社会民主主義）政党、労働組合、宗教団体にも拡大される。創価学会の前身である創価教育学会も治安維持法違反に問われることになるが、この経緯については今後、言及することにする。

大作が生まれた直後の１９２８年３月15日には、全国で共産党員が一斉検挙された（３・15事件）。

〈共産党の動向を極秘裡《ごくひり》に内偵《ないてい》をすすめていた警察当局は、3月15日未明を期して1道3府23県にわたって共産党員とその同調者と目される1568人を逮捕・勾留《こうりゅう》し、うち488人を治安維持法違反で起訴した。田中（義一）内閣は、事件の記事解禁の4月10日、労農党、評議会、全日本無産青年同盟の3団体を共産党の外郭団体との理由で解散を命じ、ついで、治安維持法の最高刑10年の懲役を死刑もしくは無期にひきあげるなど改悪し、全県警に特別高等課（特高）を設置するなど共産主義や社会運動に対する弾圧体制を強化した〉（『世界大百科事典』平凡社、ジャパンナレッジ版）

6月4日には、関東軍高級参謀の河本大作《こうもとだいさく》大佐の謀略《ぼうりゃく》によって中華民国陸海軍の張作霖《ちょうさくりん》大元帥が爆殺され、日本と中国の関係は緊張した。

他方、8月27日にはパリで不戦条約が調印され、日本もこれに加わった。戦争に向けた流れとそれを阻止しようとする動きが交錯する時代に池田大作は生まれたのだ。

「江戸っ子」であるという自意識

池田の幼少時代の思い出は、家業であった海苔製造業と結びついている。

〈私の幼いころは、浜の潮風が野面《のづら》を渡り、その野原のあちこちに、海苔製造業の家々が散在していた。海岸から沖へかけて、海苔の竹ヒビ（篊）が均等な間隔で美しい模様を見せながら遠く広がっていた。四季折々の花が咲く野原と波が打ち寄せる砂浜は、私たちの格好の遊び場で、赤トンボが姿を消す秋の終わりごろには、澄んだ空の下で銀色の薄《すすき》の波がさわさわと揺れていた。そのころ右手にあった羽田飛行場は、のんびりしていて、練習機がときたまプロペラを鳴らしていた〉（183〜184ページ）

篊《ひび》という言葉が、池田の回想にはしばしば出てくる。池田は自らが「江戸っ子」であるという自意識を持っているが、この関係でも篊がキーワードになる。

〈親子三代つづけば、完全な〝江戸っ子〟といわれる。神田生まれの神田育ちでなければ、江戸っ子とは認めない、という強硬論もあるようだが、〝神田〟を〝東京〟全体にまで広げるならば、私も純粋な江戸っ子といえよう。

江戸時代から、大森の海岸で海苔を採りつづけてきたという漁師の家に生まれたので、私は、土地っ子のご多分にもれず「ヒビ」を訛《なま》って「シビ」と発音してしまう。どうしても「ヒ」が「シ」に変化してしまうのだ。これは、いまでもなかなか直らない。

ヒビとは、海苔の養殖で、胞子を付着させ育てるために海中に立てる竹や木の枝のことである。この竹ヒビなどは、九州や新潟などから船や貨車で取り寄せていたようだ。毎年、九月も半ばになると、木犀《もくせい》の花が咲き乱れ、それが合図でもあるかのように、ヒビを海中に立てるヒビタテの作業が盛んになるのであった。それゆえ、木犀の花は、ヒビタテバナと呼ばれていた〉（187～188ページ）

「ヒ」と「シ」の聞き分けが生粋《きっすい》の江戸っ子には難しい。筆者の父（佐藤勉）は、1925（大正14）年生まれで（2000年没）、東京の江戸川区で生まれ育ったが、「ヒ」と「シ」をときどき混同した。「引っ張る」を「シッパル」、「飛行機」を「シコウキ」と発音することがあった。戦前、戦中の東京にはまだ江戸訛りが残っていたのだ。

祖先の強情さを解釈する背景

池田は、父の子之吉が頑固《がんこ》な人であったと回想する。

〈父は一言でいえば、頑固な人であった。十八年前（引用者注＝1956年12月10日）に亡くなったが、生前、近所の人びとから〝強情《ごうじょう》さま〟と呼ばれていた。それで、私たちも「強情さまの子だな」で通ったものである。頑固の裏に、ばか正直な生一本さが貫かれていて、結局は人の好《よ》い父であった。

この頑固さは、先祖伝来の気質であったらしい。江戸時代の後期、天保の大飢饉の時（一八三六年）、打ちつづく天候異変から全国的な凶作となり、農民の餓死が各地で起こった。この惨状に、幕府は救助米を放出した。ところが、村の池田の祖先は「もらう筋合いはない。草を食べてもなんとか生きていける。他の人に回してくれ」と言って、頑として救助米を受け取らなかったという。この話は、後でいろいろ粉飾されているとは思うが、このとき以来、村人たちは〝強情さま〟という名を奉《たてまつ》った。父もこの子孫である〉（185ページ）

この記述は、二つの点で注目される。

第1は、池田家で伝承されている祖先伝来の気質に関する物語について池田が「後でいろいろ粉飾されているとは思う」と述べていることだ。伝承をそのまま受け止めるのではなく、突き放して解釈するという池田の姿勢が表れている。人間は物語を作る動物だ。物語には意図がある。意図が意識されていることもあれば無意識のこともある。いずれにせよ、物語にとって重要なのは、その解釈だ。このことに池田は気づいている。

第2は、祖先伝来の頑固さに関する池田の解釈だ。幕府は権力だ。幕府の経済基盤は、民衆から取り立てる年貢によって成り立っている。その幕府が恩恵的に与える救助米を受け取ることを池田の祖先は拒否した。国家権力による恩恵に縋《すが》るのではなく、草を食べてでも自力で生きていくという民衆の論理がここにある。民衆は社会に属する。池田の祖先の強情さは、社会の事柄は社会で処理すべきで、国家に依存することは避けるという中間団体の論理に貫かれている。

創価学会も中間団体だ。国家との関係を拒否するわけではないが、国家に依存するような状況に陥ることは避ける傾向がある。祖先の強情さを解釈する背景には、このような池田の価値観がある。

頑固一徹な父、いつも働いていた母

池田にとって、家族は社会の基礎単位である。人は誰も孤立した状況で一人だけで生きていくことはできない。助け合いが人間社会の基本であると池田は考える。池田は子之吉と一の間の助け合う姿から多くを学んでいる。

〈この強情の父に、母はよく仕《つか》えた。海苔の仕事は手間暇のおそろしくかかる仕事である。朝早くから海苔採り、日中は海苔干し、それに炊事と育児、最盛期の秋から冬にかけては、昼食など忘れたとのことだ。手はいつもあかぎれができていて、五十過ぎるともう白髪《はくはつ》が目立つ母であった。

昭和にはいってからの父や母は、二・二六事件、日中戦争、第二次世界大戦、終戦へとつづく激動期に、いつも戦争の影を背負わされて、思いまかせぬ人生を、精いっぱい耐えて生きたことは確かである。平凡ではあったとしても、善良な庶民の誇りを、私は愛惜《あいせき》したい〉（186ページ）

宗教統計では、信者数を報告することが多いが、創価学会の場合は世帯数だ。信仰においても家族が基本であるという価値観を反映しているからだ。池田は、「平凡ではあったとしても、善良な庶民の誇りを、私は愛惜したい」と述べているが、そのことは同時に善良な庶民に悲劇をもたらす戦争を憎むことにつながる。

池田は、母が勤勉であったことを強調する。

〈母は快活で、めったに怒ることなどなかった。友だちを連れてきて、庭の海苔干し場で暴れることもあったが、母は私たちの好きなようにさせていた。「お母さんは、優しいんだなあ」と友だちが感心してつぶやいていたことを覚えている。

母は、いつも働いていた。休むことがなかった。〝強情さま〟と呼ばれる頑固一徹な夫に、懸命につかえた。男七人、女一人という八人の子を抱え、そのうえ親類の子を二人ひきとり、家事だけでたいへんなところに、海苔屋という家業である。男と同じように女も働く――これが、海苔屋の主婦の生活であった。翌朝の起床の時間は、海苔を採る量、潮の干満の具合で決まった。だいたい、午前二時、三時である。海に出る前に朝食をとらねばならない。そのため、母は、皆より早く、一時、二時に起きる必要があった。夜、潮が引くときは、ヨバマ（夜浜）といって、石油のカンテラを持って海に出、海苔を採取した。こんなときは、午前零時か一時ごろ、帰ってきて夜を徹して海苔つけをしなければならない。

寒風のなか、べカと呼ばれる一人乗りの〝海苔採り小舟〟に乗って、凍りつくような海水のなかに手を入れて、ヒビに付いた海苔を採るのはつらい。木綿の半纏を防寒用に刺し子にし、裏にフランネルをつけたボウタという上っ張りを着ているものの、冬の海の、しかも太陽が昇る前の海の仕事は、まさにあかぎれを作りに行くようなものといえよう。

早朝に採った海苔は、その日のうちになるべく早く海苔つけをし、干し上げないと味と質の良いものにならない。普通の人びとが暖かいふとんのなかでぐっすりと休んでいるとき、海苔を作る作業は、フル回転でつづけられていくのであった。私はよく「因果な仕事」と思った〉（189～190ページ）

「因果な仕事」であっても、誰もが自分の与えられた場所で全力を尽くさなくてはならないという池田の人生観がここでも端的に示されている。

青少年時代から脳裏にあった生死の問題

子どもの頃、池田は病弱だった。大作が2歳になったときに池田家は、入新井《いりあらい》から糀谷《こうじや》町3丁目（現在の東京都大田区東糀谷2丁目）に引っ越した。その家の庭にはざくろの木があった。このざくろの木が池田の病気の記憶と結びついている。

〈二歳になって間もなく入新井から糀谷三丁目に移転した。広々とした屋敷内に、そのざくろの木が一本あった。幹には、こぶがあって、なめらかな葉を茂らせる。梅雨《つゆ》のころにだいだい色をおびた赤い花を咲かせると、光沢ある緑のなかで美しかった。黄赤色に熟して厚い果皮《かひ》が割れるのが楽しみで、秋になるとよく木に登って、もいだ。透明な淡い紅色の種子が懐かしい。

尋常小学校へ入学する前であった。私は突然、高熱を出し寝こんだ。肺炎であった。熱にうなされたことと、医者がきて注射を打ってもらったことを、鮮明に覚えている。ようやく小康を取り戻したころ、母は言ったものである。

「あの庭のざくろをごらん。潮風と砂地には弱いというのに花を咲かせ、毎年、実をつける。おまえもいまは弱くとも、きっと丈夫になるんだよ」。当時の家は海のすぐ近くで、歩いても十分とかからなかった。ざくろはそんな砂地にしっかり根を張っていた。

人は人生のなかのいくつかの出来事を、仔細《しさい》にそのときの色調までをも、まるで絵のように覚えているものである。そんな光景には概して自分の生き方なり、来し方なりが密接にかかわっているものである。若年の大半を病弱に悩まされつづけた私は、このときのことを忘れられない。

青少年時代の私の脳裏から、人間の生死の問題がいつも去ることがなかったのは、やはり一貫して健康にすぐれなかったことと関係しているようだ。寝汗をびっしょりかいて、うなされながら〝人間は死んだらどうなるんだろう〟などと、いま思えばたわいないが、少年らしい青くささで考えたのは、小学生のころであった〉（195〜196ページ）

誰でも子ども時代の記憶は断片的だ。特に小学校入学前の出来事については、よほど強い衝撃を受けたことしか正確に記憶していない。

当時は、健康保険制度が普及していなかった。医師に往診してもらうには、多大な出費が必要とされた。池田の肺炎はかなり深刻だったのであろう。そのとき病床《びょうしょう》から庭を眺《なが》めて見たざくろの木の記憶が、生死に関する根源的な問いとつながっていくのだ。

ところで池田は、「人は人生のなかのいくつかの出来事を、仔細にそのときの色調までをも、まるで絵のように覚えているものである」と述べる。

筆者も記憶に関しては、映像型だ。印象的な出来事の映像が、色調を含め、正確に記憶にのこっている。最初、記憶は静止画（写真）なのであるが、それが動き出す。登場人物が動き、話し始めるのである。こうして、過去の記憶を復元することができる。

池田の著作を読んでいると、卓越した記憶力と再現力を持っていることに驚かされる。

これは池田の記憶術が映像型であることによるものと思う。

池田家が糀谷町に引っ越した前年の１９２９年10月に米国ニューヨーク株式取引所で株価が暴落した。これが発端となり、恐慌が世界的規模に拡大した。恐慌の波は日本にも押し寄せた。

〈昭和五年（一九三〇）前後に、深刻な農業恐慌を中心にして展開した恐慌。第二次世界大戦後、昭和恐慌と呼ばれるようになったが、欠食児童や娘の身売といった事態が生じ、白米が夢のまた夢になるといった、農村を中心として国民生活が惨状を呈した恐慌であった〉（『国史大辞典』吉川弘文館、ジャパンナレッジ版）

ただし、池田のこの時期に関する回想から昭和恐慌の影響はうかがわれない。

後の公明党創設につながる考え方

１９３１年9月18日夜、中華民国東北部の奉天《ほうてん》（現・瀋陽）北方の柳条湖《りゅうじょうこ》の南満州鉄道で中国軍が満鉄線を爆破したとして、関東軍（中国東北部に駐留する日本軍）は中国軍の基地を攻撃した。現在では、鉄道爆破は関東軍が行った謀略であることが明らかになっている。この柳条湖事件をきっかけに満州事変が始まった。こうして日本は戦争への道を突き進んでいく。

翌32年5月15日には、国家改造を主張する海軍将校と民間右翼らが連携して犬養毅《いぬかいつよし》首相を暗殺した五・一五事件が起きた。国内ではテロリズムに怯《おび》える雰囲気が醸成された。この年の9月15日には日満議定書の調印が行われ、日本の傀儡《かいらい》国家満州国が承認された。日本は英米列強との軋轢《あつれき》を強めていくことになる。その結果、33年3月27日に日本は国際連盟を脱退し、孤立を強めた。

1934(昭和9)年4月に池田は小学生になる。

〈昭和九年に羽田の第二尋常小学校へ入学した。一年生の国語の冒頭の句は「サイタ　サイタ　サクラガ　サイタ」であった。この章句は懐かしい。糀谷三丁目の屋敷は広く、カエデやケヤキなどとともに、一本の桜の木があった。(中略)

入学したころ、私はご多分にもれず腕白であった。背は低くクラスでも前から数えたほうが早かったけれど、遊ぶときは負けていなかった。成績は中位であり、いたって平凡な少年であった。特徴らしいものはなにもなかった〉(197ページ)

池田は「特徴らしいものはなにもなかった」と回想するが、それは特段、苦労することもなく平穏に学童生活を送っていたからだ。その状況が1年後に激変した。

〈このころまでさしたる不自由もない少年時代を送ってきたのであったが、二年生の時に父がリューマチで病床に臥し、寝たきりとなった。海苔製造業で一番の男手を失うことは致命的である。縮小せざるをえなくなり、使用していた人もやめていった。

援助を頑として拒む父と、育ち盛りの多くの子どものあいだで、母の苦労は並たいていではなかったと思う。「他人に迷惑をかけると、お前たちが大きくなってから頭があがらなくなるぞ。塩をなめても援助を受けるな！」と強情な父は口ぐせのように言った。理屈はそうでも、生活は窮しに窮した。母は努めて明るく「うちは貧乏の横綱だ」と言っていた〉（197ページ）

当時は、社会福祉制度がほとんど整備されていなかった。家計を支える人が病気で倒れると、家族は貧窮状態に陥る。このような状況でも父の子之吉《ねのきち》は、他人に頼ろうとしなかった。意地を張っていたからではない。大作ら子どもたちの将来を考えていたからだ。

子之吉は、「お前たちが大きくなってから頭があがらなくなるぞ」と繰り返していたが、この言葉には真実がある。苦しいときに他人の世話になって、将来の自由を失うよりも、自助努力に頼るべきだというのは、当時の状況では真理だったのである。

創価学会に入会してから、池田はこのような構造自体を変革しなくてはならないと考える。だから池田の指導で創価学会は政治に進出し、福祉を充実させようとしたのだ。それが後の公明党創設につながっていく。

教育の機会は平等に開かれていなくてはならない

父の病気は、子どもたちの生活を変化させた。

〈学校に通う駒下駄《こまげた》の鼻緒《はなお》を買えずに、母がいつも編んでくれた。叔母が来て父のためのタバコを二、三箱、そっと置いていってくれたらしい。長兄の喜一《きいち》はせっかくはいった中学校をやめ、リヤカーを引いて野菜をいまの武蔵小杉に仕入れに行き、売って歩いた。私もたまに日曜などには、リヤカーの後押しをして手伝ったものである。坂道を押すときのたいへんだったことを思い出す〉（197〜198ページ）

長兄の喜一は、経済的理由で中学校を中退することを余儀なくされた。大作も、向学心はあったが経済的理由で中学進学を断念し、高等小学校に進むことになる。この経験が、創価学会を指導するようになった池田が教育に力を入れる動機になったのだと思う。

池田は、教育権を司法権、立法権、行政権と並ぶ第四権と位置づける。しかし、これは学歴主義とは無縁だ。知的な適性のある人々が高等教育を受けるのは、高等教育を受ける機会がない人々に奉仕するためだ。このような価値観を持った人が大学教育を受けることが重要と池田は考えている。

同時に、能力と適性のある人々に、教育を受ける機会は平等に開かれていなくてはならない。経済的理由で教育を受けることができなかった自分の経験に照らして、池田は社会の構造を変える必要を痛感する。

社会構造の転換ならば、社会民主主義者や共産主義者も主張する。しかし、池田の場合は社会を変えるためには人間を変えなくてはならないと考える。社会は人間によって構成されているからだ。従って、社会改革の前に人間革命がなされなくてはならない。

少し先を急ぎすぎた。池田の小学生時代に話を戻す。

〈二年間ほど病床にあった父が、私が四年生の時、ようやく回復へと向かった。一家そろって健在で正月を迎えた喜び。子ども心にも、久しぶりの春の訪れを知ったものである。父が病床から離れ健康を取り戻しつつあることだけで、暗かった家の空気は一変して、うれしい正月だった。私はいつも多くの人びとの苦悩や喜びと接しているが、病気の家族をもつ人のつらさはよく理解することができる〉（200ページ）

戦争に巻き込まれた庶民の悲劇

子之吉が病気から回復し、池田家には明るさが甦《よみがえ》った。しかし、家計や経済状態が病気以前の状態に回復することはなかったようである。日本の中国での戦争は長期化した。庶民の生活にも戦争が影響してくる。池田家の場合も例外でなかった。

〈しかし……春はうたかたであった。長兄・喜一が昭和十二年に出征《しゅっせい》した。後年、ビルマ（現ミャンマー）で戦死した兄である。軍靴《ぐんか》の音は確実にしのびよってきた。小学校でも時代を反映して少年団が結成され、カシの棒を持って行進したりして皇民化《こうみんか》教育に力がはいっていった。天皇の臣民であることが徹底して植えつけられていったのは、周

知のとおりである〉（200〜201ページ）

大作自身も、徹底した皇民化教育を受けた。しかし、そのような公教育とは別の次元で庶民の生活は営まれていた。大作は、戦争という抗せない流れに巻き込まれた庶民の悲劇を長兄の喜一の思い出と結びつけて回想する。

〈私にとって長兄の思い出は鮮明である。それは故人ゆえでもあろうが、くったくのない明るさに魅《ひ》かれた。家運が傾き中学を中退せざるをえなくなったのだが、表情は暗くなかった。

冬の夜、暖房も思うようにとれず、ふとんの中でちぢこまっている弟たちのところへ来て、長兄は「さあ！　いくぞ」と言っては、ふとんの上にのって押えこんだり、転がしたりして、体をしぜんのうちに暖かくしてくれた。ハーモニカを吹くのが上手で、にぎやかで明るい音色に心をはずませもした。

父に似て強情なところもあり、私たちが夢中で遊び回ったあと家に帰ると、かならず土間の上がり口で、兄に足裏の検査をされた。一人ずつ足の裏を見せ、汚れていると「洗ってこい」と言う。庭に出て足をごしごし洗い、もう一度見せる。すると上がってよいとの〝許可〟が出るのである。
父はとにかく清潔を重んじた。障子《しょうじ》の桟《さん》を人差し指の腹でさっとなで、ほこりがつくと掃除が行き届いていないと叱った。ガラスは年中ピカピカに磨きあげておく。いまのような洗剤などはなかったころである。近所の豆腐《とうふ》屋からおからを毎日届けてもらい、それで磨く。「豆腐屋とどっちが勝つか」と冗談を言いながら、これを三年間つづけた。どうやら父の強情さが勝ったらしい。そんなわけで私も清潔でないと落ち着かない。
ともかく長兄は出征した。時代は戦争へと動いていた。兄という働き手を失い、生活はますます窮していくことになる。五年生の時、わが家は広々とした屋敷を人手に渡し、糀谷二丁目へ移転した。引っ越した家は壁がまだ乾いておらず、家具を入れることができなかった。やがて次々と兄たちが兵隊にとられていき、春は遠のく一方となった〉
（201〜202ページ）

明るく、きれい好きで、弟思いの喜一が、なぜ戦死しなくてはならなかったのか。この不条理をどう受け止めればよいのか。このことについて徹底的に考えたが故に、戦後、池田は宗教に向かっていくのである。
翌38年には、次兄、三兄も召集され、池田家は働き手を減らしていった。池田家は、糀谷町3丁目の広い屋敷を手放し、同2丁目の狭い家に引っ越す。家計はますます厳しくなっていった。池田も、新聞配達の仕事をするようになる。

〈転居してうれしかったのは、学区が同じで小学校をかわる必要がなかったことであった。だが生活は困窮する一方で、私はすぐ上の兄とともに新聞配達をした。たしか小学校六年の時から、高等小学校の二年間、計三年間配達した。月給は六円だったと記憶している。

寒風の朝、手に吐《は》く息が白い。肩にずしりと食いこむ新聞の感触。家が密集してなかったので配達の区域は広い。音をたてて新聞を折り、一軒一軒に投げ込む。夕刊も配達した。冬の日の暮れるのは早い。友がこたつで憩う時間である。汗ばんだ肌がひんやりとするほど、外は寒かった。配達を終えるとなにか今日もやったぞ、と爽快な気分になった。私はどちらかというと感傷には負けたくなかった。何事も目の前にあることを乗り越えることからスタートする。この経験はかならず生きるときがくると思いながら、街を走った。それから三十数年たっても、毎朝わが家に届けられる新聞に配達員の方の苦労がしのばれる〉（203〜204ページ）

新聞記者か雑誌記者になりたいと思った

池田は、未明に起き、海苔作りの作業を手伝う。それから、朝刊を配達する。学校から戻ると、海苔作りの作業を続け、その後、夕刊の配達をする生活を続けた。その中で、将来の夢が膨らんでくる。

〈いつのころからであろう。私は漠然とではあったが、将来は新聞記者か雑誌記者になりたいと思うようになった。尋常小学校、高等小学校、戦後の夜学生時代、私にはじっくり落ち着いて勉強できる環境は、ついぞなかった。そのかわり本は読むように努力した。人に負けないほど読んだと思っている。文筆をこころざしたのも、読書が大きくあずかっていよう。

また新聞配達をしたことも、将来の希望へとつながっていったように思う。自分が抱えて走るこの新聞から、人びとは世界、社会の動きを知っていくのだ――という少年らしい感情が生まれたことは事実である。私が配達していたころは、いま思えば日本中が異常なまでに、戦争の動向に関心を払わされた時代である。中国大陸での動きなどを伝

えた新聞を、いまかいまかと待っている家庭が多かったにちがいない〉（204ページ）

新聞配達の仕事の合間に、池田はむさぼるように新聞を読んだのであろう。そしてもっと知りたいという思いが強くなった。制度化された高等教育を受ける機会に恵まれなかった池田は、読書によって貪欲《どんよく》に知識を身につけていくようになった。

尊いものを教えてくれたH先生

小学校時代の思い出で池田大作の記憶に強く残っているのが関西への修学旅行だ。池田は、初日に小遣《こづか》いを使い果たしてしまった。土産《みやげ》を買えなくなった池田に対して桧山《ひやま》浩平先生が特別の配慮を示した。

〈家計に余裕はなかったが、六年生の時、修学旅行に行けた。いまになれば母がそのために家計をやりくりしたことがわかるのだが、とにかく旅のうれしさのほうが大きくて、胸は躍った。伊勢、奈良、京都など関西方面を四泊五日で旅行、行き帰りが車中泊である。とくに京都は明治維新の舞台であっただけに興味をもったが、楽しく騒いだことのほうが思い出として残っている。

友だちとワイワイ言いながら、私は母が用意してくれた小遣いを第一泊目におごってしまい全部使い果たしてしまった。菓子《かし》を買っては気前よく皆に分けてばかりいた。ところが、おみやげを買うときになって困った。

担当は三年、四年の時の先生とかわっていたが、そのH先生もいい方だった。私にこう諭《さと》すのであった。「池田君、みんなにあげてばかりいないで、家にもおみやげを買っていくんだよ。お兄さんは兵隊に行っているんだろう。せめてお父さん、お母さんにおみやげを買っていくんですよ」――。

私がほとんど使い果たしたことを知って先生は、私をそっと物陰に呼んでお小遣いをくれた。二円であった。私はお礼を言うよりも、ほっとした気分になって、あれこれおみやげを物色したものである。家に帰って父母におみやげを得意げに渡した。そのときに事のてんまつを話したところ、母は「先生のことは忘れてはいけませんよ」と言った。私はその後もH先生と文通をつづけている。

教育とは教室で習ったすべてを忘れ去ったあとにも、なおかつ心に残るなにものかであろう。六年生の担任の先生から、私は尊いものを教えていただいた。師の恩ということが、なにか古くさい、封建的な考えのように思われがちな現在だが、教育に温かいぬ

くもりが失われがちな現代だけに、私は幸せであった〉（２０４～２０６ページ）

受けた恩をいつか他者に返す

池田にとっては、友人と菓子を分け合い、楽しく過ごすのが、最も効用の高い小遣いの使い方だった。ただし、その時に池田は両親のことを忘れていた。決して豊かでない家計からやりくりして修学旅行のための費用を工面した母親の苦労に思いが至らなかった。この点を桧山先生に指摘されたとき、池田は小遣いを使い果たしていた。池田の胸が痛んでいることに桧山先生は気づいた。だから物陰に池田を呼んで桧山先生は２円を渡した。

この経験を池田は将来の宗教活動で生かす。他者の抱えている問題点を指摘するだけでは不十分だ。それを解決するための具体的支援をすることが重要なのである。このとき桧山先生から受けた恩を、池田はいつか他者に返そうとする。

使徒パウロは、〈あなたがたもこのように働いて弱い者を助けるように、また、主イエス御自身が『受けるよりは与える方が幸いである』と言われた言葉を思い出すようにと、わたしはいつも身をもって示してきました〉（新約聖書「使徒言行録」20章35節）と述べた。このイエスの言葉を筆者は、与えることができるようになるためには、まず他者からの支援を素直に受けて、与えることができる力をつけることと解釈している。

生徒や学生は受ける側だ。教師から受ける経験を通じて、将来、与えることができるようになる力を蓄えるのだ。池田の発想にはパウロに共通するものがある。

池田が小学校6年生の1939年9月1日にドイツ軍がポーランドに侵攻し、第2次世界大戦が勃発した。この時期について池田はこう回想する。


〈そのころ、長兄も次兄も出征していた。次々と兵隊にとられて、母は寂しそうであった。中国大陸への不当な侵略戦争は拡大し、ノモンハン事件が起きていた。ナチス・ドイツ軍がポーランドに侵入し、第二次大戦が勃発したのは昭和十四年（一九三九年）である。わが家へも軍靴は土足のまま踏みこんできた。

母は働き手を次々に失って、困窮する家計のやりくりで苦労した。近くの海でとれる小魚が食卓にいつものぼった。「骨まで食べるんですよ」これが母の口ぐせであった。病弱の私になにか栄養をと思っても、それもできず、こう言うのが母の精いっぱいの愛情だったのであろう〉（206ページ）

1934年に陸軍省が発表したパンフレット「国防の本義と其《その》強化の提唱」で、「たたかひは創造の父、文化の母である」と強調された。戦争が正しいという価値観を政府は国民に押しつけた。

しかし、民衆がそのような価値観を心の底から受け入れたわけではない。池田は、〈銃後の守りとか軍国の母とか、いかに体《てい》よく賛美されようとも、戦争の最大の犠牲者は女性であろう。夫を、子どもを戦場へ送る悲しみを、出征のさいの万歳の叫びで打ち消すことは、とてもできない〉（207ページ）と指摘する。池田は、次々と息子が召集される母の姿を見て、そう感じたのであろう。

池田は勉強が好きだ。しかし、家庭の経済的状況から中学進学はできないと諦めていた。池田は1940年3月に羽田《はねだ》第二尋常《じんじょう》小学校を卒業し、翌4月に羽田高等小学校に進学した。高等小学校とは、尋常小学校の課程を修了した生徒を入学させて、さらに高度な初等普通教育を施すことを目的として設置された学校だ。修業期間は2年で義務教育ではなかった。仕事で必要となる実務に関係する科目も含まれた。中学受験に失敗した生徒の予備校的機能も果たした。47年に廃止され、新制の中学校に再編された。

純白な心のキャンバスに色を塗る恐ろしさ

1941年に「皇国の道に則《のっと》りて初等普通教育を施し国民の基礎的錬成を為す」と定めた国民学校令が施行され、羽田高等小学校は萩中《はぎなか》国民学校に改称された。この年の12月8日に太平洋戦争が勃発した。

〈尋常小学校を卒業したのは昭和十五年（一九四〇年）である。中学校へ進学したかったのはもちろんである。だが家の状況からは、それを考えることだにできなかった。私は高等小学校へ進んだ。二年生の時、昭和十六年十二月八日、真珠湾攻撃があった。臨時ニュースが国中に流れた。異様な興奮はそれを報じた新聞を配達しながらも、手にとるようにわかった。

そのころ、長兄の喜一は、四年ぶりに一時、除隊になって家に帰っていた。十六年七月から十七年十二月まで家にいたのである。戦線の拡大とともに長兄はふたたび戦場へ赴いた。次兄も、三番目の兄も。やがては四番目の兄の出征も時間の問題であった。

私が当時、戦争に負ければよいと思っていたといえばウソになる。ただ戦争が早く終わってほしいと思っていた。もちろん愛国心はあった。それはもう徹底して植えつけられたのである。すべての価値観が天皇にあり、国家にあった。教育の恐ろしさは、幼時の純白な心のキャンバスに、自在に色を塗っていけることだ。それはいまになってわか

ることである〉（２０７〜２０８ページ）
池田も愛国少年の一人だった。このときの経験を回顧して、「教育の恐ろしさは、幼時の純白な心のキャンバスに、自在に色を塗っていけることだ」と強調する。幼時の純白な心のキャンバスに、戦争ではなく平和という価値観を植え付けることが重要と池田が考えるのは、戦争が人間の心から始まるという信念に基づくものだ。
軍国少年だった池田は、少年航空兵になることを望んだ。
〈高小を出たら少年航空兵になろう、私はそう思っていた。勇んで兵士に憧れて志願していく友だちに刺激されたことは言うまでもない。次々と息子を兵隊にとられた母の寂しさはわかっていたが、私は志願した。軍国主義下の必然の心の軌跡だったのであろう〉（２０８ページ）
池田は、両親に黙って、海軍に少年航空兵になりたいという志願書を出した。そのときにこんな出来事があった。

〈私が少年航空兵に志願したとき、父と母は猛然と反対した。もうたくさんだ、という時勢を超えた本当の叫びだったのであろう。

志願書をもとに海軍の係員が、家に尋《たずね》てきたという。私は留守にしており、その場にはいなかったが、すぐ上の兄が一部始終を目にしている。父は係員に言った。「私は絶対に反対だ」と。

「うちは上の三人とも兵隊に行っているんだ。まもなく四番目も行く。そのうえ五番目までもっていく気か。もうたくさんだ！」。係員は「わかりました。当然でしょう」と静かにいって帰っていったという。強情な父の気迫に押されたというより、その人も心でわかってくれたのであろう〉（２０９ページ）

「どんなことがあっても行かせない」と叱りつけた父

息子を戦争で死の危険に直面させるのは勘弁してほしいという子之吉《ねのきち》の本音が爆発した。「たたかひは創造の父、文化の母である」（国防の本義と其強化の提唱）という国家のイデオロギーは、庶民の心にまったく刺さっていない。海軍の係官も庶民の一人だ。子之吉の心情をよく理解したので、説得をせずに帰っていったのだと思う。子之吉は池田に対しても激怒した。

〈父は私も叱りつけた。どんなことがあっても行かせない、と言いつづけた。父からあれほどの勢いで言われたのは、あとにも先にもこのときだけである。もし志願し、通っていたならば、そして戦争が長引いていたならば……いまになれば父に感謝しているが、私は不満であった。

眠れない床で私はなぜか長兄の言葉を思い出していた。長兄がふたたび戦場へ赴《おもむ》くとき、私はこう言われた。「うちに残って両親の面倒をみてあげられそうなのは、どうやらお前だけだ。両親を頼んだぞ」と。耳元でその言葉が反復されて聞こえてくる。事実、私が兵隊へ行ったら、父母がどうなるかは明らかだった。私は断念した〉（209～210ページ）

両親よりも池田の方が当時の軍国主義イデオロギーに同化していた。国のために命を捧げる機会が許されなかったことを池田は悔しく思ったのであろう。この池田の記述を読んだとき、筆者は自分の母のことを思い出した。

筆者の母（佐藤安枝《やすえ》、旧姓・上江洲《うえず》）は、池田より2年後の1930年生まれだ。

母は、沖縄本島の西100キロメートルのところにある久米島《くめじま》という離島の出身だ。久米島には、当時、国民学校しかなかった。母は那覇《なは》の親戚の家に身を寄せ、昭和高等女学校に通った。

1944年、戦局が厳しくなり、学校から3、4年生は学徒隊（後に梯梧《でいご》隊と呼ばれるようになる）に志願し、1、2年生は家族の元に帰るようにと指導された。女学校2年生で当時14歳だった母は、帰郷するはずだった。しかし、沖縄本島と久米島をむすぶ連絡船は、米軍の空爆で沈められ、帰郷の可能性は奪われていた。

母の2人の姉が那覇で生活していた。24歳になるいちばん上の姉が「石部隊《いしぶたい》」（陸軍第62師団）の軍医部に勤務していた関係で、母は14歳で辞令を受け正規の軍属として勤務することになった。

母たち三姉妹は最前線で軍と行動をともにした。前田高地の激戦で、母は米軍のガス弾を浴びた。幸い、すぐそばに軍医がいて、注射などの処置を受けたので命拾いした。

軍人の中にはすぐに大声で怒鳴り、ビンタをする乱暴者もいたが、「米軍は女子供を殺すことはしない。捕虜になりなさい」とそっと耳打ちする英語に堪能な東京外事専門学校（現・東京外国語大学）出身の兵士もいた。こういう助言をしてくれた日本兵は、この東京外事専門学校卒のインテリ兵だけでなく、何人もいた。

軍国主義の影響で命を捧げる覚悟だった

1945年6月22日（一般には23日となっているが、元沖縄県知事の大田昌秀《おおたまさひで》琉球大学名誉教授の実証研究に基づく22日説を私は正しいと考える）、沖縄本島南端の摩文仁《まぶに》の司令部壕で第32軍（沖縄守備軍）の牛島満《みつる》司令官（陸軍中将）、長勇《ちょういさむ》参謀長（陸軍中将）が自決し、沖縄における日本軍による組織的戦闘は終結した。

その後も、母は摩文仁の海岸にある自然の洞穴に数週間潜んでいた。小さな洞穴に、17人が潜んでいたという。恐らく6月22日未明のことだ。摩文仁には1カ所だけ井戸があった。母がそこで水を汲《く》んでいるときに、2人の下士官と会った。2人は母に「われわれは牛島司令官と長参謀長にお仕えしていた。2人はこれから自決するので、戦争はこれで終わる」と伝えた。

母たちは投降せずに、沖縄本島北部に筏《いかだ》で逃げ出すことを考えていた。北部の密林地帯で、米軍に対するゲリラ戦を展開することを考えていたのだ。

しかし、海を見ると、米軍の艦船が十重二十重に島を囲んでいる。夜間も照明弾がひっきりなしに降ってくる。夜闇《やあん》に紛れて脱出することも不可能だった。そこで、洞穴にいる

17人は、水汲みや用便の帰りに米兵に発見された場合は、自決するか、洞穴と異なる方向に敵兵を誘導するという約束をした。しかし、この約束は守られなかった。

7月に入ってからのことだ。母たちは米兵に発見された。用便に行った日本兵が米軍に発見されたが、約束を守らずに洞穴に戻ってきたからだ。訛りの強い日本語で米兵が「スグニ、デテキナサイ。テヲアゲテ、デテキナサイ」と投降を呼びかける。洞穴の入り口には十数丁の三八式歩兵銃が並んでいる。外側から、暗い洞穴の中の様子は見えない。日本語を話す米兵の横には自動小銃を抱えた別の米兵が立っている。その米兵はぶるぶる震え、自動小銃が揺れていた。

母は自決用に渡されていた二つの手榴弾《しゅりゅうだん》のうちの一つをポケットから取りだし、安全ピンを抜いた。信管（起爆装置）を洞穴の壁に叩《たた》きつければ、4、5秒で手榴弾が爆発する。母は一瞬ためらった。そのとき、母の隣にいた「アヤメ」という名の北海道出身の伍長《ごちょう》が「死ぬのは捕虜になってからでもできる。ここはまず生き残ろう」と言って手を上げた。母は命拾いした。

私は子供の頃から「ひげ面のアヤメ伍長があのとき手を上げなければ、お母さんは手榴弾を爆発させていた。そうしたらみんな死んだので、優君《まさる》が生まれてくることもなかった。お母さんは北海道の兵隊さんに救われた」という話を何度も聞かされた。当時の母も軍国主義イデオロギーの影響を受け、天皇陛下のために命を捧げる覚悟でいた。

魂の飢餓感に苦しんだ先の出会い

14歳で沖縄戦を体験し、大日本帝国と天皇のために死ぬ覚悟ができていた筆者の母は、戦後、何も信じることができなくなった。池田も敗戦後に心の空洞が生じたと回想する。

〈戦後、私は同時代の仲間と同じように、いっさいが信じられなくなった。皇民化教育をうけ、そこに青春の燃焼を見いだしていた者にとって、ポッカリ空いた心の空洞に、衝撃の嵐が吹きすさぶ思いを禁じえなかった。振り返ってみたら、自分たちの歩んだ道が、自分のそのすぐ後で音をたてて瓦解し、道は完全に失われていたのであった。青春の破局を前にして、自分の来《こ》し方を苦痛のうちに顧みても、なにも残っていないのであった。

ただ私には無残な原体験のみが残ったのである。戦争とともに家はめちゃめちゃになり、長兄は死んだ。父も母も最大の犠牲者の一人である〉（208〜209ページ）

池田のこの文章を読んだとき筆者は2010年7月に病死した母の姿を思い出した。池田は魂《たましい》の飢《き》餓《が》感に苦しんだ。そして、生涯の師となる戸田城聖《じょうせい》と出会い、創価学会に入信した。

筆者の母は、戦後、保健師になって、沖縄の離島で衛生状態を向上させる仕事に就きたいと考え、看護学校に入った。生涯、独身でいようと考えていたという。看護学校で、日本基督《きりすと》教団（日本におけるプロテスタントの最大教派）の牧師からキリスト教の話を聞かされた。母はそこに魂の飢餓を満たすものを感じ、洗礼を受けた。

しかし、母は洗礼を受けたことを、筆者が同志社大学神学部1回生のクリスマス礼拝（1979年12月23日）に洗礼を受けるまで告げなかった。それまで、筆者の前では「お母さんはキリスト教に関心を持っているけれども、信者になるほどの覚悟はできていない」と言っていた。

母から聞いた断片的な話をつなぎ合わせると、日本のプロテスタント教会は中産階級の知識人が主体で、苦しんでいる人々に同情するが、自分のこととは思っていない。沖縄戦で死んでいった友人、日本から切り捨てられ、生きていくために屈辱に耐え、地を這《は》うように生活した沖縄の仲間たちとの意識の乖離《かいり》が埋まらないので、教会の正式メンバーになることを躊躇《ちゅうちょ》していたようだ。

母は米軍嘉手納《かでな》飛行場の電気技師として沖縄で働いていた父と知り合い、本土に出てくることになった。父は政治に関心を持たなかったが、母は非武装中立で絶対的平和主義を掲げる日本社会党の熱心な支持者になった。筆者は池田の戦争を憎み、平和を愛する信念に強く共感する。そこには、母から聞かされた沖縄戦の体験から受けた無視できない影響がある。

「問答無用、オイ、コラ、黙れ！」

話を池田に戻す。萩中国民学校2年の12月に太平洋戦争が勃発する。その翌年3月に池田は卒業し、新潟鉄工所で働き始める。

〈昭和十七年（一九四二年）四月、私は家が近いということもあり、また、三番目の兄が勤めていた関係から蒲田《かまた》の新潟鉄工所へ入社した。その前年の十二月八日、日本軍はハワイ真珠湾を奇襲し、太平洋戦争が始まっていた。その年の暮れの二十五日は香港占領、明けて一月はマニラ、つづいて二月はシンガポールを攻略し、連戦連勝。まさに破竹の勢いで戦線は拡大されていく。戦局の転機となったといわれるミッドウェー海戦は、

私が入社してから二カ月後であったので、世は戦勝気分が横溢していた〉（211ページ）

1942年6月のミッドウェー海戦で、日本海軍は航空母艦（空母）4隻を失う大損害を受けた。にもかかわらず、大本営発表で「空母1隻沈没、1隻大破」とその損害を半分以下にして発表した。政府が国民を情報操作するようになった。池田が勤務した工場は、海軍の艦船を製造していた。

〈新潟鉄工もまもなく海軍省の船舶本部から技術将校が派遣され、軍需工場として、艦船部門の一翼を担い、フル回転をしていった。軍国調の時代の波は、各工場や会社を洗い、社内には青年学校が設けられ、入社した者は、そこで軍隊的な教育・訓練を受けねばならない。修了年限は五年間。ただし、私の場合は卒業を待つまでもなく、敗戦となり、工場の閉鎖とともに自動的に青年学校も消滅したのであったが……。

私たち新入社員は、A・B・Cの三クラスに編入され、一クラス五、六十人で授業を受けた。私はBクラスであったように思う。授業時間は、午前中の場合もあったし、午後に行われたときもある。ともかく一日のうち、半日は各学科の勉強、残り半日は工場実習であった。半年あまりは、見習い期間で基本的な機械操作を教え込まれた。
時代を反映してか、青年学校では、指導教官や先輩から下級生に対する往復ビンタなどもかなり激しくとんでいた。のどかな学校生活というような雰囲気はまったくない。ある日、一人の指導員がネジの切り方に関連して、方程式を黒板に書いて説明していた。ちょっと、その解析について十分に理解できない点があったので、私は手をあげて問いを発した。
ところがその人は、突然、怒り出した。「そんなことはわからんでいい！　生意気なことを聞くな！」とどなる。私は驚いた。北海道や東北など地方からの出身者も多く、その同期の友人たちは、授業中にあまり質問などしなかったので、一人質問をする小柄な青年がことさら目立って勘にさわったのであろう。時代は、軍人精神はなやかなりしころで「問答無用、オイ、コラ、黙れ！」と、人びとの心は荒れていたにちがいない〉
（211～213ページ）

労働者として働いた工場での経験が役立つ

青年学校とは、1935年に公布された青年学校令によって、実業補習学校と青年訓練所とが合併して発足した勤労青年教育機関だ。1926年に発足した青年訓練所の目的は、16歳から徴兵年齢（当初20歳以上であったが、43年に19歳以上、44年に17歳以上に引き下げられた）までの青年に軍事教練を施すことだった。また、1893年に設けられた実業補習学校の目的は、公民教育と職業教育だった。青年学校では、軍事教練、公民教育と職業教育を同時に行った。

〈施設は小学校があてられ、設備も不十分で専任教員も少なかった。39年には男子のみ義務制となった。この義務制は、国民の中等教育への進学要求を正規の中等教育の改革によって解決するものではなく、青年期教育の二重構造を温存したまま、日中戦争を契機とした国家総動員体制をになう国民を養成するためのものであった。しかし、それまで勤労青年教育の中心であった農業青年だけでなく、都市勤労青年にも教育の機会が与えられることになり、工場や事業場に私立の青年学校が設けられた〉（『世界大百科事典』平凡社、ジャパンナレッジ版）

池田は、工場での慣れない作業に苦しんだようだ。工場での仕事についてはこう記している。

〈青年学校の校服は、ちょうど南京袋のような感じの粗い麻服であった。その作業衣を着ながら、鉄塊《てっかい》や図面に挑んだ。タガネを左手に持ち、大きなハンマーで力いっぱい打ち込むのであるが、棒のような細いタガネにハンマーが命中するかどうか自信がないので、ついタガネの位置とハンマーの行く手を見てしまう。しかし、そのような姿勢をとると力がはいらないから、との注意を受ける。手元など見ないで腰から力を入れ、肩の後ろから全力でハンマーを振りおろせ、と。初めのうちは、やはり、左手の人差し指に、タガネの頭を打ちそこねたハンマーがもろに当たり、骨が砕けるような激痛を覚えた。毎日、血豆ができ、指は真っ赤にはれあがり、ずいぶんと痛い思いをした。不器用な私には、先輩、同僚の見事な技術が、うらやましくてならなかった。

六尺のタレット旋盤《せんばん》でネジを切る。油が飛ぶ。普通旋盤で鉄棒を切断し、ミーリングを使って穴をあけ、フライス盤を操作して次々と切削《せっさく》作業を行う。モーターの音が工場内に響く。熱をもって赤く焼けた鉄粉が飛び散り、やけどの危険がつきまとう。油にまみれ、汗を流し、神経を鋭く張りつめながら、私は、精いっぱいに働きつづけた。

いま思うとき、当時、身につけた機械工作の基礎的技術が、どういうわけか現在でも人生を語るときになにかと役に立って感謝している〉（２１３〜２１４ページ）

工場の現場で労働者として働いた経験が、後に創価学会を指導するときに役立つことになる。労働者の勤務環境や心理を池田は頭だけでなく、身体で理解しているからだ。戦争の進展とともに工場は拡大していった。

〈実習工場は第三工場と呼ばれていた。私は、そこで働いていた。入社時は、二、三千人ぐらいの人びとが勤めていたようだが、戦局の展開と、激化につれて、人数はぐんぐんと増えていく。町の標語も昭和十八年（一九四三年）の「頑張《がんば》れ！　敵も必死だ」から、翌十九年は「進め一億火の玉だ」と戦争一色へ。二十年ごろには、一万人近くはいたのではなかろうか。学生が勤労動員され、女子挺身《ていしん》隊員も働くようになり、商店の人びとも徴用され、戦地に行かない水兵まで続々と働きにはいってきた〉（215ページ）

「頑張れ！　敵も必死だ」というスローガンからは、頑張れば日本が米国に勝つことができるという認識が滲《にじ》み出ている。これに対して、「進め一億火の玉だ」というスローガンになると勝敗は度外視されている。玉砕に向けて突き進んでいく覚悟を促している。政府のスローガンからも日本の劣勢がうかがわれる。工場で製造する兵器も、変化していった。

自分たちは何を造らされていたのか

〈海軍省の指示下にあるこの軍需工場から生産されていくものも、海防艦、水雷艇、駆潜艇などの大型・中型船舶の内燃機関や種々の部品から、しだいに小型の特殊潜航艇へと変わっていった。いわゆる人間魚雷である。空からは「一機一艦」とのスローガンでった。特攻機作戦がとられ、海からは、特殊潜航艇が建造され、敵艦を求めて孤独に進んでいった。「自分の一個の生命を賭して、敵艦一隻を沈めるために体当たりを!」――青年たちは、このような思想を吹き込まれ、死地に赴いていった〉(215~216ページ)

工場でも人間魚雷「回天」のような特攻兵器が造られていくのである。池田は海軍の少年航空兵になることを望み、志願書まで提出したが、両親の反対でこの望みは叶わなかった。池田が少年航空兵になっていたら、特攻要員となっていた可能性も十分あった。

工場でどのような兵器を造っているかは軍事秘密だ。池田ら労働者に、軍は何を製造しているかについて伝えなかった。しかし、注意深く観察していれば、何を自分たちが造らされているかがわかる。

〈もちろん、私たち工場で働いている人間には、ただ「これは海軍に必要な兵器」としか説明されなかった。しかし、完成図を見たり、貨車に積まれていく完成品を目撃すれば、自分たちがなにを作っているのかわかる。毎朝五分ないし十分ほどの朝礼があり、全工場へ海軍から派遣されてきている技術将校の訓示がスピーカーから流れてくる。「諸君はお国のために働いている。真心こめて作るように……」と。

天皇の写真が飾ってある前で直立不動の姿勢をとり、深々と礼をし、教育勅語を一人で大きな声で暗誦《あんしょう》している青年の姿がしばしば見受けられた。失敗したり、たるんでいると、先輩や教官から気合を入れられて、そのようにさせられたのである〉（216ページ）

戦時中の日本では、すべての中心は天皇であると教えられた。

戦前、戦中の日本で国家神道は宗教ではないとされた。国家神道は臣民（国民）の慣習なので、どのような宗教を信じていようが、あるいは宗教を信じていなくても、日本臣民の慣習として、天皇には畏敬の念を払わなければならない。客観的に見て、天皇の写真の前で直立不動の姿勢をとり、深々と礼をし、教育勅語を朗唱することは、宗教的な礼拝だ。

しかし、それを慣習と国家は言い張ることによって、国家神道という宗教をすべての国民に強要していたのだ。

戦後、神道と国家は分離された。しかし、21世紀の現在においても「神道は日本人の慣習である」という形で、神道が国教化される可能性が完全に排除されているとはいえない。国家が特定の宗教を優遇もしくは忌避《きひ》してはならないとする政教分離の原則は、創価学会員やプロテスタントのキリスト教徒など、自覚的な信仰を持つ人々にとって死活的に重要だ。

長生きできないと認識、人生への実存的関心が強まった

工場の激務の中で、池田の健康は徐々に蝕《むしば》まれていった。1944年の夏のある日、池田は血痰《けったん》を吐いた。

〈青年学校での軍事教練もいよいよ強化されていった。十九年の夏の日であったと記憶するが、いつものように、蒲田駅の近くの工場から、木銃《もくじゅう》を持って多摩川の土手へ向かって行進していた。二百人ぐらいであったろうか、真夏の太陽が照りつける猛烈に暑い

日であった。

私は先頭集団の一員として歩調をとって行進していた。午後二時ごろであったろうか、六郷橋の手前の航空機の付属品メーターを作っている工場の近くまできたときである。私は、急に気分が悪くなって倒れかけてしまった。皆が「どうした！ どうした！」と駆け寄ってきて支えてくれた。なんとか六時過ぎまでの教練をもちこたえた。

が、血痰を吐いた。口をあわてて押さえて、紙でふきとった。そのころ、私は結核が相当進行し、体は日々衰弱し、さらに疲労が積み重なる、という悪循環を繰り返していたのである。三十九度の熱を押して、出勤したこともあった。リンパ腺ははれ、頬はこけはじめた。医師に悠々とかかれる身分でもなく、また世の中の雰囲気はそんなことを許すような状況にはなかった。『健康相談』という雑誌を唯一の頼りにして、自分の体は、自分の力で調整しなければならない。実際、私の結核の病状は悪化し、血痰と寝汗と咳《せき》の連続であった。二十年にはいったころは医師のすすめで鹿島の結核療養所へ行かなくてはならないだろう、というところまでいっていた。これは、幸か不幸か、結局は二十年四月十五日の蒲田の大空襲のあおりで実行には移されなかったのだが……〉（216〜217ページ）

当時は日本には抗生物質がなく、結核は治療の難しい病気だった。池田は、自分は長生きできないと認識するようになった。それとともに人生に対する実存的関心が強まった。

生命尊重の価値観を育んだ原体験

1944年末から東京は頻繁に空襲にあうようになった。米軍の爆撃機B29は、焼夷弾を投下し、軍事施設や軍需工場だけでなく、住居や学校も攻撃の対象とする無差別爆撃を行った。召集され戦地に行くことがなくても、空襲で生命を失う国民が少なからず出た。池田が勤めていた新潟鉄工所は軍需工場だ。当然、米軍の標的となる。さらに池田の結核が進行していた。本来ならば療養所に入らなくてはならなかったが、空襲による混乱でそれも不可能になった。このような状況で池田は二つのことを深く考えた。

〈その当時の私の関心は、一点は「生命というものは大事だ！」であり、二点は「戦争はどうなるのか！」ということであった——と、そのときの友人が言っている。これはおそらく軍需工場で働き、空襲にあい、書物を読み、また、兄たちを次々と戦争にとられたみずからの実感からきたものであろうし、生命の問題も、やはり、身近なものの戦

死、また自身の病弱な体を見つめざるをえない状況からきたものにちがいない〉（220～221ページ）

「生命というものは大事だ！」という認識は、不本意な死を免れたいという思いだ。当時、日本国家は、悠久の大義のため、すなわち天皇のために生命を捧げるならば、その人は日本民族という有機体の中で永遠に生きると説いた。このようなイデオロギーに池田は同化することができなかった。

さらに「戦争はどうなるのか！」という関心についても当時の日本人の認識を追体験しないとわからない。空襲が頻発する状況で、大本営発表が日本軍の善戦を伝えても、誰も戦争で日本が勝利するとは思っていなかった。

同時に日本が連合軍に無条件降伏すると思っている国民もほとんどいなかった。大多数の国民は、いつわれわれは玉砕することになるのか、その日はいつになるのかという不安を抱えていたのだと思う。池田もそのような一人だった。

召集や空襲による身近な者の死、さらに結核によって忍び寄りつつある自らの死は、池田にとって避けようとしても避けることができない深刻な問題だった。この原体験は、創価学会で活動するようになってから池田が生命を尊重する価値観を宣揚《せんよう》していくことにつながるのである。

敗戦まで連日続く空襲で東京下町は廃墟に

１９４５年3月10日未明から東京は大規模な空襲にさらされた。後に東京大空襲と呼ばれる無差別爆撃だ。

〈米軍機の日本空襲は開戦翌年の１９４２年4月のドゥリットル中佐指揮のＢ－25中型爆撃機16機による奇襲が最初だった。日本軍の連勝中に、太平洋上の航空母艦から発進し、東京・名古屋・神戸を攻撃して中国浙江《せっこう》省の基地におりたこの奇襲は、被害こそ少なかったが、日本軍部に大衝撃を与えた。

本格的な本土空襲は１９４４年夏にアメリカ軍のマリアナ諸島占領によって始まった。日本本土がアメリカ軍の新鋭長距離超重爆撃機Ｂ－29の爆撃圏に入ったからである。アメリカ側は民間無差別攻撃によって日本国民の戦意をくじこうと、大都市に対する焼夷《しょうい》弾《だん》爆撃を計画した。それに対する日本側の防空体制はいたって弱体なものであった。Ｂ－29は１９４４年11月24日、初めて東京を本格的に爆撃、同月29日には最初の夜間焼夷弾攻撃が行われ、以後、翌年にかけて敗戦の日まで連日のように空襲が続いた。9か月に及ぶ空襲は、延べ4900機により130回に及ぶもので、38万9000余発の焼夷弾と1万1000余発の爆弾が投下された。3月10日の大空襲は、ハンブルク爆撃（1943年7～8月）で有名なルメー少将の指揮によって準備された。下町地区がまずねらわれたのは、そこが家内工業の中心であり、日本の軍事工業を支えているとの認識がアメリカ軍にあったからである。午前0時8分から深川地区に始まったこの空襲の特徴は、夜間の超低空からのじゅうたん爆撃という点である。これは火災に弱い日本の都市構造や防空体制の弱点などをついたものであった。

2時間半の爆撃によって東京下町一帯は廃墟《はいきょ》と化した。約2000トンの焼夷弾を装備した約300機のB－29の攻撃による出火は強風にあおられて大火災となり、40平方キロメートルが焼失、鎮火は8時過ぎであった。焼失家屋は約27万戸、罹災《りさい》者数は100万余人に達した。死者は警視庁調査では8万3793人、負傷者は同じく4万0918人となっている。資料によって差異が大きいが、「東京空襲を記録する会」は死者数を10万人としている〉（『日本大百科全書「ニッポニカ」』小学館、ジャパンナレッジ版）

糀谷町2丁目の池田の家は、3月10日の東京大空襲では被災しなかった。しかし、今後の空襲による類焼を防ぐために、家は取り壊されることになり、池田家は強制疎開させられた。もっとも池田は、地方に親族がいなかったので、馬込《まごめ》のおばの家に身を寄せることになった。しかし、池田が先に引っ越した後、父母が移ってくる前夜の5月24日に空襲でこの家も焼けた。池田も空襲を体験した。引っ越す場所もないので、そこで暮らすしか池田家には選択肢がなかった。

〈私たちは急ごしらえのバラック小屋に住むことになった。屋根はトタンを打ちつけた代物である。夏の夜、昼間の余熱があって部屋はうだるように暑かった。父は病気がちになっていて、寝苦しそうに何度もうなる。そんな父を見て、思わず私は屋根に上がり、バケツで水をかけたりした。

戦争の無残さは、津波のようにわが家を襲い、すべてをめちゃくちゃにした。私はいつとはなしに戦争の無意味さを、問い始めるようになっていた。何のための戦争か。戦争の悲惨さはこの五体に刻みこまれ、その体が戦争の告発へと向かっていったのである。

私の反戦平和への心の軌跡をたどるとき、こうした原体験から発していることは明らかである。それだけに強く、深い。一度は少年航空兵をこころざし、青春の真昼を前に、この生命を戦争で終わらせても……と思った自分である。戦争に対したときの、人間の内面の動き、心の振幅は人によってさまざまであろう。しかし、心が戦争を生み、人をして戦争に走らせ、やがて戦争を憎むということだけは、そのときからよくわかった〉（227～228ページ）

終戦まで自身の心と対話し続けた

池田の反戦思想、平和思想は、戦争が民衆を不幸にするという実体験に基づいている。池田自身も少年航空兵になって日本国家のために生命を捧げようと思ったことがある。しかし、空襲を経験することによって、そのような抽象的愛国心がまやかしであったことを池田は皮膚感覚で知る。ただし、戦争が終わるまで、この皮膚感覚での知を言語で表現することはできなかった。当時の日本社会の空気がそれを許さなかったからだ。このような状況で池田は、自身の心と対話し続けた。

〈敗色は明らかになっていく。私は人知れず反問した。これからどう生きていくのか。戦争の終わりは、だれも口にこそ出さなくても、近いことは察知していた。トタンの破れたところから、月がのぞいている。焼け跡を照らす妙に冴えた月光であった。空襲で本を失ったのはとても残念であったが、私はトルストイの『戦争と平和』などを頭でもう一度読み返したりしていた。

青春を戦争のなかで位置づけられてきた自分にとって、残っているものはなにもなかった。体は毎晩寝汗をおびただしくかくほど悪くなっていく。ともかく学問以外にないだろう。戦争が終わったら勉強することだ――と漠然とではあるが、あすを考えるようになっていた〉（228ページ）

この戦争に敗北するのは必至だ。沖縄では民間人を含め、米軍に徹底抗戦して玉砕したという情報が新聞やラジオでも報じられた。本土決戦となり、玉砕することになるかもしれない。もっとも、そうならずに戦争が終わる可能性もある。戦後も生き延びることができるならば、思いっきり勉強したいと池田は思った。

民衆はたくましく生きている

1945年8月14日、日本は中立国スイスを通じて米国、英国などの連合国にポツダム宣言を受諾すると伝えた。降伏したのである。この事実を翌15日正午、天皇が録音によるラジオ放送で伝えた。いわゆる玉音《ぎょくおん》放送だ。

〈敗戦——。それは私にとって一つの大きな区切りであった。敗戦は予想されていた。いつくるかが問題であった。しかし実際に敗戦となると、感慨は深かった。

戦争は生活のすみずみに投影されていた。行動のすべては、戦争とつながっていた。昭和三年（一九二八年）前後に生まれた世代にとっては、それが実感であったと思う。その戦争が今日で終わった。天皇の名で始まり、天皇の名で遂行された戦争が、玉音放送で終わった。これから新しい日々が、まったく新しい日々が始まろうとしている。そのひめやかな予感のなかで、十七歳の私は不安と期待を交錯させていた。

しかし現実には、人びとは生きていくのに精いっぱいであった。荒廃した街に残ったのは、食糧事情のいよいよの悪化であった。四人の兄は終戦後も外地より復員せず、私がイモの買い出しに出かけた。千葉方面へ満員列車で向かう。人びとは争って食糧を求めた。車中には敗戦の空虚さはともかく、庶民の雑草のような根強さがあった。時代がどう動こうとも必死に生きていこうとする庶民の哀歓は、好ましい世界でもあった。リュックにイモを背負っての帰り、私は一種の喧噪《けんそう》のなかに身をまかせつつ、これからの進路を思った〉（229～230ページ）

戦争が終わった。戦争中は、全体主義的な国家システムが機能していた。従って、質量に問題はあるとはいえ、配給が行われていた。敗戦によって、配給のシステムも機能しなくなった。

このような状況でも民衆はたくましく生きている。池田もそのような民衆の一人だった。終戦直後に噴き出してきた民衆のエネルギーを池田は肯定的にとらえた。このことが庶民の宗教である創価学会に池田が接近していく土壌になる。

鏡の欠片に込められた生命への思い

池田は、母が息子たちが無事に帰ってくることを願っていた状況についてこう描写する。

〈当時の母は、わが子の復員のみが希望だった。とくに長兄・喜一のことは気がかりのようであった。中国大陸から南方へ向かって以後、音信は途絶している。もしか戦死したのでは……という思いを口にすることは、かわいそうで、とてもできなかった。

長兄と私を結ぶ鏡の破片がある。なんの変哲もない、約一センチの厚さの破片である。

鏡は母が父に嫁ぐときに持参したもので、いつの日だったか割れてしまった。その鏡の破片を長兄も私も持っていたのである。長兄は大切にそれを持って出征した。私は自分の手元にある鏡を手にするたびに、戦場の兄を思ったものである。空襲のときも、私はその鏡の破片を胸に焼夷弾をくぐった〉（230ページ）

出征した長兄・喜一と池田を結ぶ母の鏡の破片（© Seikyo Shimbun）

この鏡の破片には象徴的な意味がある。長兄と池田は、離れればなれになっていても、この鏡の破片を見て、母のことを強く思った。同時に長兄は池田を、池田は長兄のことを考えた。今は離れればなれになっていても一つの鏡から生じた欠片《かけら》は、もともと一体のものだった。欠片には、いつか合わさることができるという願いがこもっている。

　長兄も生き残りたかったのだ。しかし、当時の日本では、男子が召集され、戦争で死ぬのは名誉なこととされていた。だから、兵士は「生き残って家族と会いたい」とは口に出せない。この生命への思いが鏡の欠片に込められている。

〈終戦後、三番目の兄が二十一年一月十日、まず復員した。つづいてすぐ上の兄が同年八月十七日復員、栄養失調でまるで幽霊のようだったことを覚えている。そして一カ月後の九月二十日、二番目の兄も帰ってきた。だが長兄の消息は依然としてわからなかった。やがて終戦から二年目の年が明けた。冬が過ぎ、焼け跡にも桜が咲いた。しかし、長兄は帰ってこなかった。母は夢に見たとよく話した。「喜一は、大丈夫、大丈夫だ、かならず生きて帰ってくる、と言って出ていった」。母はこれを口にすることで、みずからを励ましていたようである〉（２３０〜２３１ページ）

出征した４人の息子のうち、３人は戻ってきた。長男もきっと戻ってくると母は言ったが、心の奥底で不安を覚えていたはずだ。この不安が１９４７年５月に現実になった。

〈空に初夏の雲が流れるようになった五月三十日であった。役所の年老いた人が一通の便りをもって訪ねてきた。わが家は終戦直後に馬込のおばのところから、森ケ崎（現在、大田区）に移転していた。父の家作だった家である。一通の便りを届けるのに、役所はひどく手間どったそうである。空襲でほとんどの家が親類、知人を頼りに転々としていた状況だったから、それはやむをえないことであったろう。
母がていねいにお辞儀をして書状を受け取った。受け取ってすぐ母は後ろを向いてしまった。母の背が悲しげだった。その書状は戦死の公報であった。それによると、二十年一月十一日、享年《きょうねん》二十六歳（正しくは二十九歳だが、公報では二十六歳と表記されている）ビルマ（現ミャンマー）で戦死、となっていた。遺骨を受け取りにくるように、ということで兄が品川まで行った。帰ってきた遺骨を抱きかかえるようにした母の姿を、私は見ることができなかった。以来、母はめっきりと年老いたようである。父もゼンソクや心臓が悪くなり寝こむことが多くなった。強情な父、いつも努めて明るくあろうとした気丈《きじょう》な母も、長兄の戦死の報に心中深く、思いっきり泣いたにちがいない〉（231〜232ページ）
戦争中ならば、戦死は名誉とされた。軍国の母として泣くことも許されなかった。
戦後になって、日本国民は軍国主義のくびきから解放された。泣くことまでは禁止されなくなった。池田の脳裏には喜一の戦死の公報を受け取ってすぐ後ろを向いてしまった母の姿が焼き付いている。この体験も池田の反戦平和の原点を形成している。

〈それから五年後、私は結婚したが、鏡の破片はいまも私の手元にある。妻が桐箱に入れて大事にしまっているが、ビルマに散った兄の忘れがたみとしている。後年、仏教発祥の地・インドへ赴いた途次、私はラングーン（現ヤンゴン）に寄った。無名戦士の墓に詣でて、心から冥福を祈ることができた。戦争の無残さを、私は南の空の青さとともに、この胸にしっかりと刻印して帰ったのである〉（232ページ）

1961年2月、ミャンマーの無名戦士の墓で、池田は母の思いを喜一に伝えたのだ。そして、二度と戦争を起こさないことが宗教家としての自分の使命であると誓った。

読書を通じて知識を貪欲に吸収していった

1945年8月の敗戦によって、大日本帝国は崩壊した。日本は植民地を全て失った。政治や経済などの現象面だけでなく、大日本帝国を支えた価値観も崩壊した。古い価値観は既に崩壊した。しかし、それに代わる新しい価値観は未《いま》だ生まれていない。「既に」と

「未だ」という「時の間」で池田は煩悶《はんもん》する。池田が勤めていた新潟鉄工所は、軍需産業であったので閉鎖になった。池田は下丸子《しもまるこ》にあった東洋内燃機に籍を移すことができ、失業せずに済んだ。46年1月に池田は新潟鉄工所時代の友人の紹介で、西新橋の昭文堂印刷に転職した。勤務後は、水道橋《すいどうばし》の東洋商業学校に通う。この経緯について、池田はこう記す。

〈世の中の変わりようは激しかった。真実とは、人間とは……。敗戦により、従来の価値観はひっくり返ったように思われた。何を支柱に生きていくべきか、若者たちは、悩んだにちがいない。私も、その一人であった。

無性に勉強がしたくなった。戦争という異常事態下にあっては、好きな読書も満足にはできなかった。そうだ、ともかく学校へ行こう。それも昼間の学校へ行くことなどは、経済的にもとても余裕がない。なにしろ、終戦の年の秋には、まだ、戦地に出征した兄たち四人とも家に帰ってはいなかったし、私には残った男の子として、家の生計をささやかではあるが支えていくことが不可欠であった。また、私は働きながら学ぶ他の学生の心も知りたい気持ちがあった。私は、夜間の学校で勉強しようと思った〉（233～234ページ）

池田は、自分のためだけでなく、家族の生活を支えるためにも働かざるを得なかった。当時も、富裕層の家庭の子女は、昼間の学校に通い、高等教育を受けることができた。池田は、自分と他人を比較して、他人を羨《うらや》んだり、自分を卑下したりすることはない。現在、自分が置かれている状況を与件として、その上で現実的に状況を改善する方策を考えるのだ。自由は制約の中においてのみ行使されるのだという認識を池田は抱いている。今、自分にできる読書を通じて知識を貪欲《どんよく》に吸収していく。神田の古本屋街に出かけたことが、池田が学校に通うきっかけとなった。

〈そんなある日、私の足は、神田の古本屋街へ向かっていた。駿河台《するがだい》の丘の上に立って、焼け落ちたビルを眺めていると肩をたたく人がいた。私と親しくしていた友人の先輩であった。

久しぶりの邂逅《かいこう》に、二人の話ははずんだ。その人は、私が学校へ行きたいということを知ると、神田・三崎町の東洋商業（現・東洋高校）を紹介してくれた。簡単な筆記試験を受けて、終戦の年の九月から中途編入することになり、東洋商業の二年生になった。学校には、建物だけがともかく残っているといってもよく、机や椅子《いす》も、どこか壊れていたり、傷がついていたりして、完全なものはなかった。窓ガラスも破れ、教材用の器具などもそろっていない。壊れた窓からは、冬の寒風が遠慮なくはいってきた。天井からつり下がった裸電球も薄暗かった。停電は毎夜のごとく。しかし、戦時中の遅れを取り戻すため、私たちは、むさぼるように少ない本を手にしては読んでいた。私は、そんな一人の夜学生である〉（234ページ）

戦争中は、若者が十分に学ぶ機会は、時間的にも質的にも保障されていなかった。太平洋戦争で日本が劣勢《れっせい》になると徴兵《ちょうへい》年齢が引き下げられた。戦地に行かない若者たちも勤労動員に駆り立てられた。その結果、この世代の若者の勉強時間は大幅に削減された。さらに思想統制のために、人文・社会科学分野では、自由な勉強ができなかった。敗戦により、戦争と思想統制のくびきから解放された若者たちは魂の飢餓感を覚えた。池田の「私たちは、むさぼるように少ない本を手にしては読んでいた」という表現からその雰囲気が伝わってくる。

〈廃墟と化した市街の上に、悠々《ゆうゆう》と広がる澄み渡った青い空は、いま思い出してもあまりにも鮮やかである。瓦礫《がれき》の山のなかの生活も、戦争が終わり、心はあの青い空の色かなにかに向かってかぎりなく晴ればれと走り出した。皆、新しい知識に飢《う》えていた。

薄給のなかから蓄えた小遣いを持っては、神田に飛んでいき、望みの本を見つけて喜んだのもこのころである。古典、新刊書など、手にはいるものは乱読というか、片っぱしから読んだといってよい。読書は、私の人生にとって最大の趣味の一つである。素晴らしい良書に巡り合った喜びはなににもまして、といってよいほどのうれしさがあった。岩波書店へ行って、列をなしているところに並んで、やっと一冊の本を手に入れたこともある〉（234～235ページ）

友人と話し合うことで集合知を獲得

池田は、1946年頃から読書ノートをつけるようになる。池田にとって読書は闘いなのだ。先人、同時代人がテキストにした知と格闘することによって、自分が生きていくために必要な指針をつかもうとする。また、友人と本について話し合うことによって、理解を深める。1人で煩悶するのではなく、読書と友人を通じて、集合知（collective intelligence）を獲得するというアプローチを池田は取った。

〈昭和二十一年、二十二年のそのころ、私が書きつけたワラ半紙の雑記帳に、読んだ本のなかから感銘《かんめい》した文などが思いつくままに記されている。
「家は十坪に過ぎず、庭は唯三坪。誰か云ふ、狭くして且陋《ろう》なりと。家陋なりと雖《いえ》ども、膝を容る可く、庭狭きも碧空《へきくう》仰ぐ可く、歩して永遠を思ふに足る。神の月日は此處《ここ》にも照れば、四季も来り見舞ひ、風《ふう》、雨《う》、雪《せつ》、霰《さん》かはる〴〵到りて興浅からず。蝶児来りて舞ひ、蟬来りて鳴き、小鳥来り遊び、秋蛩《しゅうきょう》また吟ず。静かに観ずれば、宇宙の富は殆んど三坪の庭に溢るゝを覚ゆるなり」（徳冨蘆花《とくとみろか》著『自然と人生』岩波文庫）
私の心に、ひたひたと打つものがあったのであろう。人間と人間の愚かな戦いの修羅場をば、大自然の恵みは超越して、春を呼び、秋を寄せる。荒廃した家々と天地のおおらかさ——この対照鮮やかなときに、「宇宙の富は三坪の庭に溢れる」と覚えるのは、愉快至極《ゆかいしごく》なことではなかったか。
また父や母のことも私には心にかかっていたのであろうか。「初春の花見る毎に父母の、傾く年を独り寝に泣く」（国木田独歩《くにきだどっぽ》）などとペンを走らせている〉（235〜236ページ）
当時、池田が読んだ本は、旧制高校生の教養主義と親和性が高い。

〈その他、その雑記帳に抜き書きされている書名や著者の名を、当時の心のメモリーとして並べてみると、その内容はいっさい忘れてしまったが、それぞれから懐かしい思い出が想起されてくる。シルレル、勝海舟、カーライル『英雄及英雄崇拝』、石川啄木、ダーウィン『種の起原』、長与善郎『竹沢先生と云ふ人』、ジャック・ロンドン『奈落の人々』、バクーニン『神と国家』、有島武郎《たけお》『旅する心』、岡倉覚三『日本の目覚め』、三木清『人生論ノート』、国木田独歩『欺《あざむ》かざるの記』、プラトン『クリトン』、ヘルデルリーン『ヒュペーリオン』、姉崎正治《まさはる》『復活の曙光』、阿部次郎『三太郎の日記』、幸田露伴『頼朝』、エルベール編『ガーンディー聖書』、ルソー『エミール』、孫子、内村鑑三『代表的日本人』、エマーソン論文集、モンテーニュ『随想録』、プラトン『国家』、伊藤千代松、プレハノフ『我等の対立』、中江兆民、幸徳秋水、佐藤一斎《いっさい》『言志四録』、高山樗牛《ちょぎゅう》、『平家物語』、武者小路実篤『我が人生観』、呉茂一《くれしげいち》訳『増補 ギリシア抒情詩選』訳、高橋健二訳『ゲーテ詩集』、バイロン……〉（236〜237ページ）

内村鑑三の影響とキリスト教の死生観

読書を通じて体得した教養が、その後、創価学会における池田の活動に活かされる。創価学会は民衆の宗教だ。民衆に教養を開放していくことを池田は重視した。知識人が語る難解な言葉を、水準を落とさずに、民衆が皮膚感覚で理解できる言語に転換していくことが不可欠と池田は考えているのであろう。だから、創価学会にとって「精神の正史」となる重要なテキストとなる『人間革命』を池田は、読者が特段の知的訓練を経ずにも理解できる小説という形態で著したのだ。

ここで挙げられている内村鑑三『代表的日本人』から池田は大きな影響を受ける。内村はプロテスタント（無教会派）のキリスト教徒だ。池田は、内村のテキストの影響は受けたが、キリスト教には魅力を感じなかった。『代表的日本人』を通じて日蓮に魅力を感じるのである。

〈「国破れて山河在り　城《しろ》春にして草木《そうもく》深し　時に感じて花にも涙を濺《そそ》ぎ……」（『杜詩《とし》』鈴木虎雄訳注、岩波文庫）。この有名な杜甫《とほ》の詩「春望」が、ふと浮かんできた。これは、敗戦の焦土に生きる十代の青年にとって実感であったといえよう。私は、森ケ崎の海岸をよく友人と歩いていた。夜の浜は磯の香高く、微風が頬をそっとなでる。打ち寄せる波は、冴えた月光に照らされて、ときに銀色に輝いた。

くずれかけた草深い土手の奥から、虫の鳴き声が聞こえてくる。孤独の友と、哲学を語り、文学を語った。そして、生と死とを——。貧窮の彼は、キリスト教信者になるという。

「先日、内村鑑三の『代表的日本人』（鈴木俊郎訳、岩波文庫）を読んだが、『あの実に重要なる死の問題、——それは凡《あら》ゆる問題中の問題である。死のあるところ、宗教はあらねばならぬ』とあったよ」「うん、その死ということなんだが……」「いったい生命とは？」。

静かな議論はつづいた。だが私は、キリスト教には魅せられない〉（242〜243ページ）

ギリシャ語にテロスという言葉がある。この言葉には、「終わり」「目的」「完成」という三つの意味がある。辞書を引くと英語の「エンド（end）」にも「終わり」と「目的」という意味がある。終わりの時点で目的が達成されるのだから、それは完成でもある。英語のエンドとギリシャ語のテロスは同じ事柄を意味している。死とは、人生の終わりだけでなく、目的と完成でもあるというのがキリスト教の考え方だ。もっともこの世での死は、とりあえずの終わりに過ぎない。イエス・キリストが再臨するときに、死者は復活し、一人ひとり最後の審判に付される。そして、永遠の命を得て神の国に入る人と、滅びる人に分けられる。神によって選ばれた人にとって、この世における死は、無に帰することではなく、永遠の命を得るための過程にすぎない。このようなキリスト教の死生観に池田は魅力を感じなかった。

当時、池田は、友人たちと読書サークルを作っていた。池田の読書ノートは、サークルでの会合の討議資料でもあった。池田は、読書サークルの仲間2人と1947年8月14日に戸田城聖創価学会理事長（当時、後の第2代会長）と会う。その直前に、『代表的日本人』に関する読書ノートを作成した。

〈内村鑑三の『代表的日本人』を岩波文庫で読んだのは、奇しくも恩師と邂逅する直前のころであった。

私のノートには、次のような一節が写し取られている。

あの実に重要なる死の問題、――それは凡ゆる問題中の問題である。死のあるところ、宗教はあらねばならぬ。それは我我の弱さの徴《しるし》であるかも知れぬ、併し其《それ》にも拘らず、我我の高貴なる生れなると、我我の衷に死なざるもののあることとの徴でもある。

この一節をめぐって、私は読書グループの友人と森ケ崎海岸を散策しながら、生と死の問題を突っこんで議論した記憶がある。

それは、月光の冴えわたる真夏の夜のことであった。打ち寄せる波は金波、銀波と輝き、磯の香をのせた微風は、議論の果ての紅潮した頰に心地よかった〉(「若き日の読書」『池田大作全集 第二十三巻』聖教新聞社、1997年、79ページ)

人間の死とは何か、宗教は必要であるか

戦争中、空襲による死、結核による死が迫っていることを池田はひしひしと感じていた。敗戦により、空襲によって死ぬ可能性はなくなった。しかし、病気による死は、依然、池田にとって切実な問題だった。内村も人間の死について真剣に考え、死があるところに宗教もあると考えた。内村のこの発想が池田の琴線《きんせん》に触れた。

〈文学を語り、哲学を論じ合った末に、私と友との語らいの落ちつく先は——「死」とは何か、人間にとって宗教は必要であるか、否か。必要とすれば、いかなる宗教が求め

られるべきか――そうした一点に絞られていった。

宗教は、人間の最も主たる関心事である。宗教なき人間は、考へることができない。この不思議なる人生にありては、我等の能力の大なるだけ我等の欲望はそれより大であり、我等の希望は此世の与ふる又は与へ得る一切のものを凌駕《りょうが》してゐる。茲《ここ》に於て此等の不調和を除去するために、何事かが為されねばならぬ、――我等の行為に於てにあらずんば、少くとも我等の思想に於て。

このように内村が述べているのを、あたかも友は諳《そら》んじているかのように、情熱的に語った。そして、まず自身の「死」の問題を解決するために、キリスト教の信仰に入る決意を、いつしか吐露していたのである。

しかし私は、彼の意見には同調できなかった。なぜなら――友の表情には、心の焦りと悲壮感が漂っているように見えたからである〉(「若き日の読書」同79~80ページ)

内村の宗教観に強く触発されつつも、池田はキリスト教に向かわず、日蓮仏法に帰依することになった。その背景には、内村の日蓮観に関する池田独自の解釈がある。

第二章

運命の師との出会い

内村鑑三の内面世界を正確にとらえる

池田大作は、キリスト教に魅力を感じなかった。しかし、キリスト教徒である内村鑑三の宗教性には共鳴した。内村は、キリスト教を学ぶために米国に渡った。内村がそこで見たのは堕落《だらく》したキリスト教会の姿だった。池田は、内村の内面世界を正確にとらえている。

〈弱冠二十三歳の青年内村が、溢《あふ》れる大志を抱いて横浜港を発《た》ったのは、明治十七年（一八八四年）十一月六日のことであった。懐中には、わずか二百円にも足りぬ渡米資金が収められていただけであるという。

内村の渡米の目的は、第一に「人」となること、第二に「愛国者」となることであったと、述べられている。フロンティア・スピリットの溢れる新大陸は、新生明治の青年にとっても、希望の天地であったろう。

サンフランシスコに上陸した内村は、大陸横断鉄道に七昼夜も揺られ、まずペンシルヴァニア州の州立白痴《はくち》院に勤めることになった。そこで彼は、慈善事業に打ち込み、厳しい自己訓練によって立派な「人」となろうとした。

続いて内村は、ニューイングランドのアマスト大学に赴き、こんどは歴史学、ドイツ語、鉱物学、地質学、ヘブライ語、心理学、倫理学等を学んでいる。そして、シーリー学長の感化を受けて、ある重大なる回心を遂げたことは、多くの内村鑑三伝が伝えているとおりである。

三年四カ月におよぶ内村のアメリカ体験は、彼の精神に複雑な陰影を刻んだようだ。信仰者としての深化が進むにつれ、彼はアメリカの現実には深い失望感を味わっている。口にはキリスト教徒であるといっても、教えを実践する人は少なく、誰もが拝金主義者となっていると見たのだ〉（「若き日の読書」『池田大作全集 第二十三巻』聖教新聞社、1997年、81～82ページ）

アマースト（アマスト）大学での内村の勉学は決して順調に進まなかった。アマースト大学の卒業生は通常、B.A.（Bachelor of Arts＝文学士）の学位を受ける。しかし、内村が受けた学位は、B.S.（Bachelor of Science＝理学士）だった。ギリシャ語、ラテン語など古典語の学力不足のために本来の専攻から得るべき文学士の学位が得られなかったのであろう。

古典語の学力不足は、当時の日本人留学生にとって共通した問題だった。同志社大学の創立者である新島襄《にいじまじょう》も、内村より前にアマースト大学を卒業しているが、学位はB．S．だった。ちなみに内村をアマースト大学に誘ったのは新島だった。

内村は、米国滞在中に、キリスト教徒であって、同時に日本人であることが両立するかについて悩んだ。キリスト教は、世界宗教だ。しかし、外国人宣教師は自国の文化をキリスト教信仰と同時に日本人に押しつけようとする。このような宣教師の姿勢が内村には我慢できなかった。


〈内村は「余は、基督《きりすと》教外国宣教師より、何が宗教なりやを学ばなかつた」と言い、また「余は或時は基督信者たることを止めて純日本人たらんと欲することがある」とも述べている。彼自身の表現によれば、生涯「二つのJ」――Jesus（イエス）とJapan（日本）とのあいだを、激しく揺れ動いていくことになる。

明治二十六年（一八九三年）、内村が英文で著した"How I Became A Christian"（『余は如何《いか》にして基督信徒となりし乎《か》』）は、ちょうど振り子がJesusのほうに傾いていたころのものである。

それに対して、翌明治二十七年、同じく英文で"Japan and Japanese"（『日本及び日本人』）と題した著作は、早くもJapanへの愛国者に変貌していたころのものであった。

それを後年、明治四十一年（一九〇八年）になって改版を出すさい“Representative Men of Japan”と改題したのが、今日の『代表的日本人』の原型となったのである〉

（「若き日の読書」同82～83ページ）

土着化という点で共通する池田と内村の宗教観

イエス（Jesus）と日本（Japan）を同時に愛することが、日本人キリスト教徒には求められている。これは世界宗教であるキリスト教は、それぞれの地域に土着化しなくてはならないという意味でもある。

ちなみに、創価学会は、米国、インド、韓国、イタリアなど世界192カ国・地域に存在する。〈世界各国・地域の団体からなる創価学会の国際的機構として創価学会インタナショナル（SGI）〉（創価学会会憲［2017年11月］前文）がある。1995年11月に制定されたSGI憲章では、〈SGIは各加盟団体のメンバーが、それぞれの国・社会のよき市民として、社会の繁栄に貢献することを目指す〉〈SGIはそれぞれの国の実情をふまえて、各加盟団体の自立性と主体性を尊重する〉と明記されている。世界宗教である創価学会は地域に土着化する方向を明確にしている。池田と内村の宗教観は土着化という点で共通している。内村は、日蓮による宗教改革を肯定的に評価した。

〈こうして無教会主義の旗を掲げる内村は、西欧のキリスト教会勢力を激しく批判し、むしろ日本の誇るべき宗教改革者として、日蓮大聖人《だいしょうにん》に学ぶところが多くあるという。内村は「偉大なる日蓮よ」と呼びかけ、日本における宗教家のうち「前代未聞の人」である理由を述べていく。

一個の注目すべき人物、全世界に於ける彼の如き人物のうちにて最も偉大なる者の一人が、我我の前に立つのである。これ以上に独立なる人を、余は我が国人の間に考へることはできない。実際、彼は彼の独創と独立とによつて、仏教を日本の宗教たらしめたのである。

ここに明らかなように、内村の価値判断の基準の一つに「独立」という概念がある。彼は熱烈な愛国者でもあったが、同時に「自由と独立」のために闘う外国人をも「同胞」あるいは「兄弟」と呼んで、決して排外的なナショナリストにはならなかった。

その意味で彼の日蓮観は、国家権力からの自由と独立の側面に意義を見いだそうとする。伊豆と佐渡への両度の流罪、そして「竜《たつ》の口《くち》の法難」についても「日本宗教史上、最も有名な出来事」として、とくに詳細なる描写を加えていく。さらには、西洋における宗教改革者マルティン・ルターと対照させ、権力の迫害にも屈しない実践行を、高く評価しているのだ〉（「若き日の読書」同83～84ページ）

内村によって池田は日蓮に関心を持った。戦前、一部の日蓮主義者は、日本の帝国主義政策を積極的に推進した。その例が、八紘一宇《はっこういちう》を提唱した田中智学《ちがく》だ。

〈『日本書紀』神武天皇即位前紀の橿原奠都《かしはらてんと》の令に「兼六合以開都、掩八紘而為宇、不亦可乎」（引用者注＝六合《くにのうち》を兼ねてもって都を開き、八紘《あめのした》をおおいて宇《いえ》と為《せ》んこと、またよからずや）とみえている。明治末年、日本国体学を提唱した田中智学の造語とされる。「紀元二千六百年」の昭和十五年（一九四〇）の数年前から、現状打破・世界新秩序建設の精神的支柱を記紀に求めようとする態度が政府にも生まれた。文部省教学局は『国体の本義』（十二年）、『臣民の道』（十六年）を国民的教科書として出版した。天孫降臨《てんそんこうりん》の地とされた九州高千穂《たかちほ》の峰には、八紘一宇の石塔が建立された。十三年には、外務省の「新官僚」グループの中川融《とおる》・牛場信彦ら八名は、宇垣一成《かずしげ》外相に「皇道宣布の奉行の前衛たる外務省員として（中略）皇道外交の名称を附する一聯《いちれん》の根本論策を有し居り」と提言した。十五年七月二十六日、第二次近衛内閣が決定した「基本国策要綱」は「皇国ノ国是ハ八紘ヲ一宇トスル肇国《ちょうこく》ノ大精神ニ基キ世界平和ノ確立ヲ招来スルコトヲ以テ根本トシ先ツ皇国ヲ核心トシ日満支ノ強固ナル結合ヲ根幹トスル大東亜ノ新秩序ヲ建設スルニ在リ」とした。この目的達成の手段として「大東亜戦争」があった。十八年、日本軍政下のジャワで政治参与の感激をスカルノは「天皇陛下の（中略）聖慮」「神武天皇の（中略）八紘一宇の精神に基く（中略）大日本帝国の肇国の精神」の賜物だろうとした。第二次世界大戦後、日本を占領した連合国軍は、「国家神道についての指令」「プレス＝コードにもとづく検閲の要領にかんする細則」により、「大東亜戦争」「英霊」なとともに「八紘一宇」の字句の使用を禁じた〉（『国史大辞典』吉川弘文館、ジャパンナレッジ版）

内村の『代表的日本人』を読んだことによって、戦争のイデオロギーと結びついた日蓮観から池田は自由になっていた。しかし、それは池田が日蓮仏法に興味を抱いたということではない。信仰は知性からではなく、全人格的感化によって生じるものだからだ。

〈むろん私は、初めて『代表的日本人』を読んだ際には、まだ信仰の道には入っていなかった。しかし、戦時中の国粋的な日蓮主義者たちの主張とは、およそ正反対の日蓮観を、すでに鑑三の著作から得ていたのかもしれない。

ただし、それによって直ちに日蓮大聖人の仏法に興味を抱いていったのではない。あくまで、戸田城聖《じょうせい》という一個の稀有《けう》な仏法者に接して、初めて師とすべき人物を見いだし、やがて私も信仰者の道を歩むことになったのである〉（「若き日の読書」同84ページ）

人生を決定づけた師との出会い

戸田城聖創価学会理事長（当時、後の第2代会長）との出会いが、池田が宗教人としての道を歩む上で決定的に重要だった。

池田の小学校時代の友人が創価学会員だった。友人に誘われて、戸田の講義を池田は聴くことになる。この時点で池田は創価学会や日蓮仏法に関する予備知識を持っていなかった。

〈二回目の終戦記念日を迎えようとしていた蒸し暑い真夏のある夜である。小学校時代の友だちが訪ねてきて「生命哲学について」の会があるからこないかという。生命の内的自発性を強調したベルクソンの「生の哲学」のことかと、一瞬思って、尋ねてみたが「そうではない」という。私は興味をもった。約束の八月十四日、読書グループの二人の友人と連れ立って、その「生命哲学」なるものを聞きに向かった。
占領下の東京、城南一帯はまだ焼け野原。小さなバラックや防空壕《ごう》がいまだに散在している。夜、窓からもれてくる裸電球の灯も薄暗い。八時過ぎ、街灯もない暗い道を歩いていった。めざす家の玄関をはいると、二十人ばかりの人びとがいたが、ややしゃがれた声で、屈託《くったく》ない声でしゃべっている四十代の人の顔が目にはいった。広い額《ひたい》は秀《ひい》でており、度の強い眼鏡の奥が光る。その座は、不思議な活気に燃えていた。自由闊達《かったつ》な話を聞いていると、いかなる灰色の脳細胞でも燦然《さんぜん》と輝き出すような力があった。
この人物が、私の人生を決定づけ、私の人生の師となった戸田城聖先生であった〉
〈「私の履歴書」『池田大作全集 第二十二巻』聖教新聞社、1994年、244~245ページ〉

「これだ!」この人の言っていることは本当だ!

ここで戸田の略歴について説明しておく。本書で私はオシント(公開情報課報《ちょうほう》)の方法を取るので、創価学会公式サイトから引用しておく。

〈1900（明治33）年2月11日、石川県生まれ。北海道での教員生活を経て上京し、初代会長牧口常三郎先生に師事した。1928（昭和3）年、日蓮大聖人の仏法に帰依。1930（同5）年、牧口先生とともに「創価教育学会」を創立し、理事長として教育改革、宗教改革に尽力。1943（同18）年、宗教・思想の統制を図る軍部権力に検挙・逮捕され、2年余の獄中生活を強いられた。出獄後、「創価学会」と改称し、再建を開始。1951（同26）年、第二代会長に就任して組織を整え、7年足らずで75万世帯に拡大した。この間、創価学会の平和運動の基礎となる「地球民族主義」の構想や「原水爆禁止宣言」を発表。1958（同33）年4月2日、逝去《せいきょ》した。主著に『推理式指導算術』、『小説　人間革命』など〉

ここに記された『小説　人間革命』は、戸田が妙悟空《みょうごくう》というペンネームで「聖教新聞」（創価学会機関紙）に連載（1951年4月20日〜54年8月1日）し、後に書籍化された作品だ。池田の小説『人間革命』とは別の作品である。

戸田は、創価学会の前身である創価教育学会の理事長をつとめていたが、1943年7

月6日に治安維持法違反、不敬罪の容疑で逮捕された。1945年7月3日、豊多摩《とよたま》刑務所（後の中野刑務所）から、釈放された。〈師匠の牧口（常三郎）先生（創価教育学会会長）は獄死。弾圧によって創価教育学会の幹部の多くが信仰を捨て、組織は壊滅《かいめつ》状態でした。戸田先生は、ただ一人、牧口先生の遺志を継いで、仏法を弘めることを固く心に誓いました〉（創価学会公式サイト）。戸田は、1946年3月に創価教育学会を創価学会と改称し、広宣流布《こうせんるふ》（布教）の活動に精力的に取り組んでいた。この時期に池田は戸田と出会ったのだ。

〈この日（昭和二十二年八月十四日）、この運命の師と会ったことが、私の生涯を方向づけることになったのであるが、そのときは知るべくもなかった。ただ、初対面ながらも不思議に親しみの情がわき上がってくるのを禁じえなかった。講義と質問への応答が一段落すると、戸田先生は微笑しながら「いくつになったね」と尋ねられた。仁丹をかみ、たばこをふかしておられた。十九歳ということを耳にして、ご自身も故郷の北海道から東京へ初めて上京したときもそんな年ごろだった、と懐かしげに語られる。

私は、「教えていただきたいことがあるのですが……」と質問をした。「正しい人生とは」「本当の愛国者とは」「天皇をどう考えるか」、この三点であった。直截簡明《ちょくせつかんめい》な、しかも誠実な答えが返ってきた。少しの迷いもなく、理論をもてあそぶようなこともない。「これだ！」と思った。この人の言っていることは本当だ！　私は、この人なら信じられる、と思った。いっさいのもののあまりにも急激な変化のためであろう、何も信じられない、といったような心とともに、しかし、何かを探し求めていたのである〉（「私の履歴書」同246〜247ページ）

真面目な会話のなかにウイットとユーモア

池田は、初めて会った戸田城聖に「正しい人生とは」「本当の愛国者とは」「天皇をどう考えるか」という三つの問題について尋ねる。このときのやりとりについて「創価学会の精神の正史」と位置づけられている池田の小説『人間革命』（第二版）を典拠にして解説する。

『人間革命』で池田は、山本伸一という名で登場する。池田の思想と創価学会の内在的論理についてとらえるために第一義的に重要なのが池田の主著である『人間革命』と『新・人間革命』だ。これらのテキストの意義と、『人間革命』に関して初版ではなく第二版を典拠とする必要性については、少し後で説明する。

〈「先生！」

突然、山本伸一が、元気な声で沈黙を破った。

一同の視線は、一斉に伸一に集まった。

「教えていただきたいことが、あるのですが……」

戸田は、メガネの奥で、目を細めながら伸一を見た。

「何かね……なんでも聞いてあげるよ」

「先生、正しい人生とは、いったい、どういう人生をいうのでしょうか。考えれば、考えるほど、わからなくなるのです」

伸一は、真剣な表情で、目を大きく見開いて言った。やや長い睫毛《まつげ》が、影を落とし、涼やかな目元には、まだ少年の面影が残っていた。表情は、ほのかな憂いを帯びていた〉（『人間革命　第二巻』『池田大作全集　第百四十四巻』聖教新聞社、2012年、420ページ。以下書名のない引用は同書から）

池田は死に対する不安を常に覚えていた。死を意識した人は、いかに生きればよいかについて真剣に考える。しかし、考えれば考えるほど正しい人生が何であるかがわからなくなる。小学校時代の友人から生命哲学の話を聞きにいかないかと誘われたとき、池田は咄《とっ》嗟《さ》にフランスの哲学者アンリ・ベルクソンを思い浮かべた。ベルクソンは生命を動的なものと考え直観でとらえるべきと主張する「生の哲学」を提唱した。機械的唯物論に反対し、生命の内的自発性を強調したベルクソンに池田は共感を覚えた。しかし、その哲学だけでは救われたと感じることができなかった。


〈「さぁ、これは難問中の難問だな」

戸田は、顔をほころばせて言った。

「この質問に正しく答えられる人は、今の時代には一人もいないと思う。しかし、ぼくには答えることができる。なぜならば、ぼくは福運あって、日蓮大聖人の仏法の大生命哲理を、いささかでも、身で読むことができたからです」

戸田の静かな声のなかには、自信があふれていた。

「人間の長い一生には、いろいろな難問題が起きてくる。戦争もそうでしょう。現下の食糧難、住宅難もそうでしょう。また、生活苦、経済苦、あるいは恋愛問題、病気、家庭問題など、何が起きてくるか、わからんのが人生です。

そのたびに、人は命を削るような思いをして、苦しむ。それは、なんとか解決したいからだ。しかし、これらの悩みは、水面の波のようなもので、まだまだ、やさしいともいえる。どう解決しようもない、根本的な悩みというものがある。

人間、生きるためには、生死《しょうじ》の問題を、どう解決したらいいか——これだ。

仏法では、生老病死《しょうろうびょうし》と言っているが、これが正しく解決されなければ、真の正しい人生なんか、わかるはずはありません。

生まれて悪うございました、と言ったって、厳然と生まれてきた自分をどうしようもない」

戸田のユーモラスな話しぶりに、みんな思わず笑い声をあげそうになった。だが、内容があまりにも重大問題のせいか、それをこらえて、次の話を待った。

真面目な会話のなかにも、ウイットとユーモアをはさむことによって、それが潤滑油となり、人びとの心に親しみをいだかせることがある。戸田は、話のなかに、常にウイットとユーモアをはさむことを忘れなかった〉（420〜421ページ）

戸田には類い稀な通俗化の力がある。池田もこの力を持つ。ここで言う通俗化とは、難解な事柄について、本質を曲げることなく、民衆にわかりやすい言語に翻訳することだ。知識人は、通俗化を軽視する傾向があるが、これは間違いだ。どれだけ高尚で精緻な理論であったとしても、その理論が民衆に理解されなくては、社会を動かす力にならないからだ。

あえて視座をずらして物事を語る

ここで重要になるのがウイット（wit）とユーモアだ。ウイットは、ヨーロッパ、特にイギリス人の文化と結びついた概念だ。

〈語源的には〈認識する力〉〈知性〉を意味するが、やがて機知、機転などをさすようになった。それは17～18世紀ヨーロッパの文学が主知的傾向を強め、しかも宮廷や社交界で知的洗練をきそう風潮が高まった結果である。思いがけない気のきいた言いまわしでぴたりと表現してみせる才気の文学が、〈ウィット〉の文学としてもてはやされた。しかし19世紀のロマン主義時代には、その種の理知的な傾向は嫌われ、〈ウィット〉は文学上の美徳の地位を失うことになる。それがあらためて脚光をあびるのは、20世紀の反ロマン主義、すなわち新しい主知主義の結果である。〈ウィット〉はたんに表現技術の問題ではなく、概念把握の深く鋭い形態として称揚されるようになった〉（『世界大百科事典』平凡社、ジャパンナレッジ版）

ウイットとは、現象的には、「思いがけない気のきいた言いまわしでぴたりと表現してみせる才気」であるが、単なる表現の技術ではなく、概念を深くとらえるための技法なのである。「これらの悩みは、水面の波のようなもので」という表現が戸田によるウイットの例だ。

ユーモアとは、もはや日本語で日常的に用いられるが、その意味について説明せよと問われるとなかなか答えにくい。哲学史に関する知識が必要とされるからだ。

〈人間の行動その他の現実の事象に対してそれをおかしみの面からとらえ、表現しようとする精神態度、ないしはそこに表現された滑稽さそのものをさす。もとは古代ギリシア以来の西欧の古典的医学用語で体液を意味するフモール humor（ラテン語）に由来する。人間の体内には血液、粘液、黄胆汁《おうたんじゅう》、黒《こく》胆汁の4種の体液が流れており、これらの混合の度合いによって人間の性質や体質が決定されるとされた。近代になってしだいに気質、気分、とくに滑稽さやおどけへの傾向性のある気質の意味で使われるようになり、そこから現在の意味が生じた。現代の西欧諸言語のなかにもフランス語やドイツ語のように、これを英語を経由した形で使用しているものがあることからもわかるとおり、ユーモアは近代イギリスに特徴的な精神性に対応した特質と考えられている。
ユーモアはその対象となる人間等に対する同情、哀れみを含んだ情的寛容的性格を有し、この点で風刺の攻撃性とは対照的であり、またウイットwitやエスプリesprit（フランス語）のようなもっぱら理知的性格の能力である機知とも異なっている。ユーモアの場合でも、矛盾と不条理に満ちた現実を、鋭い人間観察の目を通して見つめていないのではない。しかしそのことを表に出さず、むしろ不完全な人間に宿命的なものとしてそのまま肯定するような態度で、愚かしきふるまいを本意ならずも演じざるをえない人間の姿を慈しむ心をもったものであり、そこに独特の滑稽さが生まれる。
日本では明治初期、戯謔《ぎぎゃく》とか俳趣といった訳語があてられたりしたこともあったが、英語本来の発音（ヒューマー）とはあわない「ユーモア」という呼び方が坪内逍遙《しょうよう》によって使い始められてから、これがしだいに定着していった。悲喜こもごものこの世界を一種の諦観にたって眺《なが》め、泣き笑いを催させるような人情味を添えて描き出すユーモアは、日本人の伝統的な滑稽感覚とも相通ずるところがあるといえよう〉（『日本大百科全書「ニッポニカ」』小学館、ジャパンナレッジ版）
ユーモアが攻撃的でないことが重要だ。あえて、視座を少しずらして、物事を見て語ることがユーモアだ。正しい人生とは何かという深刻な問題を論じている過程で、戸田は「生まれて悪うございました、と言ったって、厳然と生まれてきた自分をどうしようもない」と語った。これがユーモアなのだ。戸田の発言に誰かを責めるような攻撃性はない。

地位や財産があろうがどうにもならない問題

さらに別のユーモアによって戸田は話を進めていく。

〈「いつまでも、十九の娘でいたい、年は絶対に取りたくないと、いくら思ったって、四、五十年たてば、お婆《ばあ》さんになってしまう。

私は、病気は絶対にごめんだと言ったって、生身の体だもの、年を取れば、ガタガタになってしまう。これも避けるわけにはいかない。それから最後に、死ぬということ——これは厳しい。

みんな、いつまでも生きられると思っているが、今、ここにいる誰だって、せいぜい六、七十年たてば、誰もこの世にいなくなる。〝死ぬのは、いやだ〟と言ったって、だめだ。どんなに地位があろうが、財産があろうが、どうすることもできない。

こうした人生の根本にある問題は、いくら信念が強固だといったって、どうにもならない悲しい事実です。人生にとって重大な、こうした問題を、正しく、見事に、さらに具体的に解決した哲学は、これまでになかったといっていい。
だから、正しい人生を送りたいと願っても、実際には、誰もどうしようもなかった。突き詰めて考えてもわからないから、『人生不可解なり』などと、自殺する者も出てくる。厭世的になるか、刹那的になるか、あるいは、あきらめて人生を送るしかない。
ところが、日蓮大聖人は、この人生の難問題、すなわち生命の本質を解決してくださっているんです。しかも、どんな凡夫でも、必ずそのような解決の境涯にいけるように、具体的に指南してくださっている。これほどの大哲学が、いったいどこにありますか」〉
（421～422ページ）

愛国者の概念は変わる

正しい人生について悩んだ結果の自殺に典型的なように人生をあきらめてしまってはならないと戸田はユーモアとウイットを駆使しながら説いた。戸田の言葉が池田の琴線に触れた。

〈伸一は、直感した。
〝この会は、同じ日蓮宗の一派に見えるが、教えを説いている人は、僧侶ではない。また、少年のころよく見た、あの白装束を着て、太鼓《たいこ》を叩《たた》いている壮年たちとは、あまりにも異質である……〟〉（422ページ）
そして、「正しい人生とは」という池田の問いに対する戸田の暫定的回答は以下のようなものだった。

〈戸田は、さらに続けた。

「正しい人生とは何ぞや、と考えるのもよい。しかし、考える暇に、大聖人の仏法を実践してごらんなさい。青年じゃありませんか。必ずいつか、自然に、自分が正しい人生を歩んでいることを、いやでも発見するでしょう。

私は、これだけは間違いないと言えます」

彼は、こう言って一口、コップの水を飲んだ〉（422ページ）

いくら考えても、それだけで人間は変わらない。正しい信仰に基づいた実践が重要なのである。この場で聞いた戸田の教えが、池田の人生に強い影響を与えた。池田は、次の質問に移った。


〈伸一は、目をキラキラと輝かせていた。

「もう一つ、お願いします。本当の愛国者というのは、どういう人をいいますか」

戸田は、コップを置きながら、軽く言った。

「これは簡単だ。楠木正成《くすのきまさしげ》も愛国者でしょう。吉田松陰《しょういん》も愛国者でしょう。乃木《のぎ》大将も愛国者でしょう。確かにそうですね。しかし、これからもわかるように、愛国者という概念は、時代によって変わってしまう。

国家や、民族に忠実である人が愛国者ですが、その国家、民族自体、時代の流れでずいぶん変化するものです。したがって、愛国者という人間像も変わる。

時代を超越した、真の愛国者があるとするならば、それは、この妙法の実践者という結論になります。その理由は、妙法の実践者こそが、一人の尊い人間を永遠に救いきり、さらに、今の不幸な国家を救う源泉となり、崩れない真の幸福社会を築く基礎となるからです。

世界最高の正法《しょうほう》を信じ、行《ぎょう》ずる者が、最高の愛国者たる資格をもつのは当然です。これは観念論では決してない。妙法を根底にした国家社会が、必ず現出するのです。歴史、思想、民族の流れから見ても、それ以外に絶対にない。いや、なくなってくるだろう。それまで、多くの人は信じないかもしれない。現出してきた姿を見て、初めて〝あっ〟と驚くのです。それだけの力が、大聖人様の仏法、南無妙法蓮華経《なんみょうほうれんげきょう》には、確かにある。後世、百年、二百年たった時、歴史家は必ず認めることと思う」

戸田は、遠い将来に、思いを馳せるように語った〉（422～423ページ）

敗戦後の価値観において、楠木正成や乃木希典《まれすけ》はもはや愛国者として扱われなくなっている。米国のルーズベルト大統領は、米国では愛国者だが、戦時中の日本では「鬼畜《きちく》」だった。国家、民族、時代によって愛国者の概念は変わる。真の愛国者は、日蓮仏法の実践者であると戸田は強調した。

日蓮大聖人が覚知した根本の法

池田は、「本当の愛国者というのは、どういう人をいいますか」という問いに対して戸田が真摯に答えたことに感銘を受けた。ここで重要なのは、「真の愛国者は日蓮大聖人だ」というような、紋切り型の答えを戸田がしなかったことだ。「世界最高の正法を信じ、行ずる者が、最高の愛国者たる資格をもつのは当然です」という普遍的原理から戸田は南無妙法蓮華経を説いた。

南無《なむ》とはサンスクリット語（梵語《ぼんご》）からの音訳だ。

〈〔梵〕namas の音訳。南摩・南謨《なも》・納莫《のうまく》なども音訳。もと「敬礼」の意で「帰命」などと訳す）仏語。仏や三宝などに帰依《きえ》することを表わすことば。なも〉（『日本国語大辞典』小学館、ジャパンナレッジ版）

南無阿弥陀仏とは、阿弥陀仏に帰依するという意味だ。カトリック教会の神父・井上洋《よう》治《じ》は、キリスト教においても南無アッバと祈るべきと説いた。アッバとは父なる神という意味で、南無アッバとは神に帰依するという意味だ。

本書の目的は、創価学会の内在的論理をつかむことだ。だから南無妙法蓮華経の定義に関しても百科事典や仏教辞典を参照するのではなく、創価学会の公式の解釈に依拠することにする。

〈「南無妙法蓮華経」とは、日蓮大聖人が覚知し、自身に体現した、宇宙と生命を貫く根本の法です。そして、本来、万人の生命に具《そな》わる普遍の法でもあります。

日蓮仏法の実践は、この「南無妙法蓮華経」の題目を御本尊に唱え、祈ることが根本です。これにより、誰人も自身の内なる仏の生命を開き現し、生命が浄化され、苦難を乗り越える力強い生命力を引き出すことができます。

「南無妙法蓮華経」の「南無」とは、古代インドの言葉・サンスクリット語（梵語）の「ナマス」（namas）あるいは「ナモー」（namo）の音写で、「帰依」「帰命」を意味し、この法を自身の根本として生き、自らに体現していくことを示しています。

「妙法蓮華経」とは、もとは法華経《ほけきょう》の正式名称ですが、経典の題名の意味にとどまらず、法華経の肝要ともいうべき法の名でもあります。

「妙法」とは、この根本の法が理解し難い不可思議な法であることを意味しています。

そして、その妙法の特質を、植物の蓮華《ハス》に譬《たと》えています。蓮華は泥沼の中から清らかな花を咲かせ、つぼみの段階から花と実が同時に生長します。すべての人が苦悩渦巻く現実の中で、その場において揺るぎない幸福境涯（仏の生命）を確立できることを蓮華になぞらえています。

「南無妙法蓮華経」には、〝宇宙と生命を貫く仏の生命を根本として生き、自身の生活・人生の上に仏の生命を発現させていく〟という意味が含まれています〉(創価学会公式サイト)

南無妙法蓮華経とは、法華経(妙法蓮華経)に帰依するという意味であるが、テキスト(経典)の内容を正しいと考え帰依するに留まらず、「宇宙と生命を貫く仏の生命を根本として生き、自身の生活・人生の上に仏の生命を発現させていく」こと、すなわち生き方が変化することを意味する実践的な概念だ。

池田と戸田のやりとりに戻ろう。

〈無造作な話し方であったが、明快な回答になっていた。もっと深く、教学を通して語りたかったのかもしれない。だが、伸一たちに、これ以上、話してもわからないと思って、概略的な話で終わったともとれた。

「その南無妙法蓮華経というのは、どういうことなんでしょうか」

「これは、詳しく言えば、いくらでも詳しく言える。釈尊《しゃくそん》が一代に説いた八万法蔵《はちまんほうぞう》といわれる膨大な教えも、煎じ詰めれば、この南無妙法蓮華経の説明とも言える。

一言にして言えば、一切の諸《もろもろ》の法の根本です。宇宙はもちろん、人間や草木にいたるまでの、一切の宇宙現象は、皆、妙法蓮華経の活動なんです。だから、あらゆる人間の宿命さえも、転換し得る力を備えている。つまり、宇宙の根源力をいうんです。

別の立場からこれを拝せば、無作三身如来《むささんじんにょらい》、すなわち根本の仏様のことであり、永遠に変わらない本仏の生命の名前です。釈尊滅後二千年以後、すなわち末法という時代に入っては、その仏様は日蓮大聖人であり、その大聖人様は、御自身所具の久遠元初《くおんがんじょ》の生命を、御本尊様として顕《あらわ》されたのです」

難解な仏法用語が飛び出してきた。

伸一は、深遠な世界に、少々、戸惑わざるを得なくなってきた〉（423〜424ページ）

ここでも仏教に馴染みのない読者には、イメージがすぐにわかない言葉がたくさんでてくる。釈尊とは、シャーキャ族の聖人（釈迦牟尼《しゃかむに》）のことだ。人々から尊敬される人物の意で、仏教の創始者ゴータマ・ブッダを釈尊と呼ぶ。八万法蔵とは、釈尊が一代にわたって説いた教えのすべてのことだ。なお八万とは実際の数ではなく、多数という意味だ。無作とは、何の人為も加えられていない、本来のまま、ありのままということである。三身とは、仏としての本質的な3種の特性を指す。第1が法身《ほっしん》（仏が覚《さと》った真実・真理）、第2が報身《ほうしん》（最高の覚りの智慧《ちえ》をはじめ、仏と成った報いとして得た種々の優れた特性）、第3が応身《おうじん》（人々を苦悩から救うためにそれぞれに応じて現実に現した姿、慈悲の側面）だ。如来とは、仏が持つ10の尊称の一つだ。サンスクリット語のタターガタの漢訳で、「真如（真実）から来た者」という意味。もとは修行を完成した者の意で諸宗教で用いられていたが、仏教では釈尊や諸仏の呼び名とされた。

戸田の短い説明の中にもこれだけ多くの専門語が入っているので、これまで特に宗教的な環境で育ったのではない池田に、その意味を完全に把握することはできなかった。しかし、池田は戸田の答えが真実であると直観した。そして、一切の諸の法の根本である法華経について学びたいと思った。

仏様から見れば、天皇も同じ人間

池田は、次の質問に移った。

〈「わかりました。全部が理解できたという意味ではなく、私も勉強してみます。もう一つだけ、お聞きしたいことがあるのですが」

「なんだね……」

「先生は、天皇をどうお考えですか」

天皇のことが、大きな問題になっていた時である。

戸田は、極めて平静に話し始めた。

「仏法から見て、天皇や、天皇制の問題は、特に規定すべきことはない。代々、続いてきた日本の天皇家としての存在を、破壊する必要もないし、だからといって、特別に扱う必要もない。どちらの立場も気の毒だと思う。

天皇も、仏様から見るならば、同じ人間です。凡夫《ぼんぷ》です。どこか違うところでもあるだろうか。そんなこともないだろう。

具体的に言うなら、今日、天皇の存在は、日本民族の幸・不幸にとって、それほど重大な要因ではない。時代は、大きく転換してしまっている。今度の新憲法を見てもわかるように、主権在民となって、天皇は象徴という立場になっているが、私はそれでよいと思っている〉（425〜426ページ）

戸田は、信仰にとって天皇は本質的問題でないと考える。天皇も人間だ。それを神聖視する必要もなければ、忌避する必要もない。それは、日本国憲法の下、天皇が国政に関する権能を持っていないからだ。日本の国家体制が変化したのであるから、統治権の総攬《そうらん》者であると定められていた大日本帝国憲法下の天皇とは異なる態度を宗教者は取るべきと戸田は考えている。

創価学会の前身である創価教育学会は、軍部政府によって厳しい弾圧を受け、壊滅的打撃を受け、初代会長・牧口常三郎は獄中死した。ここで戦中までの創価学会の歴史について説明しておく。

創価教育学会は、1930年11月18日、初代会長・牧口常三郎と理事長・戸田城聖（後に第2代会長）によって創立された。この日に牧口の『創価教育学体系』第1巻が発行された。この本の奥付に「創価教育学会」の名称が初めて現れたので、この日が創価学会創立記念日になっている。牧口は教育者として活躍していた。

〈1928（昭和3）年に日蓮大聖人の仏法に出会った牧口先生は、この仏法こそが自身の教育理論の根底となる「人格価値の創造」を可能にするものであるとの強い確信を持つようになりました。以来、教育者による教育改革運動の枠を超え、仏法を根本とした一人ひとりの人間変革と生活の革新、そして、よりよい社会建設を目指す宗教運動の

団体へと脱皮し、発展していったのです〉（創価学会公式サイト）

太平洋戦争中、戦争への動員強化のために国家神道を中心とする宗教・思想の統制を図った軍部政府と牧口、戸田らは対峙《たいじ》することになった。

〈弾圧を恐れて国家神道を受け入れた日蓮正宗宗門を牧口先生は厳しく諫《いさ》め、軍部権力と敢然と対峙していきます。１９４３（昭和18）年７月６日朝、牧口先生は訪問先の伊豆で、治安維持法違反・不敬罪の容疑で検挙され、同日朝、理事長だった戸田先生も東京で検挙。ともに逮捕・投獄され、会は壊滅状態となりました。牧口先生、戸田先生は、厳しい尋問にも屈せず、信念を貫く獄中闘争を続け、牧口先生は１９４４（同19）年11月18日、創価教育学会創立から14年後のその日、老衰と極度の栄養失調のため、拘置所内の病監で逝去しました。満73歳でした〉（創価学会公式サイト）

戸田は、敗戦約１カ月前の１９４５年７月３日に豊多摩刑務所から釈放され、戦後に学会を再建することを１人で決意し、準備を始めた。そして、１９４６年３月に創価教育学会から創価学会に改称した。

戸田自身、天皇制権力による弾圧の被害者であるが、天皇や天皇家に対して恨みを抱いていない。

〈今、問題なのは、天皇をも含めて、わが日本民族が、この敗戦の苦悩から、一日も早く立ち上がり、いかにして安穏な、平和な文化国家を建設するかということではなかろうか。姑息《こそく》な考えでは、日本民族の興隆はできない。世界人類のために貢献する国には、なれなくなってしまう。どうだろう！」

簡明直截な回答である。呆気《あっけ》ないともいえる。彼の所論には、理論をもてあそぶような影は、さらさらなかった〉（426ページ）

1947年8月24日入信、活動を開始する

筆者が尊敬するチェコのプロテスタント神学者ヨゼフ・ルクル・フロマートカは、「信仰を持つ者は常に前を見る」と言った。戸田の姿勢もフロマートカと同じだ。過去を振り返って、恨んだり感傷的になったりするのではなく、常に前を向いて、現実的かつ建設的に進んでいくのである。

〈山本伸一は、戸田の顔をじっと見つめていた。彼に、決定的瞬間がやってきたのは、この時である。

〝なんと、話の早い人であろう。しかも、少しの迷いもない。この人の指導なら、自分は信じられそうだ〟〉(426ページ)

この瞬間に池田と戸田の間に師弟の関係ができたのだ。「私の履歴書」で池田は、戸田との出会いの感想についてこう記している。

〈夜十時近く、その家を辞した。蒸し暑い夏の夜であった。快い興奮と複雑な心境が入り混じり、精神は緊張していた。当時の青年にとって、宗教なかんずく仏教の話ほど、無縁の存在はなかったといってよい。正直いって、そのときの私自身、宗教、仏法のことが理解できて、納得したのではなかった。戸田先生の話を聞き、姿を見て、「この人なら……」と信仰の道を歩む決意をしたのである。

さらに、話を聞くと、この戸田先生という人物は、戦時中、あの無謀な戦争に反対し、軍部独裁の国家権力の弾圧にもかかわらず毅然として節を曲げずに、昭和十八年(一九四三年)、治安維持法違反ならびに不敬罪で検挙され、投獄されながらも己の信念を貫き通したというではないか。これは決定的な要素であった。二年間の獄中生活に耐え、軍国主義思想と戦った人物には、信念に生きる人間の崇高さと輝きがある。極論すれば、当時の私にとっては「戦争に反対して獄にはいったか否か」ということが、その人間を信用するかしないかを判断する大きな尺度になっていたといっても過言ではない〉(「私の履歴書」『池田大作全集 第二十二巻』聖教新聞社、1994年、248〜249ページ)

戸田は、自らの信念を貫いて、不転向で獄中生活に耐えた。戸田の言っていることと行動の間に乖離《かいり》がないことを池田は察知した。そして、この人と同じ信仰に入る。池田は戸田の感化を強く受け、信仰者になった。人間は弱い存在だ。自分の頭で考えて決断した信仰は崩れやすい。それに対して、他者に感化されて受け入れた信仰は堅固なのである。

当時、創価学会は日蓮正宗の在家信徒集団だった。戸田と出会ってから10日後の1947年8月24日に、池田は東京・中野の日蓮正宗歓喜寮《かんきりょう》(後に昭倫寺《しょうりんじ》と改称)で入信し、創価学会員として活動するようになった。

二つの小説を読み解くことが最適な方法

ノンフィクションを書く場合、当事者や関係者の手記や証言、当時の新聞や雑誌の記事などが情報源となるが、小説が主要な資料として用いられることは少ない。筆者の池田大作研究においては小説である『人間革命』（全12巻）と『新・人間革命』（全30巻）が決定的に重要な資料になる。

小説は、フィクションだ。史実をモデルにする場合にも、そこにはさまざまな編集や脚色が行われている。小説という文学形態で池田が創価学会の歴史と教義を伝えるのが最適であるというアプローチをとっていることを踏まえた上で、創価学会の内在的論理をつかむのに最適な方法は、この二つの小説を読み解くことであると筆者は考える。客観的な事実よりも宗教的真実の方が重要になるのだ。このことについては、世界宗教であるキリスト教と比較して考えてみるといい。

イエスの言行を伝えたのは、福音書だ。「マタイによる福音書」「マルコによる福音書」「ルカによる福音書」「ヨハネによる福音書」という四つの福音書がある。前三つの福音書は内容が似ているので「共観福音書」と呼ばれる。18世紀から19世紀にかけて、実証主義的方法を用いてイエスという男の生涯と発言を確定しようと多くの神学者が試みた。この試みを史的イエスの探究という。その結果は悲惨なものだった。

1世紀にイエスという男がパレスチナの地にいたということは実証できないという結論が出た。同時にイエスがいなかったという不在証明もできない。キリスト教は、教祖であるイエスの存在が客観的に証明できないというきわめて曖昧《あいまい》な基盤に立つ宗教なのである。しかし、1世紀の後半に、イエスが救い主であると信じる人々がいたという事実については証明できる。それで十分なのだ。

歴史的事実と宗教的真実は異なる場合がある。「マタイによる福音書」「マルコによる福音書」「ルカによる福音書」の3福音書（共観福音書）と「ヨハネによる福音書」が描くイエス像はかなり異なる。特に「マルコによる福音書」には、復活したイエスが弟子たちの前に姿を現したという記述がない。これは「マルコによる福音書」を描いた教団がそのような考えをしていたからだ。現行の「マルコによる福音書」には、復活したイエスの物語が記されているが、これが後世の加筆であることは文献学的に証明されている。

それぞれの福音書には、その福音書が真実であると考えた教団が存在するのである。福音書には、それぞれの教団の共同主観的な真実が表現されているのだ。福音書は古代のテキストなので、近代的な著者という概念が存在しない。使徒であるマタイ、マルコ、ルカ、ヨハネの名を冠した教団によって編集された共同作品なのである。それぞれの編集方針が異なるので、四つの福音書を統合して一つにすることができないのだ。

続『人間革命』をいつの日か書かねばならない

福音書だけでなく新約聖書は1世紀から2世紀初めのユダヤ世界とギリシャ世界の文化を反映した文学作品だ。それを近代的な歴史書と同じ方法で読んではいけないのである。聖書においては、解釈が決定的に重要になる。

池田の『人間革命』と『新・人間革命』は、近代的な散文法によって書かれた小説だ。同時に、この小説は教典でもある。

〈小説『人間革命』は、創価学会の精神の正史である〉（「小説『人間革命』収録にあたって」『池田大作全集　第百四十四巻』聖教新聞社、2012年、5ページ）という創価学会の論理に基づいてテキストを解釈すべきと筆者は考える。池田自身が『人間革命』を執筆した動機についてこう記している。

〈私が、戸田城聖先生の伝記小説を、いつの日か書くにいたるであろうと、人知れず心に決めてから、久しい歳月が過ぎた。

昭和二十六年（一九五一年）春、「聖教新聞」発刊の直前、ある日、先生はポケットを押さえながら言われた。

「小説を書いたよ。いよいよ新聞を出すからには、小説だって載せなければならないだろう」

先生は、いそいそと嬉しそうであった。

第一号の原稿は、先生のポケットの中に収まっていた。

これが、妙悟空《みょうごくう》著の小説『人間革命』誕生の一瞬であった。

この時、私は即座に思った。

〝私もまた、いつの日か、続『人間革命』ともいうべきものを書かねばならない〟と〉

（「はじめに」同15～16ページ）

小説としての娯楽性と日蓮仏法布教の結びつき

戸田城聖創価学会第2代会長の『小説　人間革命』では牧口常三郎による創価教育学会の創設期から、獄中で戸田が法華経の真髄を体得するまでが描かれている。この小説で戸田は、巌九十翁《がんくつお》という名で登場する。アレクサンドル・デュマ・ペールの小説『モンテ・クリスト伯』が明治時代に黒岩涙香《るいこう》によって『史外史伝巌窟王《がんくつおう》』と紹介された後、この小説は『巌窟王』の名で知られるようになった。戸田は自らを無実の罪で投獄された巌窟王になぞらえ巌九十翁と名づけたのであろう。

〈そしてまた、昭和三十二年(一九五七年)夏、軽井沢での一夜、思えばご逝去の八カ月前であった。

先生は静養中であり、既にお体は非常に弱っていた。私は、さまざまなご指示をいただいた末に、談たまたま上梓されたばかりの単行本『人間革命』に移った。

「大作、俺の『人間革命』どうだい?」

先生は、出来栄えを気にしているらしかった。

私は恐縮したが、率直に申し上げた。

「読ませていただきました。前半は極力、小説そのものとしてお書きになられたと思います。後半は、先生の貴重な体験をもととした記録として、私は特に感銘いたしました」

「そうか。自分のことを一から十まで、うまく書くわけにはいかないからなー」

先生は呵々大笑《かかたいしょう》された。

私は、その声の響きのなかに、先生のご生涯を通して、先生のご精神を誤たず後世に伝えるのは、私の使命であり、先生の期待であることを知った。

そして、時を待っていたのである〉（「はじめに」同16ページ）

池田は、「前半は極力、小説そのものとしてお書きになられたと思います。後半は、先生の貴重な体験をもととした記録として」読んだと述べたが、これは的確な分析だ。前半で、娯楽小説のごとく読者を惹きつけ、徐々に創価学会の日蓮仏法を伝えるという構成になっている。池田の『人間革命』と『新・人間革命』もまた、小説としての娯楽性と日蓮仏法の布教が不可分の形で結びついている。さらに１９４５年以後の歴史を創価学会の視座から読み解いている。池田の『人間革命』と『新・人間革命』の解釈を抜きにして創価学会の内在的論理をとらえることはできないのである。

池田は、小説の特徴が、ドイツ語の“Dichtung und Wahrheit”にあるとする。これはゲーテの自伝のタイトルで、通常は『詩と真実』と訳されるが、池田はDichtungに詩や創作のみならず、作り話、虚構という意味があることに着目する。

〈(戸田)先生のおっしゃる通りである。自分のことを、一から十までうまく書くわけにはいかない。

ゲーテは、その自伝にさえ『詩と真実』"Dichtung und Wahrheit"と題した。このドイツの原語を、日常の平明な言葉に訳すならば、「ウソとマコト」ということにもなる。それが彼の自伝である。

ゲーテは、なかなかの正直者といわなければならない。人間の網膜に映った単なる事実が、ことごとく真実を語っているとは限らない。いや、真実を歪め、真実を嘘にすることもあろう。ここが、大事なところだと思う。ゲーテをはじめ、優れた作家たちが、心を千々《ちぢ》に砕いたのは、まさにこの一点にこそあったからである。そして一見、仮構と思われるその先に、初めて真実の映像を刻みあげることができる〉(「はじめに」同17ページ)

事実は事柄の一面に過ぎない。宗教的真実は、事実と異なる位相《いそう》に存在する。キリスト教の場合、生殖行為をせずにイエスが処女マリアから生まれた(生まれた後もマリアは処女である)、イエスは死んだ後、3日目に復活したという宗教的真実の上に成り立っている。近代人には処女降誕も復活も事実として認めるには抵抗がある。しかし、世界宗教であるキリスト教において、処女降誕も復活も揺らぐことのない真実とされている。ちなみに筆者は、一人のプロテスタントのキリスト教徒として処女降誕と復活を信じている。処女降誕も復活も虚構だ。しかし、筆者を含むキリスト教徒にとっては真実なのである。

池田は、「一見、仮構と思われるその先に、初めて真実の映像を刻みあげることができる」と述べるが、このような方法で『人間革命』と『新・人間革命』は書かれているのだ。登場人物も史実と異なることについて、池田は明記している。

〈私もまた、先生の真実の姿を永遠に伝えるために、心を砕かねばならぬ。

先生に縁する登場人物は、おそらく数百人になんなんとするだろう。これらの登場人物のうち、牧口常三郎先生と戸田城聖先生など、実名は一部の人とし、あとは仮名とすることをご承知願いたい。実在の一人の人物が、時には二人の仮名を必要とすることもある。あるいは実在の二人の人物が、一人の人格として仮名で登場することもあろう。また、三人が一人にしぼられ、いや無数の人びとが、たった一人の人物を名乗って現れてくるかもしれない〉（「はじめに」同17ページ）

実在のある人物が2人に分かれ、逆に複数の人物が1人にまとめられることもある。その方が宗教的真実を伝えることができるからだ。池田は『人間革命』の主題を以下の簡潔なテーゼでまとめる。

〈ともあれ、一人の人間における偉大な人間革命は、やがて一国の宿命の転換をも成し遂げ、さらに全人類の宿命の転換をも可能にする——これが、この物語の主題である〉（「はじめに」同17～18ページ）

小説『人間革命』を沖縄で書き始めた理由

池田は小説『人間革命』を沖縄で書き始めた。この経緯について、「池田大作全集」刊行委員会はこう説明する。

〈池田名誉会長（当時・会長）が、『人間革命』の執筆を発表したのは、一九六四年（昭和三十九年）四月、恩師・戸田城聖第二代会長の七回忌法要の席であった。

その八カ月後の十二月二日、この恒久平和誓願《せいがん》の書ともいうべき大長編小説が書き起こされたのだ。起稿の場所は、凄惨《せいさん》極まりない地上戦が展開され、戦争の悲惨と辛酸を

なめた沖縄の地であった。名誉会長三十六歳の時である〉（「小説『人間革命』収録にあたって」同5ページ）

1964年時点で、沖縄は米国の施政権下に置かれていた。沖縄の日本復帰の目処も立っていなかった。日本国憲法が沖縄では施行されておらず、米兵の犯罪を琉球警察は十分に取り締まることはできなかった。最も悲惨な体験をした人々が最も幸せになる権利があるという池田の信念が、「創価学会の精神の正史」である『人間革命』を沖縄で書き始めるという形で表れたのだ。

〈小説は、翌六五年（同四十年）の元日から、「聖教新聞」紙上に連載された。

――物語は、終戦間近の四五年（同二十年）七月三日、軍部政府の弾圧によって、二年間の獄中生活を送った主人公・戸田城聖の出獄から始まっている。そして、師である初代会長・牧口常三郎の遺志を胸に、戦火の焼け野原に一人立った戸田が、民衆の幸福と世界の平和を願い、広宣流布に生きる激闘の半生が綴られていく。

名誉会長の執筆は、激務に次ぐ激務のなかで続けられた。呼吸器疾患《しっかん》に苦しみながら、テープレコーダーに原稿を吹き込んだことや、疲労で腕が痛み、香峯子《かねこ》夫人が代わりに原稿の清書を続けたこともあった。また、担当記者が、口述を筆記しての連載もあった。途中、海外訪問等で多忙を極め、約十年半にわたる長期の休載もあった。しかし、その後もペンを執り続け、戸田会長が生涯の願業とした会員七十五万世帯を達成して逝去し、愛弟子の山本伸一が第三代会長に就任するまでを描き、全十二巻で終了としている〉(「小説『人間革命』収録にあたって」同5〜6ページ)

前に述べたように戸田の『小説　人間革命』が、牧口による創価教育学会の創立期から、治安維持法と不敬罪による弾圧、牧口の獄中死、そして獄中における戸田の法華経の真髄の体得を記している。この作品を受けて、池田の『人間革命』が敗戦直前の戸田の出獄から、創価教育学会の再建、創価学会への改称と戸田の第2代会長就任、躍進について記す。この過程で、戸田は池田を後継者に育成する。闘いの中で創価学会員とともに池田も成長していく。その過程で池田は選挙違反容疑で警察に逮捕、起訴されるが、公判で無罪を勝ち取る(「大阪事件」)。戸田が逝去し、池田が創価学会第3代会長に就任するところでこの小説は終わる。

〈名誉会長が、『人間革命』の原稿を書き終えたのは、一九九二年(平成四年)十一月二十四日であり、新聞連載の完結は、戸田会長の生誕九十三周年にあたる翌年の二月十一日である。執筆開始から、実に二十八年余を費やし、連載回数は千五百九回を数えた。単行本も、六五年（昭和四十年）十月二日に第一巻が発刊されて以来、巻を重ねてきた。そして、連載終了から約二カ月後の九三年（平成五年）四月二日に、第十二巻の単行本が発刊されている。

この年の八月六日、名誉会長は、早くも続編となる『新・人間革命』の執筆に着手し、十一月十八日から「聖教新聞」紙上で連載が始まっている。主人公は、戸田城聖の弟子・山本伸一である。いわば、『新・人間革命』は、名誉会長自身の激闘の軌跡といってよい〉（「小説『人間革命』収録にあたって」同6〜7ページ）

『人間革命』に続く『新・人間革命』では、池田の指導で創価学会が国内で社会的のみならず政治的にも大きな勢力となり、創価学会が世界宗教化していく過程が描かれる。その過程で、創価学会は日蓮正宗と訣別する。戸田『小説　人間革命』、池田『人間革命』『新・人間革命』は、創価学会の過去、現在、未来を知るための必読書なのである。

第三章

香峯子夫人との出会い、第3代会長就任へ

宗門が問題にした「第九」演奏

池田大作の小説『人間革命』には、初版と第二版がある。本書は、第二版を基にしている。『人間革命』は、創価学会機関紙の「聖教新聞」に1965年1月1日から1993年2月11日まで（途中、約10年半にわたる休載があった）連載され、28年かけて完結した。単行本は1965年10月に第1巻が、最終の第12巻が1993年4月に刊行された。その間に創価学会にとって、宗教的に極めて大きな事件があった。日蓮正宗《しょうしゅう》（宗門《しゅうもん》）と創価学会の訣別《けつべつ》である。創価学会ではこれを宗門事件と呼ぶ。宗門事件は本書の後半（第八章）で詳しく扱う予定であるので、ここでは概要だけを「池田大作全集」刊行委員会の記述に沿って説明する。

〈宗門は、一九九〇年（平成二年）、学会がベートーベン作曲・交響曲第九番の「歓喜の歌」を歌うことは「外道礼讃《げどうらいさん》」であり、「謗法《ほうぼう》」であると断じて不当な攻撃を開始した。そして、同年末、突然、宗規の改正を口実にして、池田名誉会長の法華講総講頭《ほっけこうそうこうとう》を罷免《ひめん》したのである。それは、後に明らかになるが、周到に計画された、「創価学会分離作戦（C作戦）」の実行にほかならなかった。つまり、名誉会長と会員との師弟の絆を分断、離間《りかん》させ、学会組織の徹底壊滅《かいめつ》を図って、宗門に会員を隷属させようとする謀《ぼう》略《りゃく》である〉（「小説『人間革命』収録にあたって」『池田大作全集 第百四十四巻』聖教新聞社、2012年、7ページ。以下書名のない引用は同書から）

ベートーベン交響曲第九番は、日本でも「第九」の通称で親しまれ、年末によく演奏される。この中の「歓喜の歌」がキリスト教の神を礼賛していると宗門は問題にした。外道とは、仏教以外の教えや信徒のことを指す。謗法とは、誹謗正法を略した言葉だ。正法、すなわち釈尊《しゃくそん》の教えの真意を説いた法華経《ほけきょう》を信じず、かえって反発し、悪口を言うことを指す。これには、法華経で説かれた正法を護持し広める人を誹謗する、謗人《ぼうじん》も含まれる。宗門は、創価学会が日蓮仏法に反する行為をしていると非難したのだ。

しかし、創価学会員は、「歓喜の歌」を歌うことによってキリスト教の神を礼賛したのではない。人類に普遍的な喜びという価値に敬意を払ったのだ。欧米の文化はキリスト教と深く結びついている。文化を宗教から完全に切り離すことはできない。

この問題は、些細《ささい》な対立ではない。世界宗教に向けての道を進む創価学会とそれに反対する宗門の外国文化に対する基本認識の差異を示すものだ。

さらに宗門は、池田を法華講総講頭から罷免した。創価学会は、日蓮正宗の在家信徒集団として出発した。講とは同一の信仰を持つ人々の結社を指す。日蓮正宗の講が法華講で、そのトップが総講頭である。池田を宗門から排除すれば、創価学会員は宗門に留まり、創価学会は瓦解《がかい》すると宗門は考えていたようだ。

〈翌九一年（同三年）の十一月二十八日、宗門は、さらに学会に対して、「破門通告書」なるものを送付してきた。それは、学会にとっては、邪宗門と成り果てた宗門からの、「魂の独立」となったのである〉（7〜8ページ）

キリスト教はユダヤ教と訣別し世界宗教になった

創価学会が世界宗教に発展する過程で、宗門からの訣別は不可避であったと筆者は考える。これについては、キリスト教の類比で考えてみると興味深い。キリスト教が世界宗教に発展する上で三つの契機があった。

第1はユダヤ教からの訣別だ。イエス自身は自らをキリスト教徒とは考えていなかった。神に正しく従うユダヤ教徒であるというのがイエスの自己認識だった。客観的に見て、キリスト教はユダヤ教のファリサイ（パリサイ）派を起源にする。新約聖書でイエスがファリサイ派を激しく批判するのは、イエスの教えの大部分がファリサイ派に近いが故のことだ。「なぜ正しい神の教えを知っているあなたたちが、神の意に反する行動をしているのか」というのがイエスのファリサイ派批判の基本だ。ファリサイ派は、律法に通暁したラビ（宗教指導者）がエリートを形成すると考え、民衆を「地の民」と称して軽侮した。仏教に類比すると、僧侶が上、一般信徒は下とする見方だ。

初期のキリスト教徒の中には、ユダヤ教の伝統である割礼《かつれい》（男性器の表皮を切断して、神との契約の印とみなす）を支持するべきであるという立場に固執する人々が少なからずいた。ユダヤ系キリスト教徒だ。これに対して、割礼にとらわれず、ユダヤ人だけでなく、異邦人（非ユダヤ教徒の意味）にもキリスト教を伝道すべきであると主張したのがパウロだ。パウロもユダヤ人であるが、ユダヤ教的な狭《せま》い視野にとらわれるべきではないと考えていた。49年頃に開催されたエルサレム会議で、ユダヤ系キリスト教徒とパウロを支持するキリスト教徒が激しく対立した。そして、互いに別の道を進むことになった。ユダヤ系キリスト教は滅亡し、現在残っているキリスト教は、カトリックもプロテスタントも正教もすべてパウロ系だ。パウロがユダヤ教という宗門から訣別しなかったならば、キリスト教は世界宗教にならなかった。

第2は世界宣教だ。パウロはイエス・キリストの教えがユダヤ人世界に留まらずに世界に広く伝道されるべきと考えた。そして、小アジア（現在のシリア、トルコ）、ギリシャ、ローマに宣教した。パウロはローマで殉教したと伝えられている。

第3は与党化だ。イエスは、ローマの官憲によって十字架で死刑に処せられた政治犯だ。キリスト教も当初は、ローマ帝国に対する反体制的性格を帯びていた。しかし、キリスト教は徐々に底辺の人々のみならず、貴族層にも広がっていった。そして、313年にコンスタンティヌス帝が、ミラノ勅令によってキリスト教を公認した。これ以後、キリスト教は与党化していく。キリスト教、イスラム教という世界宗教は、いずれも国家と社会の秩序を維持するよう結びついた与党的傾向を帯びている。創価学会を支持母体とする公明党も、当初は野党であったが、現在は自民党と連立し、与党の一翼を担っている。公明党の与党化も創価学会の世界宗教化という文脈でとらえなくてはならないと筆者は考えている。

小説『人間革命』の初版を全集に収録してよいのか

創価学会の世界宗教への道を追うというのがこの本の課題である。その目的のためにも「精神の正史」である『人間革命』は、第二版を読まなくてはならないのである。

〈牧口初代会長も、戸田第二代会長も、池田名誉会長も、宗門の歴史に紆余曲折《うよきょくせつ》があり、時に過《あやま》ちはあっても、日蓮大聖人《だいしょうにん》の仏法の正法正義《しょうぎ》に立ち返り、仏法広宣《こうせん》の精神が継承されているとの認識に立っていた。いや、そう期待して行動したのである。

したがって、宗門に過ちがあれば、諫《いさ》めつつも、外護《げご》の赤誠《せきせい》を貫き、僧俗和合《そうぞくわごう》して広宣流布に邁進《まいしん》することを念願としてきた。

その発露として、名誉会長は、小説『人間革命』においても、宗門を讃え、最大の敬意を払って記述し、さまざまな伝承に至るまで尊重してきた。

しかし、「宗門が、広宣流布を推進してきた仏意仏勅《ぶついぶっちょく》の団体である創価学会の崩壊を企て、〝破門〟し、仏法破壊の元凶《げんきょう》と成り果てた今、『人間革命』をそのまま、全集に収録してよいのか」――という問題提起が、当然のことながら、刊行委員会でなされたのである〉（9ページ）

宗門に対しては、以前からさまざまな批判や不満があったが、僧侶と在家信徒の共同体を維持するという観点から『人間革命』初版では、さまざまな批判を抑え、宗門を讃えていたが、創価学会が宗門から破門された以上、もはやそのような配慮はしないということだ。

〈全集は、名誉会長の思想、哲学を後世に誤りなく伝え残すことを、大きな使命としている。それは、翻訳され、世界の人々の目にも触れることになる。もし、これまでの『人間革命』がそのまま収められれば、宗門事件の真実を知らない人々は、宗門が正法正義を守り、大聖人の御精神を受け継いでいるかのように思い込んでしまうおそれがなきにしもあらずである。そうなれば、宗門が邪宗門《じゃしゅうもん》と成り果てた現実が広く知られていたとしても、混乱をもたらし、人々の信仰自体を誤らせてしまいかねないと危惧《きぐ》したのである〉（10ページ）

『人間革命』初版を『池田大作全集』に収録すると、読者が宗門に対する認識を誤る可能性があるとの危惧がここで率直に表明されている。

〈そこで、刊行委員会では、そうした混乱を生じさせないために、宗門関係の記述については、名誉会長に再考していただくよう、お願いすることにした。甚だ、ぶしつけな要《よう》請《せい》であることは承知のうえで、率直にご相談申し上げげた。名誉会長は、熟慮され、最終的に、「皆の要請ならば」と、刊行委員会の意見を尊重し、ご了解いただいた〉（10ページ）

重要なのは、池田が「皆の要請ならば」と述べていることだ。『人間革命』は、池田による小説に留まらず、創価学会の教典としての性格を帯びている。従って、『人間革命』の著者である池田も、創価学会員の集合的意思を反映するのである。だからこそ『人間革命』は「創価学会の精神の正史」なのである。この機会に、歴史記述や表現に関しても第二版では変更が加えられている。

〈また、名誉会長からは、歴史の記述についても、原稿執筆後に新たな資料が発見、公開されていることなどから、再度、精察したいとのお話もいただいた。

さらに、「五十年後の、若い読者が読んでもよくわかるように、表現や表記等も、一部改めたい」とのご意向も伺った。

小説『人間革命』は、全十二巻の長編小説である。『新・人間革命』や随筆等々の執筆の傍ら、新資料も精査しながら、推敲していただいた。

そして、ここに小説『人間革命』第二版として、全集に収録・発刊の運びとなったのである。刊行委員会として、心より深謝申し上げたい〉(10〜11ページ)

創価学会は生きている宗教だ。従って、その教典である『人間革命』も宗門との訣別という宗教的大事件の後には、改訂せざるを得なくなったのである。その目的は、創価学会の教えを創価学会員と外部の人々に、より正確に伝えるためだ。

さて、池田大作は、『人間革命』と『新・人間革命』の中では、山本伸一という名で登場する。その理由について、池田はこう説明する。

〈伸一は、昭和二十四、五年、戸田城聖の経営するN出版社で、編集員として働いていた。少年を愛する伸一青年が、少年雑誌の編集に全身体、全神経を注ぐ毎日であったことは言うまでもない。戦後の再建途上にある小資本の出版社であったゆえか、原稿取りも容易でなかった。たまに原稿の間に合わぬときには、彼はみずから筆を振るって――ペスタロッチやベートーヴェン等の伝記などを書き載せるのであった。

いつしか、少年時代に愛読した『少年倶楽部《くらぶ》』などで、なじみ深かった山中峯太郎《みねたろう》や佐藤紅緑《こうろく》の名前が、うっすらと頭に残っていたのにちがいない。そこから〝山〟と〝郎〟の一字ずつをとり、山本伸一郎のペンネームを使用するようになったのである。戸田は、そのペンネームを見ながら言った。

「なかなかいいじゃないか、山に一本の大樹が、一直線に天に向かって伸びてゆく」

戸田は微笑しながら、認めたようである。

やがて、少年雑誌の山本伸一郎は、一転、『人間革命』の主人公となった。ゆえに、ただ〝郎〟を取って、そのまま山本伸一と命名したのである〉（「随筆 人間革命」『池田大作全集 第二十二巻』聖教新聞社、1994年、135〜136ページ）

N出版社とは、日本正学館《しょうがっかん》のことだ。池田は1947年8月14日に戸田と出会う。戸田の感化を受けた池田は、同月24日には中野の日蓮正宗寺院で授戒《じゅかい》を受け、創価学会員としての活動を始めた。同年9月に蒲田工業会に事務職員として入社した。蒲田工業会は、1946年6月に蒲田付近の中小企業工場の再建と復興を図るために設立された。池田は昼は蒲田工業会に勤務し、夜は東洋商業学校に通った。48年3月に東洋商業学校を卒業し、4月から大世《たいせい》学院（後の東京富士大学短期大学部）政経科夜間部に通う。この年の9月から戸田の法華経講義の受講者となる。ここで戸田は池田に特別に目をかけるようになる。

思いを遂げることができなかった編集者時代

1948年の秋、戸田は池田に日本正学館で働かないかと誘う。池田は、蒲田工業会をこの年の末に退職し、49年1月から日本正学館で働き始めた。池田は少年雑誌「冒険少年」の編集部で勤務するようになった。池田には編集者としての資質があった。5月には「冒険少年」の編集長に抜擢される。当時、池田は21歳だった。池田は、当時の流行作家だった山岡荘八《そうはち》、野村胡堂《こどう》らの原稿をとってくる。池田編集長によって「冒険少年」の7月号と8月号が刊行された。しかし、部数が思ったようには伸びなかった。それには二つの要因があった。

1949年4月にインフレを沈静化させるために1米ドルを360円に固定するとともに、緊縮財政が実施された。この経済政策は、デトロイト銀行頭取のジョセフ・ドッジによって企画立案、勧告されたのでドッジ・ラインと呼ばれる。金融引き締めによって、戸田の資金も逼迫した。さらに製紙供給が回復してきたために大出版社が大部数の雑誌を発行するようになって、日本正学館のような小出版社は苦戦するようになった。

「冒険少年」は、10月号から「少年日本」と改題することになった。この命名は池田が行った。「少年日本」に池田は山本伸一郎というペンネームで記事を書いた。池田の奮闘の甲斐《かい》なく「少年日本」は12月で終巻となる。この月から池田は日本正学館とともに戸田が経営していた東京建設信用組合の社員を兼務するようになった。この信用組合も資金繰りが苦しくなり、50年8月に業務停止となった。

池田は、山本伸一という名で自身を『人間革命』に登場させることによって、全力を尽くしたが思いを遂げることができなかった編集者時代を忘れないようにしているのであろう。「なかなかいいじゃないか、山に一本の大樹が、一直線に天に向かって伸びてゆく」という戸田の言葉を池田自身がその後、創価学会を世界宗教化していく使命と結びつけて考えていたのであろう。

宗教活動と経済活動で全幅の信頼を得る

戸田との出会いで池田の人生は変わった。師である戸田から池田は全人格的な影響を受けた。同時に弟子である池田から、戸田も全人格的な影響を受けたのである。池田と戸田の出会いがなかったならば、創価学会が世界宗教に発展することもなかったと思う。従って、1947年8月14日の池田と戸田の出会いは、世界宗教史に刻まれるカイロス（ある出来事が起きる前と後で、歴史の意味が変化するようなタイミング）なのである。しかし、この時点での池田は、その歴史的意味に気づいていない。戸田の信仰と事業についていくことで池田は精一杯だった。

戸田は、創価学会理事長をつとめるとともに出版社の日本正学館、金融業の東京建設信用組合などいくつもの事業を経営していた。戸田に誘われ池田は、日本正学館に編集者として勤務する。雑誌「冒険少年」とそれを改題した「少年日本」の編集長として全力を尽くした。しかし、1949年2月に導入された金融引き締め政策の影響で日本正学館は経営に行き詰まり、同年12月から、池田は、日本正学館のすべての社員とともに東京建設信用組合でも勤務するようになった。

池田は宗教活動と経済活動の両面で戸田からの全幅の信頼を得るようになった。池田は戸田の期待に全力で応えた。当時の状況を回顧して池田はこう述べている。

〈『少年日本』の廃刊とともに、私はそれまでの雑誌編集とまるで畑ちがいの信用組合の仕事につくことになった。好きな編集の仕事はつづけたかったが、事情が許さなかった。金融というのは私の性《しょう》に合っていない、いわば最もきらいな仕事であった。それでも戸田社長が必要とし、断行された以上、恩師の再起のために、全力を尽くした〉（池田大作「私の履歴書」『池田大作全集　第二十二巻』聖教新聞社、1994年、259ページ。以下書名のない引用は同書から）

性にあわず、最もきらいな仕事であってもそれに従事しなくてはならないことがある。筆者は、外交官時代、インテリジェンス（情報）業務に従事していた。客観的に見て筆者はこの仕事に適性があった。しかし、外国政府の要人と知り合いになって、人間的信頼関係を構築しても、その目的は日本政府にとって有益な情報を得ることだった。相手が「マサル限りの話だよ」と言って披露してくれた（かなりアルコールが入っているときのことが多かった）秘密の話をよく覚えておき、会合が終わると公電（外務省が公務で用いる電報）にまとめて、暗号をかけて東京の外務本省に送る。仮にその情報が漏洩《ろうえい》した場合、情報源が逮捕、投獄されるようなリスクがあった。

友情に付け込むような情報業務を筆者は好きになることができなかった。しかし、日本の外交官の職業的良心に従って、筆者は業務を忠実に遂行した。恩師の再起のために全力を尽くして最もきらいな仕事である金融業に従事した池田の気持ちが筆者には皮膚感覚でわかる。

夜学は辞め、師からすべてを教わった

〈当時、東洋商業を卒業してから、私はともかく将来のことを考えて、大世学院（現・富士短期大学）（引用者注＝後の東京富士大学短期大学部）に行き、同じく夜学に通っていたが、それさえも困難な状況となってきた。昭和二十五年（一九五〇年）の正月であっ

た。私は恩師に呼ばれた。先生は事業がたいへんなことを説明され、君が頼りだと言われた。また、苦労をかけさせてすまぬ、とも……。生涯をこの人とともにと決めて立った私には、もったいない言葉であったが、師はつづけて「仕事も忙しくなるので、ついては夜学のほうも断念してもらえぬか。そのかわり、私が責任もって個人教授しよう」との話をされた〉（259〜260ページ）

筆者が、ロシアで最も影響を受けたのは、エリツィン政権初期に国務長官をつとめ、ソ連崩壊のシナリオを描いたゲンナジー・ブルブリスだった。ブルブリスは筆者に「歴史を創るような政治家に食い込む手段は一つしかない。1本脚のテーブルになることだ」と言った。筆者はよく意味がわからなかったので「1本脚のテーブルとは何ですか」と尋ねた。ブルブリスは、言った。

「官僚や外交官は、いつも保険をかける。複数の政治家とバランスをとって付き合おうとする。しかし、エリツィンのような政治家は、そういう連中を信用しない。テーブルは1本脚でもそれがしっかりしていれば倒れない。3本、4本の脚があっても、寸法が合わないとがたがたする。『この人だ』と決めたら、絶対にそこから動かない。そういう人間は外国人であってもロシアの政治家から信用される」

ブルブリスの教えは筆者に強い影響を与えた。だから、筆者は人間関係でバランスを考え、さまざまな保険をかけるようなことをしない。池田は戸田に全人生を委ねたのだ。池田は、学究心が強い。しかし、戸田の一言で夜学を辞めることを決めた。

〈私は、大世学院をやめたが、以来、先生は仏法はもとより、人文、社会、自然科学、経済をはじめ、礼儀作法、情勢分析、判断の仕方、組織運営の問題など、すべてを教えてくださった。後日、富士短大から連絡があり、教授会の決定にもとづいて論文の提出によって私は卒業となった。各科目ごとに論文のテーマが出されたわけであるが、そのテーマは「日本における産業資本の確立とその特質について」（経済史）、「自由民権思想の諸内容」（政治思想史）などであった。

ともあれ、戸田社長のもとで働くこと自体が教育であったといってもよい。先生の言々句々《げんげんくく》は、私という人間行動の基底部にいつもあり、それはわが生命に刻印された無形の財産となっているのである〉（260ページ）

博士号より重い一輪の花

池田は戸田からユニークな優等生の勲章を受けた。

〈1951（昭和26）年2月、戸田先生は、御書講義のほか、古今東西の名著をもとに講義を始めた。さらに、日曜日の講義は、学問百般《ひゃっぱん》にわたっての、池田先生に対する個人教授となった。講義は時に、午前も午後も続いた。

ある講義が修了した時、戸田先生は机の上に飾ってあった一輪の花を取り、池田先生の胸に挿《さ》した。

「この講義を修了した優等生への勲章だ」

「本当によくやってくれているな。金時計でも授けたいが、何もない。すまんな……」

池田先生は、この感動を記している。

「その花こそ、世界中のいかなるものにも勝る、最高に栄誉ある勲章であると思った。感動を覚えた。自分は最大の幸福者であると感じた」と〉（「聖教新聞」2020年1月1日）

戸田が池田の胸に挿した一輪の花が、学位なのである。一輪の花は、博士号よりも重い学位だ。卒業証書や学位のような肩書が重要なのではない。学知を身体化することが重要なのである。その意味を池田はよく理解したので、一輪の花を挿されたときに「自分は最大の幸福者であると感じた」のだ。

戸田の講義は具体的に以下の内容だった。

〈やがて、戸田先生の講義は、日曜だけでは時間が足りなくなり、52年（同27年）年5月8日からは、会社の事務所で、始業前の約1時間、早朝講義が実施されるようになった。他の数人の社員も受講が許された。

午前8時、池田先生を中心に皆で戸田先生を待つ。

戸田先生が「よー」と姿を現す。

「おはようございます！」

元気な声が返ってくる。講義の開始である。

科目は「経済学」「法学」「化学」「天文学」「日本史」「世界史」「漢文」「政治学」などである。教科によっては、その分野の最新の著作が選ばれた。「君たちは、全部、頭の中に入れておけ」と、メモを取ることは禁じられた。

ある講義で、化学反応の「化合」がテーマに。

水は水素と酸素が化合して生成される。その際、水素と酸素の混合気体の燃焼が必要になる。

戸田先生は「これを信心《しんじん》に譬《たと》えれば……」と言葉を継いだ。

「我々の信力と行力が御本尊の仏力・法力に照らされ、化合することで、功徳《くどく》が生じるのである。信力と行力が燃え上がって、化合しなければならない」

天文学の講義では、『地球と天体』（F・S・テーラー著）の次の箇所に焦点が当てられた。

「……われわれの望遠鏡の視界のうちには、惑星系を持つ恒星が一千万箇もあると考えてよい。（中略）もし百箇の惑星のうち一箇がこれらの（注＝空気、水、温度などの）条件を満足させるならば、生命を維持する能力のある地球が、十万箇もあるかもしれない」

この一節から、戸田先生は展望を広げて語った。

「この大宇宙には、地球と同じような惑星が、いくつもある。仏法で説く『他方の国土』とは、そういう所をいうのである」

御書を根幹に据え、真剣勝負で、あらゆる学問を自在に論じた。

「この理論には筋が通っていない」「この学者は、一部の原理をもって、すべてに当てはめようとしている」など、鋭い指摘も加わった。

また、戸田先生は折に触れ、「今、何の本を読んでいるか?」「それでは、読んだ本の粗筋を言ってみよ」と質問する。時を惜しむかのような恩師の薫陶《くんとう》であった。

池田先生の日記には、こう決意がつづられている。

「先生の、身体をいとわず、弟子を育成して下さる恩――吾人《ごじん》は、いかに返さんや。今だ。力、力、力を蓄える時は。あらゆる力を、後代の準備として蓄えん」(53年12月22日)〉(「聖教新聞」2020年1月1日)

ちなみに「御書」とは、創価学会が聖典として用いている日蓮大聖人の著作集『日蓮大聖人御書全集』(1952年発刊、創価学会発行)のことだ。

戸田の講義の内容は、キリスト教主義大学の神学部の授業に似ている。類比(アナロジー)が多用されるからだ。化学の化合についても、「我々の信力と行力が御本尊の仏力・法力に照らされ、化合することで、功徳が生じるのである。信力と行力が燃え上がって、化合しなければならない」という説明がなされる。筆者は、同志社大学神学部で教壇に立っているが、数学の写像の概念について説明した後で、「この世で起きることは、すべて聖書に書かれている出来事との写像のような関係にある」と解説する。

また、戸田は、池田ら受講生に「今、何の本を読んでいるか?」と尋ね、「それでは、読んだ本の粗筋を言ってみよ」という課題を出すが、これは双方向性を重視したアクティブラーニングの手法だ。戸田の教育は、実用性を重視した欧米やロシアのビジネススクールと親和的だ。学知をどのように現実に活用するかという問題意識に貫かれている。

池田の学習は順調に続いたが、信用組合の事業は窮地に陥った。


〈信用組合の仕事のほうも、順調ではなかった。資金繰りが苦しくなり、ついに二十五年の八月に業務停止となった。出版事業の断念から一年をたたずして、信用組合も挫折したのである。残ったものは、当時の金額にして七千万円を超えた負債のようであった。債権者は連日のようにやってきた。戸田社長の憂慮は大きかった。なかでも事業の挫折が、会員の信仰に動揺を与え、学会の再建が遅れることを、最も恐れていたにちがいない。どんな厳しい状況になろうとも、恩師は学会の前途を、瞬時も忘れなかった。西神田の事務所は、つねに戸田先生の指揮する再建の本陣であり、講義も引きつづき行われていたのである〉(260~261ページ)

厳しい状況も宗教的試練と受け止めた

事業が行き詰まって厳しい状況であったにもかかわらず、戸田は「あたかも何事もなかったがごとく」淡々と講義を進めていった。そうすることが創価学会を発展させる上で最良の方策であると戸田が認識していたからだ。池田は、戸田の事業が厳しい状態にあるからこそ、師に徹底的についていこうと考えた。この厳しい状況を、宗教的試練と池田は受け止めたのである。

〈私は、私の人生の前途は、どうなってもよいと決めていた。ひとたび選んだ信念の道である。どこまでも私はその道を走りつづけることしか念頭になかった。恩師は毎日が身を切り刻まれるような逆境のなかでも、第一線の座談会に出席していた。そして、一人一人の市井《しせい》の庶民の輪のなかで、足下の細かな問題から、人それぞれの悩みに親身に応じていた。

八月の業務停止からまもなく、給料は遅配から半額支払いになり、やがて無配となっていった。一人去り、二人去りして、残った社員は、私のほか二、三人となってしまったのである。私自身、ワイシャツ姿で晩秋を過ごさねばならなかったのは、このころ、二十五年の秋霜の時である。私は当時、両親のもとを出て大森新井宿《あらいじゅく》（現在、大田区）のアパートに小さな部屋を借りていた。森ケ崎の自宅からの出勤が不便だったことにもよるが、厳しい環境にあえて身をおき、自己を鍛錬しようとの気持ちがあったからである〉（261ページ）

池田は体調を崩しかけていた。しかし、前途を悲観することはなかった。むしろ厳しい状況をユーモアによって乗り越えようとした。

〈悪いときには悪いことが重なるもので、そのころの私は、体調をますます悪くしていた。背中にいつも痛みがあり、くる日もくる日も三十九度近くの熱を出した。それでも私は気力だけで動いた。恩師と事業打開の糸口を求めて埼玉県の大宮方面に出かけ、不調に終わって、川の流れに沿っての帰路のことであった。

終戦直後の暗い世相のもとで「星の流れに……こんな女に　誰がした」という歌が流行したものだが、私はその歌詞をもじって、ふとユーモアをまじえながら「こんな男に誰がした」と歌ったのである。星が冷たくまたたいていた、美しい師走の夜だった。

するとすると戸田先生が振り返られて「おれだよ」と言って屈託なく笑われた。生きるか死ぬかのような、苦境の時である。私は「おれだよ」の一言に熱いものを感じた。どんな自分になろうと、私はついていこう。感動の思いが五体を走った。師は冬の嵐のように厳しく、また春風のように暖かくもあった〉（262ページ）

「こんな男に　誰がした」という池田のユーモアに対して、戸田はただちに「おれだよ」と答えた。戸田は池田に、「おれだよ」という短い言葉で、「おまえと俺は、宗教観、価値観、生命観、人生観のすべてが共通する。真の師弟だ」と伝えたのである。

自らの信仰に忠実な人ほど他者の信仰を尊重する

池田は、戸田の宗教活動と企業活動を全力で支援した。宗教活動については、戸田から日蓮仏法に関する教義を学ぶと共に折伏《しゃくぶく》活動に邁進する。ちなみに創価学会では、人々を正しい仏法に導くには、二つのアプローチがあると考える。第1が摂受《しょうじゅ》、すなわち〈相手の主張の違いを容認しつつ、次第に誘引して正法に入らせる方法〉（創価学会公式サイト）だ。第2が折伏、〈相手の邪義・邪法を破折《はしゃく》して正法に伏させる化導《けどう》法のこと。仏法弘通《ぐつう》に用いられる化導法の一つ。摂受に対する語〉（同）だ。

折伏に似たアプローチはキリスト教においても取られる。宗教を信じる人が、自ら信じる宗教がいちばん正しいと考えるのは、当然のことだ。プロテスタント神学の折伏は、弁証学と論争学に分かれる。

弁証学は、プロテスタント教会が、ユダヤ教、イスラム教、仏教、神道など、キリスト教以外の宗教に対して、プロテスタンティズムの正当性を主張する場合に使うアプローチだ。哲学、心理学、歴史学など、宗教に関わりのない学知を最大限に動員して自らの正当性を主張する。

論争学は、プロテスタント教会が、カトリック教会や正教会、あるいはプロテスタント内で考えを異にする人々を対象にする場合に用いられる。神学用語が駆使され、独自の神学的論理が展開されるので、キリスト教の外部の人たちから見るとわかりにくい。弁証学と比べて論争学の方が議論が先鋭化しやすい。基本的立場の違いよりも小さな差異を巡る論争の方が先鋭化しやすいのは、どの宗教にも共通する現象と思う。

もっとも自分にとっては正しい信仰であっても、他の人はそう考えていない場合もあるという状況を客観的に認識できるかどうかで、その宗教の他宗教に対する姿勢は変わってくる。筆者の理解では、自らの信仰に忠実な人ほど、他者の信仰を尊重する。

池田大作は対話の人だ。英国の歴史学者アーノルド・トインビー、ソ連大統領だったミハイル・ゴルバチョフ、米国のプロテスタント神学者ハーヴェイ・コックスら、仏教徒ではない人々と真摯に対話し、その結果を雑誌や書籍で発表する。そこではいかなる宗教混《こん》交《こう》（シンクレティズム）も起きていない。

池田は創価学会の信仰に忠実だ。だから、他の宗教の信者や宗教を信じていないと考える人々との対話ができるのだ。相手の考えに間違っていると思うところがあれば（例えばトインビーの国家神道に対する肯定的評価）、池田は言葉遣《づか》いはていねいであるが、内容的には厳しく批判する。それによってトインビーは、国家神道の危険性を認識することになった。これが折伏なのである。

宗教を真摯《しんし》に信じる人の対話には、必ず折伏の要素がある。自らの信仰の本質に関する事柄について、池田は絶対に妥協しない。しかし、それ以外の事柄については、柔軟に対応することができる。確固たる価値観を持つ者のみが大胆な妥協をすることができるのだ。

鏡の破片を見ながら母に感謝した

池田の強い信仰的確信は、創価学会に入信後数年間の苦難の中で鍛え上げられたのだ。

この頃の状況について、池田はこう回想する。

〈いつ冬が来て、いつ春が訪れたのか――それさえも判然としない苦闘の日々がつづいていた。大森のアパートへの帰宅は、ほとんど深夜であった。そこは私の青春の軌跡《きせき》の日々を刻んだ場所である。

体がいよいよおもわしくなくなった私は、頰《ほお》がこけ、あご骨が出た顔を、兄のかたみとなった鏡の破片に映しては、よく母を思ったものだった。母は私が家を出たあとも、家の者に言って外食券を届けてくれたり、配給の品や菓子などを持ってきてくれた。洗濯物はどうか、などと陰でなにかと心を配ってくれたようである〉（263ページ）

池田が戸田に師事し、厳しい状況に陥っていることを母の一《いち》はとても心配している。ただし一は息子を全面的に信頼しているので、「仕事を変えろ」「この生活を見直せ」などとは言わない。そういう発想が一にないから言わないのだ。そして、自分ができる範囲で息子を応援する。当時、外食をするには外食券が必要だった。また、食料品も配給されていた。息子が栄養失調になることがないように一は細心の配慮をしたのだ。池田は母の愛を実感した。そして鏡の破片を見ながら、母に感謝したのだ。母子の強い絆も、逆境においいて池田が信仰を発展させる上で重要な役割を果たした。

逆境は人を強くする場合もある。しかし、逆境に押しつぶされてしまう場合もある。命を捧げることができる価値観を持っている人は、逆境に強い。それは逆境を自分が成長するために必要な試練ととらえるからだ。池田は、自らが置かれた経済的、健康的に厳しい状況を試練ととらえた。

〈給料ももらえず、アパートの一室でたくあんだけの夜食をとり、靴下のほころびをつくろう。熱にうなされ、目がさめる。発熱して腕にキラキラと光る汗をかいた夜が、いくたびもあった。これが二十二、三歳の私の青春の一面でもある。

一日の快い疲労を願ってもかなわぬ体で、アパートの一室へ帰った私の、当時のひそかな楽しみは、読書であり、またあまり音のよくないレコードの曲に独り静かに耳を傾けることだった。ホイットマンの『草の葉』をよく読んだ。神田の書店でなけなしのお金をはたいて求めたものである。新世界をうたうこの民衆詩人との対話に、私は慰《なぐさ》めよりも勇気を求めた。「寒さにふるえた者ほど太陽の暖かさを感じる。人生の悩みをくぐった者ほど生命の尊さを知る」(梶山健訳)とのホイットマンの一句は、私の心境でもあった〉(264ページ)

逆境は人間を精査する機会でもある

「寒さにふるえた者ほど太陽の暖かさを感じる。人生の悩みをくぐった者ほど生命の尊さを知る」というホイットマンの言葉から、池田は試練を克服する力を読み取った。池田には古典のテキストから生命力を引き出す才能がある。池田は、宗教活動においても事業においても全力を尽くすが、状況は一向に改善しない。

〈昭和二十五年（一九五〇年）の十一月、創価学会の第五回総会で戸田先生は理事長を辞退していた。信用組合の業務停止から三カ月、事態は好転せず、恩師は事業の失敗の責任が、学会に及ぶことを深く憂い、辞任されたのであろう。しかし、どうなろうと私にとっての師は先生しかいなかった。

私はせめてもの決意を歌に託して先生に差し上げた――。それが「古《いにしえ》の　奇《く》しき縁《えにし》に仕えしを　人は変れど　われは変らじ」であり、私の唯一の励みは、先生の返歌「色は褪《あ》せ　力は抜けし　吾《わ》が王者　死すとも残すは　君が冠」であった〉（264～265ページ）

主観的願望だけで、客観情勢は変化しない。万物はすべて変化する。しかし、戸田や池田の基本的価値観は変化しない。戸田も池田も日蓮仏法という王者の教えを共有している。この価値観さえ揺るがなければ、事態は必ず好転する。逆境にあるときは、これまで親しくしていた人たちが離れていく。しかし、絶対に離れていかない人たちもいる。このような人たちが離れていかないのは基本的価値観を共有しているからだ。逆境は人間を精査する機会でもある。この逆境の中で、戸田は池田というかけがえのない弟子を得たのだ。

筆者は外交官時代、数多くの人々と付き合った。毎年1千通を超える年賀状をやりとりしていた。しかし、2002年5月に鈴木宗男《すずきむねお》事件に連座した後も、仕事の関係で筆者と付き合っていた人で、事件後も関係が続いたのは5人もいなかった。これに対して同志社大学神学部時代の友人たちは、リスクを負ってでも筆者を助けてくれた。この友人たちとは、学生時代から基本的価値観を共有していたからだ。

戸田は、池田の信仰に対しては何の不安も持っていなかった。池田の実務能力も信頼していた。唯一の不安は、池田の健康状態だった。

〈戸田先生も考えていたようであったが、私も心ひそかに三十歳まで体がもたないのでは、と危惧することがあった。体が弱くては、これからの労作業には、道が開けない。これが最大の悩みであった。あるとき、血を吐いたことを先生に見つかってしまったのである。先生は真剣な顔で私の体をさすってくださった。「若いのだから、生き抜くのだ。死魔《しま》と戦うのだ」と言われた。いま思えば、こう厳しく叱咤《しった》することによって、私の弱々しい心を打ち破ってくださったにちがいない〉（265ページ）

戸田は、毎日、本尊に池田の健康を祈ったのだと思う。戸田の願いは聞き入れられた。池田には、生命が与えられた。創価学会を世界宗教化するという使命があるから、池田は死魔に打ち勝ったのだと筆者は考える。池田は、自らの生命を、恩師のため、信仰の同志のため、そして全人類と、すべての生命のために捧げると、逆境の中で決意したのである。

「聖教新聞」は戸田と池田の2人の手で創刊

池田を取り巻く状況も徐々に好転していった。

〈いつのまにか冬が来て二十五年は暮れ、二十六年となった。その間、戸田先生は新たに大蔵《おおくら》商事という会社を設立された。私はその営業面を担当した。西神田《にしかんだ》から新宿の百人町《ひゃくにんちょう》に移った事務所の小さな庭にも、若芽が出るころとなった。冬は一挙に春になった。

学会はこの年、いよいよ飛躍のときを迎えたといってよい。信用組合の整理が好転し、四月には機関紙「聖教新聞」が創刊された。五月三日、戸田先生は第二代会長に就任する。そして七月の男子部、女子部の結成となり、その若い力が運動の進展を担った。まさに新生の夜明けが到来し、私も広宣流布という平和文化運動に颯爽《さっそう》と出発したのである〉（266ページ）

1951年5月3日に戸田が創価学会第2代会長に就任した。創価学会が飛躍的に発展する基盤が整えられた。また、同年4月20日に「聖教新聞」が創刊された。

〈聖教新聞は日蓮大聖人の仏法を基調に平和・文化・教育運動を推進する創価学会の機関紙として、戸田城聖第2代会長、池田大作第3代会長（現SGI会長）の二人の手によって1951年（昭和26年）4月20日に創刊されました。

以来、常に人間主義を掲げ、生命尊厳と恒久平和を訴える論調を発信し、混迷の度を深めている現代社会に希望を与え、未来への指針を示しゆく言論城《げんろんじょう》を目指してきました。その「人間」に光を当てた主張は、多くの読者から新しい世紀のオピニオン・リーダーとして高い支持と共感をいただいております〉（「聖教新聞」公式サイト）

重要なのは、「聖教新聞」が戸田と池田の師弟2人によって創設されたという事実だ。戸田と池田の人間主義が「聖教新聞」の編集方針なのである。ここで「言論城」という言葉が用いられていることも重要だ。城は戦いのために存在する。言論戦の拠点としての位置づけが、「聖教新聞」にはある。

実を言うと本書に「闘う言論」という姿勢で筆者は臨んでいる。それは、創価学会の内在的論理、池田の思想を追体験していくことが純粋に客観的、実証的方法では不可能だからだ。池田と創価学会の主張を虚心坦懐《きょしんたんかい》に受け止めて、理解することは、主体的行為である。この主体的行為が、一部の人たちからは反発を受け、批判されることは不可避だ。それを恐れていては、現下の日本と世界に強い影響を与え、世界宗教化している創価学会を理解することができない。プロテスタントのキリスト教徒である職業作家の一人として、今、池田について書くことが使命であると、筆者は自らの信仰的良心に照らして考えている。

1952年4月28日にサンフランシスコ平和（講和）条約が発効し、日本は主権を取り戻した。連合軍の占領から脱して、自由に宗教活動が展開できるようになった。

家ではなく自らの価値観で結婚する

ここで池田の生活にも大きな変化が生じる。1952年5月3日に白木香峯子《かねこ》と結婚する。なお白木かねというのが当時の名前で、結婚後に戸田から香峯子と命名された。戸籍上はかねのままだが、本書では香峯子で統一する。香峯子と知り合った経緯について、池田はこう記す。

〈妻が、私の目の前に一人の若い女性として急に浮かび上がってきたのは、昭和二十六年（一九五一年）の夏である。新潟鉄工所時代、荏原《えばら》中学校の学徒動員できていた白木という学生がいた。その後、彼の家が戦前からの会員であることを知った。ある会合の帰路、彼は「妹です」と言って、彼女を紹介したのである。当時、彼女は都心の銀行に勤めていた。やがて幾度となく顔を合わせることが多くなった。七月のある日の夕暮れ、私は学会員宅で予定されていた会合に飛び込んだ。そこには彼女が一人だけいた。戸外

では雷鳴が遠く近く鳴りひびき、静寂な部屋の中は二人だけの沈黙が支配していた〉（267ページ）

1950年代前半は、旧憲法や旧民法の基盤となった家の思想がまだ強かった。戦前の家制度について中野卓《たかし》はこう説明する。

〈家はまた、その家の先祖祀《まつ》りを家事家政の宗教的側面として重視し、家業の永続繁栄は先祖により守護されるものと考えられた。各家が初代家長以来の死者を祀るとともに、分家初代であった先祖よりさらにさかのぼる本家の先祖を祀るため本家の主催する法要にも参加した。

明治の民法における法律上の家制度では、家制度体（集団）自体の財産だった家産《かさん》（家を代表して家長が管理した）が、戸主（家長）個人の私有として扱われるようになったことのほか、戸主と親族関係を有しない住込み奉公人などは法律上では家の成員と認めず、したがって奉公人分家（別家）を法律上「分家」とは認めない結果となり、親族分家だけが「分家」として認められることになった。しかし、当初は奉公人を分家させようとするために、養子として親族に加えたうえで法制上の分家制度に一致させようとする例さえ現れた。もともと弱小な生家が自力で子供を分家させるよりも、有力な他家へ子供のうちから住込み奉公させ、将来は主家から奉公人分家を創設してもらうことで、その子の創設すべき家の社会的地位を高めようと願ったのである。

生みの親にかわって親方となった家長は、このように子飼い住込み奉公人を養取し、実子に準ずる家成員とみたから、跡取りでない実子の場合と同様に、その家から分家させたり、婿《むこ》や嫁に出したりしてくれることが期待され、実際にその役割を果たしたのである。

俸給による雇用が一般化すると、このような住込み奉公を前提とする奉公人分家の制度は衰え、第二次世界大戦下の人手不足により消滅した〉（「日本大百科全書〈ニッポニカ〉」、コトバンク版）

池田と白木は、家を基準とせず、自らの価値観を基準に結婚する。

魂が震えた香峯子との出会い

池田大作は詩人でもある。1951年7月のある日の夕刻、池田が会合に参加するため学会員宅を訪れると、部屋には香峯子《かねこ》だけがいた。白木の姿を見て、池田の魂が震えた。そして、自分の気持ちを詩に託した。

〈二十三歳という青春の脳細胞の仕業であったのであろうか、私は、かたわらにあったワラ半紙に、一片の抒情詩《じょじょう》を書いて渡した。

「吾《わ》が心　嵐に向かいつつ
吾が心　高鳴りぬ……」

夢中だったにちがいない。紙片が広げられようとしたとき、私はそれを押し止め、「あとで……」と言い添えた。彼女はハンドバッグに素直にしまいこんだ〉（268ページ）

池田の想いは白木に通じた。2人は交際を始めた。ただ会うだけでなく、そこでは文通が大きな役割を果たした。自分の想いを文章にするという行為を通して、これまで曖昧《あいまい》だった思考が対象化され、明確になる。池田も白木も交際を通じて共通の信仰によって結びついていることを深く自覚した。

〈彼女との文通が始まった。活動の場が近かったということもあって、多摩川の堤を二人でよく歩いた。夕焼け雲は赤く、微風は心爽《さわ》やかであった。矢口の渡しから対岸へ一艘《そう》の舟が向かう。静かな川の流れは、波打つ岸辺の草を洗い、小鳥たちが宿を探して飛んでいく。日が暮れ、宵闇が迫ってくる。

だが、遊戯的な安易さはなかった。アンドレ・モーロワの結婚訓に「結婚に成功する最も肝要な条件は、婚約の時代に永久的な関係を結ぼうとする意志が真剣であることである」（『結婚・友情・幸福』河盛好蔵訳、新潮社）とあるが、二人とも幾多の苦難の坂も励まし合って進もうと語り合った。私は聞いた。生活が困窮していても、進まねばならぬときがあるかもしれない。早く死んで、子どもと取り残されるかもしれない。それでもいいのかどうか、と。彼女は「結構です」と、微笑みながら答えてくれた〉（268〜269ページ）

単なる男女の結合でなく、信仰共同体を形成

白木と交際し始めた頃、池田の創価学会における責任もますます重くなっていった。1951年5月3日に戸田城聖が創価学会第2代会長に就任した。そのとき戸田はこう宣言

した。

〈「私の自覚にまかせて言うならば、私は、広宣流布のために、この身を捨てます！　私が生きている間に、七十五万世帯の折伏は、私の手でいたします。……もし、私のこの願いが、生きている間に達成できなかったならば、私の葬式は出してくださるな。遺骸は、品川の沖に投げ捨てなさい！　よろしいか！」〉（「人間革命　第五巻」『池田大作全集　第百四十六巻』聖教新聞社、２０１３年、40〜41ページ）

戸田の願いを池田は全力で実現しようとした。７月11日、男子青年部の結成式が行われ、池田は班長として参加した。戸田は祝辞で〈「今日、ここに集まられた諸君のなかから、必ずや、次の創価学会会長が現れるであろう。必ず、このなかにおられることを、私は信ずる」〉（「人間革命　第五巻」同、78ページ）と述べた。同月14、15日、池田は青年部班長として、指導のために仙台に出張する。22日には東京家政学院講堂で行われた創価学会常住御本尊の奉戴《ほうたい》式と引き続き行われた臨時総会に出席した。

〈創価学会常住御本尊は１９５１年５月３日、戸田城聖先生が会長就任式の席上、学会

前進の「金剛不壊《こんごうふえ》の大車軸《だいしゃじく》」として発願《ほつがん》し、5月19日にあらわされた〉（創価学会公式サイト）

金剛不壊とは、極めて固く、壊れないという意味だ。創価学会常住の本尊があるという事実が、後に創価学会が日蓮正宗（宗門）と訣別して、魂の独立を達成する上でも重要な意味を持つことになる。8月3〜7日は、大石寺《たいせきじ》で行われた第6回夏季講習会に参加する。池田が白木に「生活が困窮していても、進まねばならぬときがあるかもしれない。早く死んで、子どもと取り残されるかもしれない。それでもいいのかどうか」と尋ねたのは、創価学会の信仰を中心に生死を共にするという覚悟を確認したかったからだ。白木の「結構です」という返事は、池田のプロポーズに対する受諾であるとともに白木の信仰告白でもある。池田と白木にとって、夫婦は、単なる男女の結合ではなく、信仰共同体を形成することなのである。

〈私ども二人の心中を訊かれた戸田先生は、双方の親への了解をとってくださることになった。夏が過ぎ、秋も去った冬の寒いある日である。戸田先生は、一人で蒲田の私の実家をわざわざ訪問してくださった。頑固一徹の父は、初対面であったが、家を出た息子が師事しているという磊落《らいらく》な紳士を尊敬して迎えたようである。私はその場に居合わせなかったが、戸田先生は「息子さんを私に下さらんか」と言われたという。父はしばらく考え込んでいたそうだが「差し上げましょう」と答えた。

この父の返事は珍しい。というのは、私は、小さいころから五、六軒の家から養子にくれと言われたことがあったようだが、そのつど、強情さまの父は、一言のもとに「とんでもない」とはねつけてきたからである。きっと戸田先生の人格が、自然に父から快諾の言を引き出してしまったのであろう。戸田先生が、そこで「じつは、良い縁談があるのだが……」と切り出されると、父は「息子はいまあなたに差し上げたばかりです。どうなりと」と返した〉（２６９ページ）

恩師の価値観に従う息子の生き方を承認

戸田が仲人《なこうど》として縁談について話す前に「息子さんを私に下さらんか」と述べたことには深い意味がある。創価学会の活動に息子が文字通り命を捧げる覚悟で取り組んでいることに対して、創価学会会長として父親の了承を求めたのだ。創価学会員は、生活の中心に信心を据えている。池田の父の子之吉《ねのきち》は、息子の一途な性格を熟知している。戸田を師と仰ぎ、創価学会の信仰に献身するという息子の生き方に子之吉が敬意を払ったのであろう。「息子はいまあなたに差し上げたばかりです。どうなりと」と戸田に伝えることで、子之吉は恩師の価値観に従う息子の生き方に全面的承認を与えたのである。

池田と白木は、信仰を基盤とした恋愛結婚をしたのであるが、当時の慣習に配慮して「見合い」の形式をとった。

〈話は進み、市谷《いちがや》にあった創価学会の旧分室の近くの寿司屋の二階で、双方の親を呼んで、見合いをしてくださった。話は進行していたのであるから、これは「見合い」というより「家族同士の顔合わせ」といったほうが正確であるかもしれない。強情さまは、息子の〝嫁〟がなかなか気に入ったようであった〉（269～270ページ）

1952年4月28日にサンフランシスコ平和（講和）条約が発効し、日本は独立を回復した。しかし、政治、社会情勢は混沌としていた。特に深刻だったのが、5月1日の第23回メーデーの日、皇居前広場周辺で警官隊とデモ隊が衝突した事件だ。

〈この年のメーデーは、サンフランシスコ講和条約、日米安全保障条約の発効直後であ

1952年、結婚当時の池田と妻・香峯子（© Seikyo Shimbun）

り、デモ隊の一部は両条約への抗議の意思をもって、皇居前広場に向けて行進した。広場は戦後メーデーの復活以来メーデー会場となり、他の多くの集会も開催されて、人民広場ともよばれていたが、1951年のメーデーに際し、アメリカ占領軍は同広場での開催を禁止し、52年のメーデーでは東京地裁が不許可処分取消判決を下していたにもかかわらず、政府の措置で開催を妨げられていた。広場では入場直後何事もなかったが、午後2時40分、排除を開始した警官隊は、催涙ガス弾、拳銃弾《けんじゅうだん》発射を含む実力行使に及んだ。さらに新たなデモ隊が到着し、広場のデモ隊が3万を超えるや、警官隊も約2000人に増員され、3時25分二度目の衝突が起こった。そして4時、最後の攻撃でデモ隊は広場から排除された。東京都職員の青年が背後から拳銃弾で心臓を射ち抜かれ即死したのはこのときである。三度の排除攻撃、衝突で拳銃弾70発、催涙ガス弾73発が発射され、デモ隊側死者2人、重軽傷者千数百人に達した。警官隊側負傷者も800人といわれる。／警視庁は衝突の最中、早くも騒乱罪適用を決定し、同日夕刻から逮捕を開始、総検挙数1232人に上った。うち起訴261人、首謀者は存在せず「首なし騒乱」と称された。一方、政府は事件を共産党の軍事行動と非難し、当時国会審議中の破壊活動防止法案成立に利用した〉（『日本大百科全書「ニッポニカ」』小学館、ジャパンナレッジ版）

この事件では、261人が騒擾罪《そうじょうざい》で起訴された。

〈東京地裁の一審では、かつてないマンモス公判のため分離を主張する裁判所側と、統一を主張する弁護側が対立したが、結局統一公判方式がとられ、1953年2月から例のない6人の裁判官による公判が始まった。争点は騒乱罪成立か否かであるが、成否は、警官隊の行動を適法・正当とみるか、それともデモが正当な抗議行動であり、暴行・脅迫の共同意思は存在せず、違法な警察力の行使が衝突の原因であるとみるか、であった。公判開廷回数は1792回に及び、結審まで13年10か月、さらに判決まで3年11か月を要する長期裁判となった。70年1月28日の判決は、第一次衝突を警官隊違法、騒乱罪不成立、第二次衝突以降をデモ隊違法、騒乱罪成立とし、110人を無罪、93人を有罪とした。しかし、同判決およびその後の判決で有罪の宣告を受けた被告100人の控訴審判決は、72年11月21日に行われ、騒乱罪については全面不成立と認定、84人に無罪を言い渡した。残る16人には騒乱罪以外の罪を認めたが、原告・被告双方が上告を断念し、長期裁判に終止符が打たれた。事件発生以来実に20年7か月が経過していた〉（同）

恩師の祝辞は「にっこりと笑顔で送り迎えを」

「血のメーデー事件」の2日後に池田と白木の結婚式が行われた。

〈昭和二十七年――この年は戦後七年にして偏頗《へんぱ》な単独講和ながらも講和条約が発効された年である。五月一日、皇居前広場では、いわゆる「血のメーデー事件」が起こり、世情は騒然としていた。その二日後、快晴の五月三日であった。この日は、ちょうど一年前、戸田先生が会長に就任された意義ある日であった。私たちは、中野の寺院で式を挙げた。ごく近しい身内のものだけで、五十人もいなかったと思うが、簡素な式であった。私は二十四歳、妻は二十歳になったばかりである。

恩師は心温まる祝辞を下さった。「男は力を持たねばならない。妻子に心配をかけるような男は社会で偉大なる仕事はできない。また、新婦に一つだけ望みたいことがある。それは、主人が朝出掛けるとき、晩帰ったときには、どんな不愉快なことがあっても、にっこりと笑顔で送り迎えをしなさい」と。妻は、いまにいたるまで、この日の言いつけを守ってくれているようで私は感謝をしている〉（270ページ）

後で詳しく解説することになるが（第六章）、結婚から5年後の1957年7月3日、池田は大阪地方検察庁によって公職選挙法違反容疑で逮捕される（「大阪事件」）。池田は起訴され、公判は4年3カ月続いた。そして、1962年1月25日に大阪地方裁判所は池田に無罪を言い渡した。検察は控訴せず、池田の無罪が確定した。この苦しい時期、香峯子の頭には、「主人が朝出掛けるとき、晩帰ったときには、どんな不愉快なことがあっても、にっこりと笑顔で送り迎えをしなさい」という戸田の言葉が何度も甦《よみがえ》ったことと思う。公判中の刑事被告人であった時期に池田は創価学会第3代会長に就任する。この事実は、創価学会が中間団体として、国家とは別の価値観に基づいていることを端的に示している。池田は戸田から「わしの死んだあと、あとは頼むぞ」という遺言を受けていた。しかし、池田は会長になりたいとはまったく思わなかった。

会長に就任した日は「池田家の葬式」

〈私にとっては、困ったことが起きてきた。周囲から、創価学会の第三代会長にとの声があがってきたのである。私は、何回も断った。

しかし、結局は、押しきられてしまった。昭和三十五年（一九六〇年）当時の日記には、その間の事情が記されてある。「全幹部の意向なりと、また機熟したので、第三代会長就任を望む話あり。……我儘《わがまま》なれど、きっぱり断る。疲れている」（三月三十日）。「本部にて、遅くまで臨時理事会を開催。第三代会長の推戴《すいたい》を決定の由、連絡を受く。丁重にお断りする」（四月九日）。「午後、……第三代会長就任への、皆の強い願望の伝言あり。私は、お断りをする」（四月十二日）。

十四日になって、とうとう断ることができなくなり、やむなく、承認の格好となってしまった。この日の日記には「万事休す。……やむをえず。やむをえざるなり」とある〉（291ページ）

人は誰も使命を持つ。戸田の遺志を継承し、創価学会を世界宗教化することは、池田にしかできない使命だった。

〈五月三日、東京・両国の日大講堂で創価学会第三代会長に就任。会長になることはいやでいやでたまらなかったが、就任した以上は、全責務を全うしなければならない。だが、体がどこまでつづくか。この日の総会に出席された第六十六世日達《にったつ》上人から、大き

1960年５月３日、第３代会長に就任した池田大作＝東京・両国、日大講堂での就任式
（© Seikyo Shimbun）

な期待の祝辞をいただいた。当時三十二歳の私に課せられた課題はあまりにも大きかった。

その夜、大田区小林町の自宅に帰ったところ、ささやかながら赤飯でも炊いていてくれるのかとも思っていたが、何も用意はされていなかった。「きょうからわが家には主人はいなくなったと思っています。きょうは池田家の葬式です」というのが妻の言い分であった。実際、妻や三人の息子たちにとっては、五月三日は〝葬式〟といってもよかろう。かつては、月に一度か二カ月に一度ぐらいは、妻を連れて映画などに出かけることもできたが、そんなことはできなくなった。夕方、家に帰り、ひとフロ浴びて家族団《だん》欒《らん》の夕食をともにすることも人生の楽しみの一つとは思ってはいるものの、あれやこれやと、なかなかくつろいだ機会はもてなくなった。三人の男の子の教育は、妻まかせであるが、幸い皆、健康に伸びのびと育ってくれているようである〉（291～292ページ）

創価学会第3代会長に就任することによって、池田は家族の団欒を楽しむことはできなくなった。香峯子が言うように会長就任は、「池田家の葬式」だったのである。しかし、信仰の同志として、家庭の内側から創価学会第3代会長を支える使命を香峯子は喜んで引き受けたのである。

第四章

創価学会と公明党

――「政教分離」のあり方をめぐって

中間団体は民主主義を担保する力

創価学会の特徴の一つは、政治に強い影響力を持っていることだ。創価学会が支持母体となっている公明党は、自民党と連立を組んで与党の立場にある。宗教団体が政治に関与することを日本国憲法で定められた政教分離原則に違反するおそれがあるという批判もあるが、この批判は間違いだ。

政教分離に関係するのは、信教の自由を定めた第20条だ。

〈第二〇条【信教の自由】

1 信教の自由は、何人に対してもこれを保障する。いかなる宗教団体も、国から特権を受け、又は政治上の権力を行使してはならない。

2 何人も、宗教上の行為、祝典、儀式又は行事に参加することを強制されない。

3 国及びその機関は、宗教教育その他いかなる宗教的活動もしてはならない〉

ここでいう政教分離とは、国家が特定の宗教を優遇したり忌避したりしてはいけないという意味だ。これに対して、宗教団体が自らの価値観に基づいて政治活動を行うことは認められている。創価学会や筆者が所属する日本基督教団《きりすときょうだん》（日本におけるプロテスタントの最大教派）は、国家機関でもなければ、私的利益を追求する企業でもない。人々が共通の価値観（宗教観）に基づいて結成し、自らの規律を制定した結社（アソシエーション）だ。国家にも私的利益追求集団にも属さない中間団体だ。このような中間団体が、国家権力の圧力、私的利益を追求する集団の暴走を防ぐ力になる。中間団体は、民主主義を担保する重要な力なのである。

現在、公明党は自民党と連立政権を組んでいるが、自公連立政権の中枢においても、憲法の政教分離を正確に理解していない人がいる。この点で、2014年6月24日に安倍晋三首相が伊吹文明衆議院議長に送付した、鈴木貴子衆議院議員の「我が国における政教分離の原則に係る内閣官房参与の発言に関する質問主意書」（同年6月16日提出）への答弁書が重要だ。質問主意書に対する答弁書は閣議決定が必要とされる。従って、日本政府の立場を拘束《こうそく》する。鈴木は、衆議院議員当選3回で、現在、自民党副幹事長をつとめるが、質問主意書を出した時点では新党大地に属していた。当時、鈴木は自公連立政権と対立する側にいたが、創価学会が政教分離原則に違反しているという誤解が社会に広まることが、日本の民主主義に悪影響を与えると考え、この質問主意書を提出したのだ。

〈本〔引用者注＝２０１４〕年六月十日、訪米先で講演した内閣官房参与の飯島勲氏は、現在安倍晋三内閣が進めている集団的自衛権の政府解釈変更に関連し、宗教と政治との関係について定めた日本国憲法の「政教分離」について、自民党と連立政権を組む公明党と、同党の支持母体である創価学会との関係を指し、「内閣によって法制局の答弁を一気に変えた場合、政教一致ということが出てきてもおかしくない」との発言（以下、「飯島発言」とする。）をしたと報じられている。右を踏まえ、質問する。

一　「飯島発言」を政府として承知し、その内容を把握しているか。

二　「政教分離」並びに「政教一致」の定義如何《いかん》。

三　我が国における「政教分離」の原則につき説明されたい。

四　現在自民党と連立政権を組み、政府と一体となっている公明党と、その支持母体である創価学会との関係は、三の「政教分離」の原則に照らして適切なものであるか。公明党と創価学会は「政教一致」の関係にあるか。政府の見解如何。

五　飯島氏は内閣官房参与という公の立場にある人物である。その人物が公の場で「飯島発言」を行ったことに対し、政府としてどのような見解を有しているか。

六　飯島氏が「飯島発言」を行うにあたり、政府に対し事前に何らかの説明はなされていたか。

七　「飯島発言」は、政府、つまり安倍晋三内閣総理大臣の見解を反映したものか。

八　現在政府、安倍総理は、政府解釈を変えることにより、集団的自衛権の行使を可能とすることを目指している。集団的自衛権について政府解釈を変えた際、公明党と創価学会の関係についても、「飯島発言」にあるように、「政教分離」ではなく「政教一致」というように解釈が変えられる可能性はあるのか。

右質問する〉

政教分離に関する政府の立場

この質問主意書に対する安倍首相の答弁書は以下の通りだ。

〈一及び五から七までについて

御指摘のような発言があったことは承知しているが、政府において「事前に何らかの説明」を受けた事実はなく、個人としての見解を述べたものと承知しており、当該《とうがい》発言について政府として見解を述べることは差し控えたい。

二から四までについて

お尋ねの「政教一致」の定義については、政府として承知していないが、いわゆる政教分離の原則は、憲法第二十条第一項前段に規定する信教の自由の保障を実質的なものにするため、国その他の公の機関が、国権行使の場面において、宗教に介入し、又は関与することを排除する趣旨であると解され、この原則に基づく規定として同項後段及び同条第三項並びに第八十九条の規定が設けられている。特定の政党と宗教団体との関係について政府としてお答えする立場にないが、一般論として申し上げれば、憲法の定める政教分離の原則は、先に述べたような趣旨を超えて、宗教団体等が政治的活動をすることをも排除している趣旨ではなく、また、憲法第二十条第一項後段の規定は、宗教団体が国又は地方公共団体から統治的権力の一部を授けられてこれを行使することを禁止している趣旨であって、特定の宗教団体が支援する政党に所属する者が公職に就任して国政を担当するに至ったとしても、当該宗教団体と国政を担当することとなった者とは法律的に別個の存在であり、宗教団体が「政治上の権力」を行使していることにはならないから、同項後段違反の問題は生じないと解してきているところである。

八について

いわゆる限定的な場合における集団的自衛権の行使の問題については、「安全保障の法的基盤の再構築に関する懇談会」が平成二十六年五月十五日に報告書を提出したことを受けて、国民の命と平和な暮らしを守るため、あらゆる事態に切れ目のない対処を可能とするための国内法制の整備の在り方について、憲法解釈との関係も含め、現在、「安全保障法制整備に関する与党協議会」において協議が進められているものと承知しているが、この問題と政教分離の原則とは何ら関係がなく、また、政府として、政教分離の原則に関する憲法解釈について改めて検討を要する問題があるとは考えていない〉

政教分離に関する政府の立場は、〈国その他の公の機関が、国権行使の場面において、宗教に介入し、又は関与することを排除する趣旨〉であり、〈宗教団体等が政治的活動をすることをも排除している趣旨ではな（い）〉というものだ。現在の政府には、創価学会を支持母体とする公明党に所属する創価学会員の大臣、副大臣、政務官がいるが、これに関しても、〈特定の宗教団体が支援する政党に所属する者が公職に就任して国政を担当するに至ったとしても、当該宗教団体と国政を担当することとなった者とは法律的に別個の存在であり、宗教団体が「政治上の権力」を行使していることにはならないから〉、憲法にはまったく違反していないのである。

もっとも自民党の中にも創価学会に忌避反応を持つ人々がいる。そのような土壌を背景にして個人的立場であるとはいえ、「内閣によって法制局の答弁を一気に変えた場合、政教一致ということが出てきてもおかしくない」という飯島参与の発言が出てきたのだ。

熾烈な攻撃で学会員にトラウマ

繰り返しになるが、憲法で定められているのは、政教分離というよりも国家が特定の宗教教団を忌避したり優遇したりすることがないように定めた国教分離なのである。宗教団体が政治に関与するという意味での政教は分離されていないのだ。創価学会以外にも、神社本庁、立正佼成会《りっしょうこうせいかい》、真如苑《しんにょえん》などさまざまな宗教団体が特定の候補者を支援している。内閣法制局の解釈変更で、現在の政教分離に関する解釈を変更することは不可能だというのが筆者の見解だ。

もっとも1969年に政治評論家・藤原弘達《ひろたつ》の著書『創価学会を斬《き》る』（日新報道）をめぐって生じた「言論問題」以降、創価学会も公明党も政教分離を過剰に意識するようになった。「言論問題」については後で詳述するが（第七章）、この出来事以降、創価学会の会合で、公明党について言及することがなくなり、公明党の会合でも創価学会や池田大作創価学会第3代会長に直接言及することが自己規制された。創価学会員が公明党の選挙活動を行っているのは事実なのに、それについて言及することを差し控《ひか》えるようになったのは、言論問題によるマスコミと一部政党の創価学会と公明党に対する攻撃が熾烈《しれつ》であったために、創価学会員に強いトラウマ（心的外傷）ができてしまったからと筆者は見ている。

筆者は、以前より、「行き過ぎた政教分離」を克服することが創価学会と公明党にとって重要な課題であると指摘してきた。特に14年10月に上梓《じょうし》した『創価学会と平和主義』（朝日新書）でそのことを具体的に強調した。創価学会にとって平和主義は基本的価値観で絶対に譲ることができない。この価値観を公明党が共有しているということを理解しないと、集団的自衛権に対する公明党の立場が正しく理解できないと考えたからだ。

14年11月に公明党は、行き過ぎた政教分離の是正に静かに取り組み始めた。結党50周年を記念して上梓された党史の序文に山口那津男《なつお》公明党代表はこう記している。

〈公明党は１９６４（昭和39）年11月17日に、池田大作創価学会会長（当時）の発意によって結成された。「大衆とともに語り、大衆とともに戦い、大衆の中に死んでいく」（池田大作公明党創立者）の指針のもとで、大衆福祉の実現をめざして、活発に活動を展開し、２０１４（平成26）年11月17日、結党50年の佳節を迎えた〉（公明党史編纂委員会『大衆とともに――公明党50年の歩み　増訂版』公明党機関紙委員会、２０１９年、10ページ）

この本の冒頭にグラビア写真が収録されている。1ページ目は、推定樹齢200年の秋田杉で、2ページ目が演説する池田の写真だ。そこにはこんなキャプションがつけられている。

〈池田大作公明党創立者（創価学会会長＝当時）

1962年（昭和37年）9月13日の公明政治連盟（公政連）第1回全国大会（東京・豊《と》島《しま》公会堂）で、創立者である池田会長はあいさつのなかで、公明議員の在り方として、「大衆とともに語り、大衆とともに戦い、大衆の中に死んでいく」との指針を示された。その池田会長の言葉は、2年後の公明党結党に際し、党の根本指針として党綱領に明記された〉

公明党の創立者は池田、原点に創価学会文化部

こういう形で、現在の公明党は同党の創立者が池田であることを明確にしている。そして、結党の原点が創価学会文化部にあると説明する。

〈公明党の結党は64年だが、その前身である公明政治連盟（公政連）は61年11月27日に結成された。まず公政連が誕生するまでの歩みを振り返ると、54（昭和29）年11月22日に創価学会文化部が設置されたことが原点だ。文化部長には鈴木一弘《かずひろ》が就いた。後に参院議員、公明党副委員長を務めることになる。その第一歩の焦点は翌55年4月に行われた統一地方選挙で、創価学会から文化部員として任命された54人が立候補した〉（前掲書、22ページ）

本書の目的は創価学会の内在的論理をとらえることだ。そのためには、創価学会が政治に乗り出す過程についても、「創価学会の精神の正史」である池田の小説『人間革命』を基本テキストとすることが重要だ。今後の記述に関しては、『人間革命』を主とし、実証的な観点から書かれた『大衆とともに——公明党50年の歩み　増訂版』を補助資料として記述を進めていきたい。そうすることによって、創価学会にとって政治に踏み出すことが信仰の観点から要請された事情を解明できると考えるからだ。

1951年5月3日に戸田城聖が創価学会第2代会長に就任したとき、「戸田会長推戴《すいたい》賛意署名簿」に3080人の学会員が署名した。戸田は就任あいさつで、生存中に75万世帯折伏《しゃくぶく》の達成を宣言した。多くの人々がそれは不可能と思った。しかし、池田は「不可能の可能性」に挑み、折伏により、会員数を飛躍的に増やした。この過程で既存の仏教教団との軋轢《あつれき》も強まったが、創価学会は急速に拡張した。

1955年春の戸田の心象風景について池田はこう記す。

〈彼の孤独な思索には、前年の秋ごろから、彼をとらえて離さぬ大きな構想があったのである。その構想は、彼の頭のなかで、重苦しいまでに膠着《こうちゃく》して、深く根を張り、いつか新鮮な芽となって萌《も》え始めていた。

その構想とは、広宣流布《こうせんるふ》の伸展にともなう段階において、いつかは展開しなければならない新しい展望への実践であった。彼は、この実践を、今、踏み切るべきか、それとも先に延ばすかという決断に、自ら迫られていた。

〝時は、来ている〟

彼は、ある時、決然と思った。

〝いや、時期尚早だ、まだ十八万世帯にすぎぬではないか。慎重を期すべきだ……〟

戸田城聖は、深い思いに沈んだ〉（池田大作「人間革命　第九巻」『池田大作全集　第百四十八巻』聖教新聞社、2013年、113～114ページ。以下書名のない引用は同書から）

戸田は、創価学会が選挙を通じて自らの価値観を実現する政治活動に踏み込むタイミングが到来したか否かについて思案していたのだ。

なぜ政治参加が必要と戸田は考えたのか

創価学会第2代会長・戸田城聖は、企業経営者として磨いた総合マネジメント能力を活かして、政治に創価学会が踏み出すタイミングについて判断しようとした。その基礎となるのはデータだ。客観的根拠を無視した主観的願望や精神論だけで政治に関与することの危険性を、戸田は十二分に理解していた。

〈彼は、原山《はらやま》統監部長に命じて、全国の学会員の詳細な分布図を作成させた。東京都を中心とした関東地方が、最も色濃く染められていた。それから東北地方の仙台と秋田、北海道の函館、関西の堺、九州の八女《やめ》などが、比較的に学会員の密集地帯であることが判然とした。

それから彼は、前回の全国統一地方選挙の詳細なデータを取り寄せて、統監部の手によって全国学会員の分布表と照合させてみた。概略の照合ではあったが、全国数十カ所にわたって丸印がついた。丸印というのは、その地域で、もしも、学会員のなかで適当な人物が地方選挙に立候補し、その人物のために、その地域の学会員が応援したとしたら、当選圏に入る可能性を含む箇所のことであった。このような地域が、いつかできていたのである。状況はまさに、彼に決断を、ひそかに迫っているといってよかった〉（114ページ）

創価学会員が、価値観を共有する同志を地方議会に送り出すことは客観的に可能なのである。戸田は、なぜ創価学会が政治に参加する必要を感じたのであろうか。それは創価学会信仰の本質に関わるのである。

宗教には二つの形態がある。

第1は、生活の一部分として、宗教を位置づけるあり方だ。七五三や結婚式や厄払《やくばら》いを神社で行う人は少なからずいる。しかし、こういう人たちが日常的な生活や仕事を神道によって律しているわけではない。商売繁盛や芸事の上達を願って稲荷《いなり》を参拝する人もいる。自分の願望を達成することが信仰の目的で、このような人の生活の基準に稲荷信仰がなっているのではない。瞑想《めいそう》や敬虔《けいけん》な祈りで、自らの心の平安を求める人もいる。日本の仏教徒やキリスト教徒にも、宗教は個人の内面的事柄として、仕事や生活においては別の原理で行動する人も少なからずいる。また、この世は悪事に満ちて苦悩ばかりなので、真実の救済は死後の彼岸《ひがん》の世界においてしか訪れないと考える信仰者もいる。

生活のすべてが信仰で律されなければならない

これに対して、第2は、生活のすべてが信仰によって律されなくてはならないと考える宗教者だ。筆者が所属する日本基督《きりすと》教団は、日本におけるプロテスタントの最大教派だ。教団内には、さまざまな信仰的確信を持った人々がいる。日本基督教団には、第一種認可神学校が三つある。東京神学大学と関西学院大学神学部と同志社大学神学部だ。東京神学大学は、カルバンの伝統を継承する改革・長老派系の神学を教える。改革・長老派は、キリスト教徒の生活と仕事のすべてが信仰によって律されるべきであると考える。もっとも東京神学大学出身の牧師でも、このような考え方に与《くみ》せず、個人の内面的信仰を重視し、政治や社会の問題からは距離を置くべきと考える人も少なからずいる。

関西学院大学神学部は、清い生活と祈りを重視するメソジスト派の神学を教える。同志社大学神学部は、会衆《かいしゅう》派教会（組合教会）の伝統に立つ。会衆派教会では、個別の教会が意思決定の最高機関で、統制を嫌う傾向が強い。従って、同志社大学神学部では、神学教育は個別の教師の裁量に大きく委ねられている。同志社出身の牧師でも、改革・長老派的神学に依拠する人もいれば、メソジスト派的な人もいる。また、社会運動を重視し、神学にはほとんど関心を持たない牧師もいる。逆に、社会や政治の問題には無関心で、個人の内面的信仰のみを重視する牧師もいる。もっとも会衆派教会の歴史を見るならば、神学的にはカルバンの影響を強く受けている。

筆者は同志社大学神学部で客員教授として教壇に立っているが、改革・長老派神学を基本にした講義を行っている。筆者にとってキリスト教信仰は生活と仕事の全領域を支配する基本的価値観なのである。ちなみに、外交官時代に北方領土交渉に文字通り命懸けで取り組んだことも、現在、創価学会第3代会長・池田大作についての研究を本に書いているのも、筆者のキリスト教信仰に基づく行為なのである。

政治分野においても人間革命を貫徹する

筆者にとって政治を信仰から除外することはできない。彼岸に救済を求めるのではなく、此岸《しがん》(この世)を神の栄光のために改変していくことが、キリスト教徒にとっては死活的に重要と筆者は考える。このような価値観を筆者は持つので、戸田や池田が信仰から政治を除外しないことがよくわかる。池田は戸田の考えについて、こう記す。

〈広宣流布は、創価学会の会員の拡大だけを意味するものではない。御本尊を受持して信心に励んだ人は、まず、人間として自己自身を革命することは当然のことだ。革命された個人は、自己の宿命をも変え、家庭をも革新する。このような個々人の集団というものは、地域社会にも、一つの根本的な変革をもたらすはずである。いや、地域社会ばかりではない。それらの個々人は、あらゆる社会分野に英知の光を放ち、変革の発芽をもたらしていくであろう。

政治の分野でも、経済活動の分野でも、生産活動の部門でも、教育や文化や、科学、哲学の分野でも、自らの生命を革命した、わが学会員の日々の活動というものは、その才能を十二分に発揮した蘇生《そせい》の力となるにちがいない。それは、社会に大きな波動を与え、やがては新世紀への斬新な潮流となって、来るべき人類の宿命の転換に偉大な貢献を果たす時が来よう。

これが妙法の広宣流布の活動というものだと、彼は心に期していた。

戸田城聖は、しばしば、このような展望を、率直に人びとに語ったが、聞く人は、それを、ただ夢のように聞いていた。
だが、彼が会長に就任して、本格的な広宣流布の活動を始めてから、わずか四年にして、彼の展望の若芽が、既に萌え始めていたのである〉（114〜115ページ）

信仰は、政治、経済、教育、文化、科学、哲学などのすべての分野に及ぶと戸田は考えた。このような考え方は、世界宗教であるキリスト教、イスラム教に根付いている。此岸（この世）を変革し、幸福をもたらすことができないような宗教が、彼岸（あの世）での救済について語っても説得力を持たない。創価学会の人間革命は、政治分野においても貫徹されなくてはならない。

戸田は、創価学会に文化部を創設した。文化について、社会人類学者の鈴木二郎はこう説明する。

〈思考、感情、衣、食、住、機械、制度などが一つのセットとして集団の文化が構成されており、これらの構成諸要素は言語、価値、社会、技術の4分野に大別される。各分野はそれぞれ独自の機能と相対的な自律性をもつと同時に、互いに関連をもちつつ補足しあい、一つの全体としてのまとまりをもっている。このうち、独自の機能と自律性をもっとも強く保ち、他分野からの影響をもっとも受けにくいのは言語である（借用語は増えても発音、文法の基礎はきわめて変わりにくい）。価値の分野（道徳、思想、宗教、自然観、価値観など）は人間の内面にかかわり、すべての行動の方向決定を左右する。このような言語と価値を重視した視点から、文化に関する前述の第一の見解が成立してくる。慣習、制度、法律から日常的交際を含む社会関係は、他の分野とのかかわりが大きい。技術は、科学・経済的活動、自然への適応にとって中心的役割を果たし、他の3分野と違って、累積的であることがはっきりしているし、進歩という尺度を当てはめることができる。

各集団はそれぞれ、文化の構成要素を無秩序かつ恣意《しい》的に寄せ集めるのではない。そこには、たとえ個人としては気づかないにせよ、集団の選択意思が働いている。こうした過程のなかで、諸要素は統合され、一つの全体を構成し、結果としては独自性をもつ個別文化が形成される。個別文化を構成する一つ一つの要素は基本的には、全体を構成する部分として機能する。したがって個別文化は、無機物のような集合体でないのはもちろん、価値によって生き方（存続の基盤と方向）を調整する点において、人類以外の有機物とも違うので、超有機的であるともいえる。以上の意味で、文化は統合形態configurationともいわれ、個別文化は独自のパターン（型、類型、範型）をもっており、個別文化は主題 themeをもっているということができる〉(『日本大百科全書「ニッポニカ」』小学館、ジャパンナレッジ版)

創価学会の政治姿勢を小説で示す

思考、感情、衣、食、住、機械、制度などが統合されて一つの文化が形成される。この文化の下位概念に政治があると戸田は認識している。創価学会の文化は仏法によって形成されている。仏法によって形成される文化に政治が包摂《ほうせつ》されるという価値観があるので戸田は、創価学会が政治に関与するにあたってまず文化部を創設するというアプローチをとったのだと思う。

〈そこで戸田は、まず、一九五四年(昭和二十九年)の十一月二十二日、文化部の設置を発表し、鈴本実を文化部長に任命した。部長一人の文化部にすぎなかったが、戸田は、さまざまなデータを検討し、構想を練った。そして、その構想の若芽を放置して枯らすことなく、育ててみようと、彼は決意したのである。

厳密な調査が進むと、創価学会員の全国分布図の上に、丸印は四十カ所余りにも達した。意外な数である。

戸田は、分布図に目を凝らしながら太い息を吐いて、にっこり笑って鈴本実に言った。

「ほう、こんなにあったか。あとは人の問題だな。私利私欲に目もくれない高潔な人材がいればいいわけだ。人選の方は、見当がついているか？」〉（115ページ）

創価学会の初代文化部長は、鈴木一弘（1924～2003年、後に川崎市議、神奈川県議、参議院議員、公明党副委員長をつとめる）だが、『人間革命』では、鈴本実という名で登場する。『人間革命』は小説なので、史実をそのまま反映しているわけではない。従って、この小説に記された戸田と鈴本の会話も、録音を文字化したような性質のものではない。池田が、小説という形態で、創価学会の政治に対する基本姿勢を明確にしたものと受け止めるべきだ。

〈「いや、それが大変です。なかには政治的な経歴をもった人もおりますが、下手に野心的に動く人では困りますし、そうかといって、ただ信心が強盛《ごうじょう》なだけでは、どうにもなりません。人選は非常に困難な状態です。どこに基準を置いたらよいのか、先生、それに迷ってしまいます」

新文化部長の鈴本は、思いあまったように顔を曇らせて、内心の弱音を吐露してしまった。

そして、鈴本は、戸田の前に出ると、いつも思わず本当のことを言わずにいられない自分を不思議に思った。

〝活躍の場はある。しかし、人がいない。文化部の前途は、まことに暗澹《あんたん》たるものだ〟

鈴本は、途方に暮れていたのである〉（115〜116ページ）

「広宣流布は本尊の仕事」という政治観

文化部長の鈴本は、自分の能力では、戸田からの期待に応えることができないと不安を覚えている。この不安が根拠のないものであることを戸田は鈴本に説明する。

〈戸田は、色の黒い彼が、目の縁に隈《くま》をつくり、青年らしさを失い、老い込んだように悄然《しょうぜん》としてしまっているのを見ていると、からからと笑いだした。

「新しい仕事というものは、いつも難産だよ。だいいち、君を文化部長に任命することだって、なかなかの難産だった。人は誰でも、いい面もあるし、悪い面もある。その一面だけを取り上げて考えても、なかなか人選は進まないだろう。君を文化部長にしたのも、何人かの候補者のなかで、『この人より、こっちの人の方がいい』『いや、この人こそ適任ではないか』と比較検討を繰り返しているうちに、落ち着くところに落ち着いたわけだ。

人選の作業は、厳正な比較対照にカギがある。私心や感情を去って、あくまでも目的に適《かな》った候補者は誰だろうと考える時、幾人もの候補者を比較しているうちに、やがて適任者が浮かび上がってくる。

ある地域で大勢の学会員ができた時、そのなかに、中心者となり得る人ができていないはずはない。

広宣流布は、どこまでいっても、結局は御本尊様の仕事です。自分たちがやっていると思うのは、一種の傲慢《ごうまん》です。御本尊様の仕事なら、ヘマをするはずはない。その時、その段階で、中心者となり得る人はいるんです。悲しいかな、われわれ凡夫《ぼんぷ》の目には、それが見えないいだけだ。いつ、いかなる場合も、透徹した信心が要請されるわけだ。それで、われわれの凡眼《ぼんがん》も、仏眼《ぶつげん》の一部となることができる。

ほかの世界ならともかく、わが学会のなかで人選の困難に逢着《ほうちゃく》するのは、こちらの目玉に問題があるんだよ。御本尊様は、適任者となり得る人を、必ずつくってくださって

いるはずだ。よくよく透徹した目で、もう一度、よく見てごらん」〉（116～117ページ）

「広宣流布は、どこまでいっても、結局は御本尊様の仕事です。自分たちがやっていると思うのは、一種の傲慢です」という戸田の指導に創価学会の政治観の基本がある。

パウロの人間観に近い戸田の考え方

創価学会第2代会長の戸田城聖は、政治を広宣流布（宣教）の一環と考えている。政治活動に人間が従事するとしても、究極的には本尊の仕事なのである。人間の力のみで理想的な政治ができると考えるのは、本尊の力を忘れた人間の傲慢に他ならない。創価学会では、人間には傲慢になる傾向があるので、その危険を常に自覚しろと指導する。自らの限界を自覚して、本尊に対する透徹した信心によって行動するのだ。

このような考え方は、キリスト教とも親和的だ。特にパウロの人間観に近い。パウロは人間は、自分が善いことを行おうとしても、それに反する悪いことばかり行っているという現実を真摯《しんし》に見つめる。そこから人間には原罪があるということを自覚する。罪が形を取ると悪になるのだ。パウロ自身の言葉を引用する。

〈わたしは、自分のしていることが分かりません。自分が望むことは実行せず、かえって憎んでいることをするからです。もし、望まないことを行っているとすれば、律法を善《よ》いものとして認めているわけになります。そして、そういうことを行っているのは、もはやわたしではなく、わたしの中に住んでいる罪なのです。わたしは、自分の内には、つまりわたしの肉には、善が住んでいないことを知っています。善をなそうという意志はありますが、それを実行できないからです。わたしは自分の望む善は行わず、望まない悪を行っている。もし、わたしが望まないことをしているとすれば、それをしているのは、もはやわたしではなく、わたしの中に住んでいる罪なのです。それで、善をなそうと思う自分には、いつも悪が付きまとっているという法則に気づきます〉(「ローマの信徒への手紙」7章15〜21節)

善をなそうという意志はあっても、実際には行うことができない人間が救済されるためには、イエス・キリストに徹底的に従うしかないのである。キリスト教徒が政治活動を行う場合でも、人間の力だけで理想的な政治を行うことができると考えてはならず、イエス・キリストに対する透徹した信仰によって行動することが求められるのである。

人間は誰でも仏になることができる

創価学会にキリスト教のような原罪観はない。しかし、人間の悪を自覚させる十界《じっかい》論という優れた考え方がある。

〈十界
衆生《しゅじょう》の住む世界・境涯を10種に分類したもの。仏法の生命論では人間の生命の状態の分類に用いる。地獄界・餓鬼《がき》界・畜生界・修羅界・人界・天界・声聞《しょうもん》界・縁覚《えんがく》界・菩薩《ぼさつ》界・仏《ぶつ》界の10種。

このうち地獄・餓鬼・畜生・修羅・人・天をまとめて「六道《ろくどう》」といい、声聞・縁覚・菩薩・仏をまとめて「四聖《ししょう》」という。「六道」は、インド古来の世界観を仏教が用いたもので、もともとは生命が生死を繰り返す世界を六つに大別したもの。六道の中では、地獄・餓鬼・畜生を「三悪道」とし、この三悪道に比べれば相対的にはよいことから、修羅・人・天は「三善道」とされる。また三悪道に修羅を加えて、「四悪趣」ともいう。

また「四聖」は仏道修行によって得られる境涯である。小乗の教えに基づき覚りを目指す声聞・縁覚は「二乗」と呼ばれる。これに菩薩を加えて「三乗」と呼ばれる。

法華経《ほけきょう》以外の経典では、十界はそれぞれ固定化された世界・境涯としてとらえられていた。しかし法華経では、その考え方を根本的に破り、十界のうち仏界を除く九界《きゅうかい》の衆《しゅ》生《じょう》に仏界がそなわっていることを明かし、成仏した仏にも九界の境涯がそなわることを説いて、十界は固定的な別々の世界としてあるのではなく、一個の生命にそなわる10種の境涯であることを示した。したがって、今、十界のいずれか一界の姿を現している生命にも、十界がすべてそなわっており、縁によって次にどの界の境涯をも現せることが明らかになった。このように十界の各界が互いに十界をそなえていることを十界互具《じっかいごぐ》という〉（創価学会公式サイト）

仏教の考え方として、有情《うじょう》（衆生ともいう。人間を含む意識を持つもの）が、地獄界、餓鬼界、畜生界、修羅界、人界、天界の六道を輪廻《りんね》するという考え方がある。仏法で悟りを開くことによって六道輪廻から解脱《げだつ》することができるという解釈をすると、それぞれの界が固定化されてしまう。それに対して創価学会は、それぞれの人間の生命の状態が十界を移動すると考える。正しい信心を持っていると思っている人でも、理性を失って倫理・道徳をわきまえず、本能的欲望のままに動いていく状態になると畜生界にいることになる。自分と他者を比較し、常に他者に勝ろうとする発想（勝他の念）を強くもっている人は修羅界にいる。同時に、人間は誰でも仏になることもできるのである。そのために必要なのが本尊への透徹した信心なのだ。

政治を担う人材育成と地方選への態勢づくり

戸田の指導によって、創価学会文化部長の鈴木実も事柄の本質がよくわかった。鈴本の不安は信心が不十分だから生じたのだ。

〈鈴本実は、諄々《じゅんじゅん》と語る戸田の話に、自らの信心のいたらなさが、はっきりと思い当たった。彼は、返す言葉もなく、深い感動につつまれて、無言のまま戸田の顔を見つめていた。

「わかったか！」

戸田の言葉に、鈴本は、初めて我に返った。

「わかりました。よくわかりました。ありがとうございました」

「しっかりするんだぞ。君たちの戦いが、広宣流布の勝負を決する時が、いずれ来る。重い仕事だ。今、いよいよ新しい展開が始まったんだよ。

まだ、世間の誰も気づいていないし、学会の幹部だって、この新展開をなかなか理解はしないだろう。適任者を探すよりも、この方が困難といえば困難なことなのだ。ともかく、各地域から文化部員を選定して、彼らを急速に育てなければならない。大小さまざまなことについて、なんでも私に相談しなさい。独断で動いてはならん！」

戸田の叱咤《しった》と激励は、いつもながら、鈴本実を奮い立たせた。戸田は、まず、文化部長を育てることから始めなければならなかった。

鈴本実が、その夜から、真剣な唱題に取り組んだことは言うまでもない。そして、各支部の首脳と討議し、各地域に飛んで実態をつかむことに専念した〉（117～118ページ）

文化部員は、将来、政治を担っていく特別の使命がある。この使命にふさわしい人材を選ぶ重責を鈴本は担っている。だから鈴本は真剣に唱題《しょうだい》して、この課題に取り組んだのだ。唱題とは、本尊を信じて南無妙法蓮華経《なんみょうほうれんげきょう》の題目を唱えることである。

〈事は急を要した。四月に入れば、統一地方選挙が始まる。鈴木は、戸田の細かい指示を受けながら動いて、一月下旬になって、やっと成案を得た。

全国の拠点のなかで、会員世帯の多い三十八の地域が選ばれた。東京都がさすがに多く二十一地域、関東地方が十一、東北三、北海道一、関西一、九州一の地域となった。各地域における人選も徐々に固まり、五十四人の文化部員の任命が、二月九日夜、本部二階広間で行われた。これらの文化部員のなかには、理事長の小西武雄や、鶴見支部長で、財務部長を兼任している森川幸二などの、古くからの幹部が含まれていたが、大多数は、地区部長や班長のなかから選抜されていた〉(118ページ)

創価学会は、こうして初めて地方選挙に取り組む態勢を整え始めた。1955年2月9日に行われた文化部会で、戸田は部員を激励した。

〈新たな展開である。戸田城聖は、まだ力は未知数の、五十四人の文化部員を前にして、その出立《しゅったつ》を激励した。言葉は短かったが、彼の万感が込められていた。

「真実の仏法を実践する人は、その資質を生かし、必然的に、社会にその翼を伸ばすことになる。いよいよ時が来たんです。諸君は、妙法を胸に抱き締めた文化部員であることを、いつ、いかなるところにあっても、忘れてはなりません。民衆のなかに生き、民衆のために戦い、民衆のなかに死んでいってほしいと私は願う。

名聞名利《みょうもんみょうり》を捨て去った真の政治家の出現を、現代の民衆は渇望しているんだ。諸君こそ、やがて、この要望に応え得る人材だと、私は諸君を信頼している。立派に戦いなさい。私は、何があっても応援しよう。今後、どうなろうとも、わが学会の文化部員として、生涯、誇らかに生き抜いていきなさい。ともかく、われわれの期待を断じて裏切るな！」

新しい分野に巣立つ五十四人の新部員は、緊張した面持ちで戸田の言葉を聞いていた。それは、激励とも思われたが、また、新しい門出への惜別の言葉とも響いた。彼らは、二カ月先に迫る初陣を思い、不安と焦慮のなかにあった。しかし、戸田が、これまで厳愛をもって自分たちを育んでくれたのは、「今まで生きて有りつるは此《こ》の事にあはん為なりけり」（御書一四五一ページ）であったことを、しみじみと悟るのであった。彼らは、断じて戸田の期待に応《こた》えようと、拳《こぶし》を握り締めて心に誓ったのである。そして、勇んで厳冬の街に出ていった〉（118〜119ページ）

公明党と他政党との出自の違い

1955年4月23日に第3回統一地方選挙の前半戦が、同月30日に後半戦が行われた。その結果と統括について、公明党の公認党史にはこう記されている。

〈創価学会として初めての選挙戦に臨んだ結果、東京都議会で小泉隆（大田区）、横浜市議会で森田悌二《ていじ》（鶴見区）が初議席を獲得。さらに東京特別区の20区に32人が立候補し、全員当選。また神奈川、埼玉、千葉、群馬の各市に13人、宮城県の仙台、塩釜市に3人、北海道函館市、秋田県秋田市、大阪府堺市、福岡県八女市にそれぞれ各1人と、市議選に合計20人が立候補。秋田市の1人が落選した他は、19人が当選した。初陣にもかかわらず、画期的ともいえる予想外の進出だった。候補者を擁立した各地域は当時の創価学会の勢力図を反映したものだ。なお立候補に当たって、都議会、横浜市議会をはじめ大多数は無所属だったが、7人が日本民主党から、1人が右派社会党からの出馬であった〉（公明党史編纂委員会『大衆とともに――公明党50年の歩み　増訂版』公明党機関紙委員会、2019年、22ページ）

戸田は、文化部を創設する前に全国の創価学会員の詳細な分布図を作成させた。それと第2回統一地方選挙の詳細なデータを照合して当選可能性がある選挙区を選び出した。この科学的なアプローチも信心に基づくものだ。信心は勝負である。勝負には勝たなくてはならない。このような信仰的信念があるので、創価学会は画期的ともいえる予想外の進出を果たすことができたのだ。

〈従来は、団体なり組織が政治進出を試みる場合、まず国政から挑戦するのが通例だった。その方が世間やマスコミの注目度も高く、政治宣伝の上でも効果的だからだ。しかし学会においては地方議会から出発を開始した。その点が公明党と他政党との出自の違いでもある。地方自治は福祉・教育・交通・衛生・環境など住民の暮らしに直結しており、住民に一番身近な存在だ。そこでの〝住民のための、住民による政治〟の場である地方議会を最初に選んだことは、スタート時からの「住民生活重視」の姿勢を端的に示すものだ〉（前掲書、23ページ）

この統一地方選挙の宗教的意義を前半戦の告示3日後の4月6日に大田区民会館で行わ

れた演説で戸田は端的に示した。この演説の意義を池田は次のように解釈した。

〈民衆の物心両面にわたる幸福について、その責任を自らに課した戸田は、政治の病根を深く洞察していた。彼が、こよなく愛した民衆は、相も変わらず政治の重圧に喘《あえ》いでいる。それが、まぎれもない現実であった。

――私利に走り、党略に没頭して、権力の争奪に専念する政治家たち。そのような政治家の徒党集団と化していく政党。そして政治から置き去りにされ、その犠牲となるのは、常に民衆である。戸田は、民衆の怒りを肌で知っていた。しかし、権力悪の根源を見抜いていた彼は、民衆の怒りを、直接、政治勢力化して行動を起こしたとしても、それだけでは、真の民衆のための政治の実現という根本的な変革からは、程遠いことも承知していた。

戸田城聖の醒《さ》めた心は、彼の半生の結論として、政治の世界に巣くう権力の魔性の存在を、疑うことができなかった。本来、民衆の平和と幸福に奉仕すべき政治が、いつの間にか民衆を苦しめる魔力と化していく――その現実を鋭く見抜いていた彼にとって、政治の根底的な変革とは、魔性との戦いにこそ、その焦点があることは明白であった〉

（126～127ページ）

現実の政治は汚れている。この政治が民衆に苦難をもたらしている。宗教人は、政治を汚れたものとして遠ざけるのではなく、政治に参与し、その構造を変えていかなくてはならない。あえて苦難を引きうけるという道を宗教人はとるべきと戸田も池田も考える。ただし、政治革命、社会革命では権力の魔性を消滅させることはできない。

魔の正体が明らかになるとき

〈一つの政治権力が打倒され、新たな別の政治権力が登場しても、その魔性は消滅しないことも、彼は知っていたのである。十九世紀から二十世紀にかけ、世界では、さまざまな政治体制の国々が生まれた。しかし、依然として民衆は、政治権力の魔性から解放されたとは言いがたい。どう政治体制が変わっても、いつしか民衆を苦しめる魔性に支配されていく。その愚かな権力の流転の歴史を、戸田は思わずにはいられなかった。この途方もない愚劣さからの脱出――それこそ、民衆が心底から渇望しているものであろう。それは、もはや政治の次元で解決のつく問題ではないのだ。

戸田は、早くから、こうした問題の本質を、明らかに洞察していたのである。

民衆の平和と幸福のためになるのであれば、どんな政治形態であっても差し支えないだろう。彼は、政治形態を批判していたのではない。政治そのものに巣くう魔力が、問題の焦点であった。それは、政治権力を握った者、政治家の内にこそ潜んでいることは理の当然である。魔は、自由主義体制や社会主義体制に潜んでいるのではない。それらを支えている政治家、その人間の内部に巣くう魔の力が、それらの体制をむしばんでいることを、彼は問題の帰結としたのである〉(127ページ)

1789年のフランス革命による共和制、1917年のロシア革命による社会主義体制も権力の魔性から逃れることはできなかった。フランス革命ではロベスピエールの恐怖政治が行われた。革命後の混乱からナポレオンが登場し、皇帝に就任し、共和制が理想とした民主主義は形骸化してしまった。ロシア革命の結果、スターリン主義が生まれ、ソ連は収容所群島になってしまった。

これらはすべて権力の魔性の仕業なのである。人間革命を経ない政治革命、社会革命は必然的に権力の魔性の虜《とりこ》になってしまうのだ。

〈すべての人間は、十界を具しているとする仏法の真理に照らす時、魔の正体は初めて明らかになる。政治権力の魔性も、人間生命に焦点を合わせた時、発生の根拠を初めて知ることができる〉（127～128ページ）

すべての人間が十界を具していているという真理を理解している政治家は、自らにも魔が潜んでいることを自覚できる。このような政治家ならば、仏法に照らし、常に反省しながら政治活動を行うことができるのだ。

第五章
夕張炭鉱労働組合問題の思想的意味

政治分野への進出で起き始めた軋轢

1955年4月に行われた統一地方選挙で地方議会に足場を構築した創価学会は、国政にも進出し、参議院でも議席を得た。

〈続いて、翌56（昭和31）年7月の第4回参院通常選挙に、東京地方区から柏原ヤス、大阪地方区から白木義一郎《ぎいちろう》、全国区から原島宏治《こうじ》、辻武寿《たけひさ》、小平芳平《よしへい》、北条雋八《しゅんぱち》の6人が推薦されて臨み、結果は辻、北条、白木の3人が当選、あとの3人は惜敗した。このとき、大阪地方区の白木は、当時わずか3万世帯の学会員を基盤として、21万8915票を獲得。社会党現職や自民党元職を打ち破って3位当選。「〝まさか〟が実現」（「朝日」56年7月9日付大阪版夕刊）と伝えられ、異例事として大きな注目を浴びた。

学会を母体として初めて国政に進出したこの56年の流行語は「もはや戦後ではない」。一人当たりの実質国民総生産（GNP）が55年に戦前の最高水準を突破し、この年7月に発表された「経済白書」（年次経済報告）の結語として使われた。また年末には悲願だった国連加盟も実現した。作家の半藤一利は「昭和三十一年は、戦後が終わって次の新しい時代が始まるのだと、国民の気持ちがあらたまるような、『戦後が終わった』という意識がいろんな面で出てきた時代だった」（『昭和史』戦後篇）と述べている。その時代の転機となった年に、国政への第一歩を印すことになった〉（公明党史編纂委員会『大衆とともに――公明党50年の歩み　増訂版』公明党機関紙委員会、2019年、23ページ）

創価学会の急伸長に対して、これまでも既存の仏教勢力は強い反感と危機感を覚えていた。寺院は檀家を失うことになる。法要による経済的利益を喪失することもあり、既存の仏教教団は創価学会の折伏《しゃくぶく》に抵抗した。これに加え創価学会が政治分野に乗り出すことによって、他の政党、労働組合、さらに国家権力との軋轢《あつれき》が起きるようになった。特に北海道の夕張《ゆうばり》市で、夕張炭鉱労働組合が創価学会員に対して、激しい圧迫を加えてきた。

炭労で想定外の事態が起きた

〈一九五六年（昭和三十一年）七月の参議院議員選挙で、創価学会推薦の全国区候補である関久男が、夕張市内で二千五百余票を獲得した。夕張炭鉱労働組合は、組合推薦の候補の票が、それだけ食われたものとして、学会を憎み始めた。

以来、学会員は、組合の統制を乱すという理由で、組合幹部から、陰に陽に排斥《はいせき》され始めたのである。

当時、炭労は全盛期にあり、絶大な勢力を誇っていた。会社と組合との契約はユニオンショップ制で、組合員の資格を失うことは、即《そく》会社からの解雇に通じた。夕張の学会員の多くは、炭鉱で働く組合員であった。

また、夕張に住む大多数の人は、何かしら炭鉱にかかわる仕事をしていた。組合員ではない学会員も、炭労ににらまれることは、生活の糧《かて》を失うことにつながりかねなかった。

しかし、いかに炭労といえども、個々人の選挙権の行使まで、統制することはできないはずである。それは、各人の選挙権の侵害になることは、言うまでもない。ところが炭労は、学会は労働者の団結を破壊しているとして、会員に、にわかに圧迫を加え始めたのである〉（池田大作「人間革命　第十一巻」『池田大作全集　第百四十九巻』聖教新聞社、2013年、90ページ。以下書名のない引用は同書から）

この参議院選挙で、夕張炭鉱の創価学会員は、北海道炭鉱労組（道炭労）が支持を機関決定した社会党候補者ではなく、創価学会推薦候補者を応援した。有権者が自らと価値観を共有する候補者を応援するのは当然のことだった。夕張市での選挙結果は社会党候補が2万1465票だったのに対し、創価学会推薦の辻武寿候補は2567票を獲得した。社会党候補と比べれば、辻が獲得したのは1割強に過ぎなかったが、炭労にとっては想定外の事態だった。当時の北海道では社会党が強かった。北海道全体でも辻は約4万6千票を獲得した。この選挙結果に道炭労は強い危機感を持った。

〈この選挙結果に道炭労が脅威を感じたことは想像に難くない。このため選挙後の同年10月頃より、夕炭労の学会員は組合側から事務所に呼び出されて「学会をやめなければ、組合をやめてもらう」との圧迫を受けた。親ばかりでなく子どもまで除け者にされ、悪質なビラが電柱や家の壁に張られ、有線放送でも非難・中傷が流された。そして上記の如く道炭労が組織として創価学会締め出し指令を出したのだ〉(公明党史編纂委員会『大衆とともに――公明党50年の歩み　増訂版』同、25ページ)

背景にマルクス主義の反宗教イデオロギー

夕張炭労は、会社とユニオンショップ契約を結んでいた。ユニオンショップとは、雇用されてから一定期間内に必ず労働組合員となることが求められる制度だ。組合から脱退もしくは除名されて組合員の資格を失えば、使用者はこの従業員を解雇することが義務づけられている。組合幹部と対立する創価学会に属する従業員が、組合を除名されることになれば、職を失うことになる。労働組合は政党ではない。労働者の権利を確保し、労働条件や福利厚生の改善を実現することが目的だ。宗教や思想・信条によって組合員を差別することは組合民主主義に反するし、憲法で保障された信教の自由に対する侵害だ。しかし、そのような意識が炭労には稀薄だった。そして、創価学会員の信仰に対し、露骨な介入を行ってきた。

〈炭労組合には、労働金庫という、組合員に小口の貸し出しをする金融機関があった。組合員の学会員は、東京での学会の会合や、宗門の総本山大石寺《たいせきじ》に行く時など、臨時の費用が必要になると、この低利の労働金庫をよく利用していた。

労働金庫を利用するには、組合の厚生委員の承認が必要であったが、組合幹部の厚生委員のなかには、「会社を休んで、どこかへ行く費用なら貸せない。創価学会をやめたら貸そう」と公言する者まで出ていた〉（90〜91ページ）

創価学会員に金を貸し付けないことによって宗教活動を妨害しようとしたのだ。さらに生活面でも炭労は創価学会員に対してさまざまな圧力を加えた。

〈また、組合には、月一回、その地域の組合世帯で行う〝常会〟があった。この〝常会〟で、〝炭住〟と呼ばれていた長屋の、屋根の修理や畳替えなどを申請すると、「組合の統制を乱すような、創価学会員の住居は面倒を見ない。信仰をやめるというなら話は別だ」と言いだす組合幹部もいた。

組合の厚生委員たちは、学会活動を活発に続ける夕張の学会幹部が、よほど気になるらしく、日常生活の細部にまでわたって、調査をしていた。さらに組合は、学会員の勤務状態も調査した。調査結果は、彼らの予想に反して、学会員の勤務状態は、すこぶる良好であると出たのである。

しかし、組合は、このころから、さらに陰湿な手段を弄《ろう》して、学会員に圧力を加えるようになった。

炭鉱住宅街の電柱や、家の壁にビラを貼《は》ったり、有線放送を使って、〝インチキ宗教が流行している。今に皆の家を訪問するかもしれないから、用心しなさい〟などと、各戸に呼びかける始末であった。老獪《ろうかい》にも、創価学会の名は出さなかったが、学会を指す

ことは明らかだった〉（91ページ）

炭労は社会党の影響下にあった。日本の社会党は、西欧の社会民主主義政党と異なりマルクス主義の影響が強い。炭労の組織ぐるみでの創価学会に対する弾圧の背景には、マルクス主義の反宗教イデオロギーも影響を与えていた。炭労幹部は、創価学会に「新興宗教」「インチキ宗教」というレッテルを貼った。そして、創価学会員という属性で人間を差別するようになった。この差別は大人だけでなく、子どもにまで及んだ。

〈学会員が、組合から締め出されるような風潮は、大人の世界から子どもの世界にまで及んだのである。狭い炭住街のことである。子どもたちは、大勢集まって遊ぶのが常であった。〝ハーモニカ長屋〟の、どこかの大人たちが、菓子《かし》を子どもたちに配るような時、学会員の子どもは、わざとのけ者にされ、仲間外れにされることも、しばしばあった。

「お母さん、どうして、ぼくにだけお菓子をくれないんだろう?」

一日働いて帰った母親に、留守番をしていた子どもは、悲しげに聞くのである。母は、怒りに燃えたが、心に唱題しつつ、耐えねばならなかった。

「お菓子なんか、なんです。もらわなくたって、元気に遊べばいいじゃないの！」
子どもは敏感である。母が耐えていることを感じ取り、子どもたちもまた、耐えるのだった〉（91〜92ページ）

労働組合が前代未聞の宗教弾圧を計画

親にとって子どもは宝だ。自らの信仰の故に子どもが不利益を受けることは親として耐えがたい。しかし、このような状況でも創価学会員が、動揺しなかったのは、自らの信仰が体験によって裏付けられていたからだ。

〈学会員には、何があっても動じない、信仰への確信があった。それは、驚くべき体験を重ねていたからだ。

落盤事故に遭い、生存が絶望視されていたなかで、崩れた岩や柱が重なって、体の周りに空間ができ、圧死を免《まぬか》れた人もいた。落盤の衝撃をもろに受け、意識を失ったが、病院で検査を受けると、全身、どの骨も異常がなかったという人もいた。爆発事故の時に、入坑しなかったことから、命拾いした人もいた。

坑内の仕事は、死と隣り合わせであった。それだけに、九死に一生を得た、迫力ある体験が少なくなかった。

また、炭鉱という厳しい労働条件のせいか、どこの家にも、怪我人や病人が絶えなかった。しかし、再起不能と思われた人が、怪我を克服したり、重い病をかかえていた人が、健康になっていったという体験も続出した。

こうした体験を重ねるごとに、学会員は、〝これが功徳《くどく》なのだ!〟と、しみじみ思い、信仰への確信を深めていったのである。

これらの体験は、狭い谷間の炭住街に、瞬《また》く間に広がり、噂《うわさ》になっていった。仏法に関心をいだいた多くの友人が、話を聞きに訪れ、座談会は、いつも盛況を極め、入会者は、増加の一途をたどっていったのである〉(92〜93ページ)

現場レベルでの圧力や嫌がらせでは、創価学会の影響力拡大を阻止できないと考えた日本炭鉱労働組合(炭労)は、創価学会の撲滅《ぼくめつ》を組織課題とするに至った。労働組合が前代未聞の宗教弾圧を計画したのだ。

〈当時、炭労は「昔陸軍、今総評」といわれた総評(日本労働組合総評議会)の中核的な組合であり、「日本最強の組合」（中村隆英・東大名誉教授「昭和史」Ⅱ）といわれた。炭労は1957（昭和32）年5月19日、東京・港区の中労委会館で行われた全国大会で「新興宗教団体への対策」を決めた。「炭労は5月の17回大会で、創価学会は労働者の団結を破壊し、会社側の政策を有利にするだけであるとして、これを排除する方針をうちだした」（夕張炭鉱労働組合「労働組合史」1966年刊）とあるように、創価学会を対象とするものであった。この項目は当初の本部案にはなく、北海道の最大の炭鉱の組合であった夕張炭労（夕炭労）が働きかけ、炭労の中央を動かしたといわれる〉（公明党史編纂委員会『大衆とともに――公明党50年の歩み　増訂版』同、24ページ）

撲滅闘争に対し総力をあげて迎え撃つ

炭労全国大会の決定を受けて、道炭労は6月18日の第10回定期大会で、創価学会と対決することを機関決定した。道炭労はさらに同月27日には創価学会締め出し指令を出した。

〈そのスケジュールは、七月から九月までの三カ月間を闘争期間とし、三段階に分かれていた。

第一段階の七月いっぱいは、「創価学会対決準備月間」とし、会員数や活動状況の一切の情報を収集する。そして、全道の組合七十五支部の統一指導機関として、仮称「新興宗教対策指導本部」を設置し、各支部には対策委員会を設けるというものであった。

第二段階の八月は、「創価学会撲滅第一次行動月間」として、学会員の改宗にあたることが主眼である。具体的には、指導本部を中心とする活発な教宣活動を展開し、各家庭を戸別《こべつ》訪問する。そして、家族ぐるみの話し合いのなかで、改宗を促すというものであった。

第三段階の九月には、三カ月の闘争成果を検討し、あらゆる視点から総点検を行って、情勢によっては、第二次闘争スケジュールを組むというものであった。

それは、「信教の自由」を踏みにじる、まことに思い上がった指令であった〉(121～122ページ)

炭労が組織として創価学会の撲滅を宣言したのであるから、創価学会としても総力をあげてこれを迎え撃《う》たなくてはならない。

〈六月二十七日、炭労の「創価学会撲滅闘争」スケジュールの指令が出されると、戸田城聖は激怒した。

「炭労が、そこまで学会員に圧力をかけようというなら、断固、受けて立とうじゃないか！　いよいよ戦闘開始だ！」

学会としては、態度を表明するため、直ちに北海道で大会を開く準備に入った〉（122〜123ページ）

社会党を支持する炭労と創価学会の政治的立場の違いが問題なのではない。労働組合が、組合員の信仰に干渉してくることが問題なのである。これは法難なのである。法難とは、〈仏法者やその教団が仏法を流布する上で受ける迫害・弾圧のこと〉（創価学会公式サイト）だ。戸田も池田も炭労による創価学会撲滅闘争を法難と受け止めたのである。池田は、この法難の背後にイデオロギーがあることを正確につかんでいた。

〈彼らはマルクスの宗教観——宗教は阿片《あへん》である、という一片の見解を金科玉条《きんかぎょくじょう》として、創価学会に偏頗《へんぱ》な目を注いでいるにすぎなかった。彼らは、マルクスの権威の袖に隠れて、日蓮大聖人《だいしょうにん》の仏法のなんたるかを、また、創価学会のなんたるかを知ろうとせず、理不尽にも学会員を排斥《はいせき》しようとしたのである〉（122ページ）

炭労は日蓮仏法を学ぼうとしない。これに対して、創価学会はマルクス主義を研究している。それは対立する思想や宗教の内在的論理を知らなくては、広宣流布《こうせんるふ》が実現できないとの認識を戸田と池田が共有していたからだ。

初期マルクスの思想に注目する

炭労が、創価学会を攻撃する背景にはマルクス主義の宗教観がある。創価学会第2代会長の戸田城聖は、独自のマルクス主義観を持っていた。

〈戸田は、かねてから、マルクスの資本主義社会に対する精緻な経済分析の独創性については、大いに買っていて、称揚さえしていた。彼は、マルクスという人物が、宗教万般については、ほとんど無知といってよいほどの知識しかなかったことを、惜しんでいたのである〉（池田大作「人間革命　第九巻」『池田大作全集　第百四十八巻』聖教新聞社、2013年、144ページ。以下、書名のない引用は同書から）

創価学会第3代会長の池田大作は、小説『人間革命』においては、戸田のマルクス主義観を紹介するという形で記述を進めている。正確に言うと、これは池田によって解釈された戸田のマルクス主義観だ。『人間革命』は、創価学会の「精神の正史」と位置づけられているので、ここで展開される見解が創価学会のマルクス主義観の基本にあると見ていい。共産党や新左翼の月並みなイデオローグ（理論家）よりも池田の方がはるかにていねいにマルクスの著作を読んでいる。

池田が、思想を批判するときには、創価学会の立場から、断罪することは避ける。一旦、自分の立場を括弧に入れて、対象とする思想の内在的論理を正確につかもうとする。その上で、評価できる内容については評価した上で、池田は自らの価値観との差異を明確にし、対象とする思想の限界を指摘する。創価学会から見ると異質な思想に対しても池田は開かれた態度を取る。それは、池田にとって対話が重要な価値観だからである。

まず、池田は初期マルクスの思想に注目する。

〈カール・マルクスは一八四四年、パリで『独仏年誌』に「ヘーゲル法哲学批判序説」という小論を発表した。この小論は、彼の宗教観を知る著名な論文となったが、彼が、いったい、どの程度、宗教というものを理解していたかを、つぶさに知ることも、また

可能である〉（144ページ）

すべての思想は歴史的文脈の中で営まれる。マルクスはユダヤ系のドイツ人だった。マルクスの父もマルクス自身もユダヤ教徒からプロテスタントのキリスト教徒に改宗した。この文脈から、マルクスが宗教について語るときには、無意識のうちにドイツ・プロテスタンティズムを念頭に置いていると池田は考える。

マルクスの宗教観の限界を指摘

ちなみにマルクスがプロテスタンティズムを主たる宗教批判の対象としたのには、ヘーゲルの歴史観の影響がある。ヘーゲルにとって、歴史は古代ギリシャから始まる。それ以前の古代のインド、中国、ペルシャの歴史は本編ではなく、前史に過ぎない。従って、古代インドに起源を持つ仏教は遅れた宗教で、考察の対象に入らない。キリスト教に関しても、正教、カトリシズムと比較して、プロテスタンティズムが最も進歩的な宗教なのである。ヘーゲルは、ドイツのプロテスタンティズムにおいて歴史は完成したと見た。

マルクスは、ヘーゲルからこのような発展的宗教観を継承したが、宗教そのものが時代遅れだと考え、無神論を主張した。ヘーゲルの宗教観の枠組みでマルクスは考察しているので、プロテスタンティズムを批判すれば、宗教批判は十分だという発想になる。このようなマルクスの宗教観の限界を池田は指摘する。

〈彼が、この小論で「宗教」という時、ドイツのキリスト教に焦点を当てて論じていることは明らかである。たとえば、マルチン・ルターの宗教改革を、かなり正確に認識し、結局、理論的な変革にすぎなかったとしている。

「ルッターはたしかに帰依による隷属《れいぞく》を克服したが、それは確信による隷属をそのかわりにもってきたからであった。彼は権威への信仰を打破したが、それは信仰の権威を回復したからであった。彼は僧侶を俗人にかえたが、それは俗人を僧侶にかえたからであった。彼は人間を外面的な信心から解放したが、それは信心を人間の内面のものとしたからであった。彼は肉体を鎖から解放したが、それは心を鎖につないだからであった」

このプロテスタンティズムに対するマルクスの批判は、宗教改革が、いかにラジカルに見えようとも、僧侶の頭から生まれたものであったがゆえに、そこに限界があり、現代は哲学者の頭から始まらなければ、真の改革はあり得ぬとするのである〉（144〜145ページ）

僧侶の観念から生まれた宗教改革には限界がある

宗教を一部の司祭（僧侶）の手から民衆に取り戻すという認識はルターと池田に共通している。ただし、池田にとって重要なのは、宗教改革の主体であることがわかる。ルターはカトリック教会の司祭（聖職者）だった。仏教との類比で言うならば、僧侶だ。司祭の観念から生まれた宗教改革には限界があるというマルクスの宗教批判に池田は賛同している。

池田はマルクスの宗教批判について、踏み込んで考察する。

〈そこで哲学者マルクスは、宗教を現実の不幸の表現として、まずとらえる。そして、人間が、辛い不幸な現実からの脱出を、空想的に考えざるを得なくなった時、幻想としての宗教を生み出すとする。

「宗教は、人間存在が真の現実性をもたない場合におこる人間存在の空想的な実現である」

マルクスが、人間存在の現実性という時、必ずしも、人間を全体的にとらえているとは言いがたい。肉体と心をもつ人間、物質と精神とをもつ人間を、この哲学者は、完全にとらえていないところから発想している。

「人間といっても、それは世界のそとにうずくまっている抽象的な存在ではない。人間、それは人間の世界のことであり、国家社会のことである。この国家、この社会が倒錯した世界であるために、倒錯した世界意識である宗教を生みだすのである」

彼の所説を整理すれば、人間の世界＝国家・社会となり、国家悪・社会悪が悪しき意識たる宗教を生むということになる。われわれは、確かに国家・社会に生きているが、それがすべてではない。同時に、宇宙のなかにも、自然のなかにも生きており、歴史のなかにも、人間精神の世界のなかでも、呼吸している生物である。誰が、いったい人間の世界を、国家・社会に限定することができよう〉（１４５ページ）

当時、マルクスはヘーゲル左派というグループに所属していた。ヘーゲルの死後、弟子たちは、右派、中央派、左派に分裂した。右派は保守的な国家主義者で、中央派は学知を重視するリベラル派だ。これに対して、左派は、ヘーゲルがキリスト教と教会を肯定的に評価したことを否定し、宗教が諸悪の根源で、宗教批判と無神論を基礎にヘーゲル哲学を再編し、革命のイデオロギーにしようとしていた。イデオロギーとは、実際に人間を行動に促すような思想のことだ。
マルクスは唯物論者なので、物質が意識を規定すると考える。資本家がプロレタリアート〈賃金労働者階級〉を搾取《さくしゅ》することによって成立している階級社会である資本主義社会は倒錯した社会だ。こういう社会から倒錯した国家が生まれる。こうした階級社会とそれを暴力によって担保する国家を維持する機能を果たしているのが宗教だとマルクスは考える。

炭労は、この図式を機械的に創価学会に対して適用した。炭労幹部には、創価学会が説く仏法が日本の独占資本家と自民党政権を擁護するためのイデオロギーのように映った。炭労幹部たちは、マルクスが「ヘーゲル法哲学批判序説」で展開した宗教批判について真面目に勉強していない。従って、ドイツ・プロテスタンティズムとは全く異質な創価学会に対する批判に、マルクスの宗教批判を適用できるという誤った方法論を採ってしまった。

池田は、〈われわれは、確かに国家・社会に生きているが、それがすべてではない。同時に、宇宙のなかにも、自然のなかにも生きており、歴史のなかにも、人間精神の世界のなかでも、呼吸している生物である。誰が、いったい人間の世界を、国家・社会に限定することができよう〉と指摘する。

目的のために手段を正当化――その価値観がもたらす悲劇

この指摘の正しさは、現下、人類が直面している新型コロナウイルスの脅威《きょうい》に照らしてみれば明らかだ。新型コロナウイルスは、その人が所属する階級、国家と関係なく感染する。階級理論で、資本家階級と国家に新型コロナウイルスによる感染症の脅威が生じている責任を転嫁することはできない。ウイルスは生物ではないが、生物を宿主としてしか生きることができない生物と無生物の間の存在だ。ウイルスも宇宙に遍在しているものの一つだ。

マルクスには、生命に対する理解が不十分であるというのが、池田の批判だ。

〈生命という、色もなく、形もなく、宇宙に遍満しているものは、すべての人間のなかにも実在している。哲学者マルクス自身にも、生命あるいは生命の働きというものは疑いもなく実在しているといってよい。生命の実在は、決して空想ではない。人間存在の現実性は、この生命の働きそのものであることを忘れてはならない〉（145〜146ページ）

マルクスの生命軽視は、政治運動の現場でとても深刻な問題を引き起こす。そこでは、政治目的を実現するために手段は何であっても正当化されるということになる。ロシア革命の主導者であったレーニンもトロツキーも政治テロを否定しなかった。レーニンの後継者となったスターリンはテロによる恐怖政治を行った。共産主義社会を実現するためには、いかなる手段でも許容されるという発想が空前の国家テロをもたらした。

日本のマルクス主義運動においても、目的のために手段が正当化されるという価値観が数多くの悲劇をもたらした。戦後だけでも、1950年代に日本共産党は分裂し、所感派と呼ばれた当時の主流派の指導部は北京に亡命して、そこから山村工作隊や中核自衛隊による武装蜂起を挑発した。1960年前後から日本共産党に反発して組織された新左翼の諸党派間、さらに新左翼と共産党の間では凄惨《せいさん》な内ゲバが展開され、多くの死者を出した。

これに対して、生命という価値観を最重視する創価学会は、暴力を忌避する。後で詳しく説明するが、創価学会と日蓮正宗宗門は激しく対立した。さまざまな論争や訴訟が行われ、軋轢が生じたが、その過程で死者は一人も出ていない。

宗教、思想、国家という価値観に自分の命を捧げる覚悟をした人に陥りやすい罠《わな》がある。自分が正しいと考える理念のために他者の生命を奪う際のハードルが低くなることだ。それは国家間戦争の際に端的に表れる。法治国家ならばどの国においても殺人は重罪として罰せられる。しかし、戦争において敵兵を殺すことが奨励される。敵を数多く殺した将兵には国家から勲章を授与される。この現実に違和感を覚える人は少数だ（筆者は違和感を覚える）。

新左翼の内ゲバについても、中核派は「対カクマル戦争」と呼んでいた。中核派は、革マル派は反革命なので革命の〝革〟の文字をあてることは不適切との認識から「カクマル」と表記する。革マル派は、中核派を「蛆虫《うじむし》」と呼ぶ。中核派が被《かぶ》るヘルメットの色が白だから、蛆虫にたとえるのだ。両派の認識では戦争が展開されているので、内ゲバによる殺人は、犯罪ではなく、革命を実現するために必要な殲滅《せんめつ》戦なのである。

こういう自己正当化に陥ってしまうのは、マルクスの生命観に欠陥があったからだ。池田は、マルクスの限界を以下のように考える。

〈マルクスは、そうした人間生命の全体像を見ることなく、国家・社会のなかにのみ人間の世界を還元してしまった。なるほど、マルクスも、人間の生活を、自然から物を奪取する生産に基礎を置いている限り、自然を度外視しているわけではない。

しかし彼は、人類の発展を、生産力と生産関係にあると規定し、そこに国家・社会の弁証法的歴史的発展を見て、彼の階級理論に、人間をことごとく繰り入れてしまった。自然や、宇宙や、精神との人間の関係は、いつか脱落して、人間の世界を、国家・社会の次元に還元して、理論を進めざるを得ない。

この概念規定のうえに、彼は、宗教批判を始めてしまった。一見、どんなに彼の所論が明快に見えようとも、偏ったその着想は、遂に結論においても、杜撰《ずさん》であることを免れることはできない〉（146ページ）

レーニンも「宗教阿片説」を継承

偏った着想は、バランスを欠いているが故に論理的整合性が高い。人類の発展が生産力と生産関係の矛盾という単純な図式に還元される。しかし、人間の生命を生産力に還元することはできない。この自明な事柄がマルクス主義という宗教を信じる人には見えなくなってしまうのだ。ここから宗教アヘン説が生まれてくる。

〈「宗教上の不幸は、一つには現実の不幸の表現であり、一つには現実の不幸にたいする抗議である。宗教は、なやめるもののため息であり、心なき世界の心情であるとともにに精神なき状態の精神である。それは民衆の阿片である」
この宗教阿片説は、以来、マルキストたちのイロハとなって疑う者もなく、その陣営で長くドグマとして君臨していた〉（146ページ）

日本では、戦前から共産党系のマルクス主義者（講座派）と非共産党系のマルクス主義者（労農派）が対立していた。戦後、労農派は日本社会党左派の理論的支柱となった。炭労は労農派マルクス主義の影響を受けていた。西欧の非共産党系マルクス主義者が、民主主義や議会制度を無視するソ連を評価しなかったのに対して、労農派マルクス主義者の主流派（社会主義協会）はソ連を評価し、マルクス・レーニン主義者と自称した。宗教批判に関しても、マルクスのみならずレーニンを継承した。炭労は思想的に社会党左派の影響下にあった。そのことを踏まえ、池田はレーニンの宗教批判についても踏み込んだ考察をする。

〈マルキシズムの実践者で、また、俊敏な哲学者でもあったレーニンも、宗教阿片説になんの疑いもいだかず、それを継承している。彼は、一九〇九年に発表した、「宗教にたいする労働者党の態度について」という一文で、阿片説の継承者となったといってよい。

「宗教は民衆の阿片である。――このマルクスの格言は、宗教の問題におけるマルクス主義の世界観全体のかなめ石である。マルクス主義は、現代のすべての宗教と教会、ありとあらゆる宗教団体は、労働者階級の搾取を擁護し、彼らを麻酔させる役をする、ブルジョア反動の機関であると、つねに考えている」〉（146～147ページ）

炭労からすると、創価学会は、労働者階級の搾取を擁護し、麻酔させる役を担うブルジョア反動の機関なのである。このような歪《ゆが》んだ宗教観から、炭労の創価学会に対する攻撃が行われていたのだ。

宗教批判イデオロギーと人間主義の闘い

創価学会第3代会長の池田大作は、マルクス主義の宗教批判の本質が、マルクスやレーニンというカリスマに対する信仰から生じている、宗教を否定する形の宗教であると理解している。そもそも複雑な現実を国家と社会にすべて還元できるというマルクス主義の方法論が間違っていると池田は考える。

〈マルクスとレーニンという二つの権威の高峰は、その陣営において、彼らの宗教観に対するいささかの懐疑をも圧殺してきた。しかし、現実を圧殺することはできない。現実は常に生き、生き続けているからである。

複雑にして膨大《ぼうだい》な現実のすべてを、国家・社会という概念のなかにつつみ込むことはできない。彼らがつつみ込みきれない世界――人間の生命、そして生命の働きこそ、現実を生み出している本源なのである。国家・社会の成立以前から、宇宙的規模で実在した生命の世界を無視しては、人間存在の全《まった》き理解はない。

このような生命の実在を無視して、何が、いったい科学的であるか、はなはだ疑わしい〉（147ページ）

炭労の幹部は、思想的に労農派マルクス主義に依拠していた。労農派マルクス主義者は、社会主義協会を結成し、「左バネ」として日本社会党に強い影響を与えていた。社会主義協会は日本共産党とは対立していたが、両者ともに自らをマルクス・レーニン主義者であり科学的社会主義者であると自己規定していた。労農派と共産党の宗教観にはほとんど差がなかった。両者とも宗教を「民衆の阿片」であるととらえていた。労農派も共産党も、創価学会が労働者階級の団結を崩す危険な組織であると考えていたのである。しかし、この人たちは、創価学会の内在的論理をつかもうとしない。創価学会が、国家・社会の成立以前から、宇宙的規模で実在した生命の世界を無視しては、人間存在の全き理解はないと考えていることが理解できないのだ。

池田は、炭労の創価学会員に対する人権弾圧と差別を具体的、実証的に示すだけでは、この闘いに勝利することはできないと考えた。価値観の位相にまで踏み込まなくてはならない。マルクス主義の宗教批判イデオロギーと創価学会の人間主義の闘いなのである。マルクスの宗教批判が杜撰《ずさん》であったから、炭労の粗野な宗教批判が生まれたと池田は考えた。

社会主義国でも宗教は消滅しなかった

〈宗教を幻想とする杜撰な結論の行き着くところを、マルクスは、次のように要約している。

「民衆の幻想的幸福としての宗教を廃棄することは、民衆の現実的幸福を要求することである。民衆が自分の状態についてえがく幻想をすてろと要求することは、その幻想を必要とするような状態をすてろと要求することである。宗教の批判は、したがって宗教を後光とするこの苦界の批判をはらんでいる」
つまり、国家・社会におけるあらゆる矛盾――階級対立の問題、国家そのものの問題、経済機構にはらむ問題など、民衆の生活的現実における、あらゆる矛盾が解消した暁《あかつき》には、幻想にすぎぬ宗教は、消滅するだろうというのである。果たして、そうであろうか〉（147～148ページ）

理論は現実によって裏付けられなくてはならない。それでは社会主義国における宗教の実態はどのようなものであったのだろうか。社会主義国においても宗教が消滅しなかったことに池田は注意を喚起する。

〈マルクスの死後、地球上には、なるほど数多くの社会主義国家が誕生した。ところが、これらの国々の現実では、人間の自由について束縛を感じている多くの民衆の「なやめるもののため息」が、相も変わらず聞こえてくるのは、なぜであろう。理想だったはずの〝失業とインフレのない国〟の、悩める者のため息である。このため息は、やはり人間存在の心底《しんてい》から発するところの現実のささやきであり、決して幻想ではないのである。現実は復讐する。それは、マルクスの宗教観に対する復讐だったのであろうか。

この現実の、否定しようのないため息について、社会主義体制下の国々の指導者たちは、口をそろえて、彼らの夢見る高度な共産主義社会へいたる道程における、過渡的な現象にすぎないと言うだろう。

しかし、二度と返らぬ人生にあって、現に苦悩に沈んでいるこれらの民衆にとっては、「約束の地」の無限の先送りといわざるを得ない〉（148ページ）

ソ連における宗教の実態を知るのに興味深い資料がある。労働大学が1979年に上梓したノーボスチ通信社編『ソ連邦の生活・文化』だ。労働大学とは、旧社会党左派の有力な支持母体であった社会主義協会系の教育機関だ。社会主義協会は、親ソ系だったのでソ連を紹介する書籍が労働大学から多数刊行された。タス通信社がソ連の国営通信社であったのに対し、ノーボスチ通信社は、「民間通信社」とされていた。もちろんそれは建前に過ぎず、実際はソ連国家によって運営されている通信社だった。また、西側の新聞社、テレビ局などとの窓口になっていたのもノーボスチ通信社で、KGB（ソ連国家保安委員会）の機関員が、ジャーナリストを偽装して勤務していた事例もある。

同書は、ソ連との交流に熱心だった労働大学側の質問に対してノーボスチ通信が答えるという形式を取っている。ソ連の宗教政策がよくわかる。炭労事件が起きたのは、195

7年であるが、1988年にゴルバチョフ・ソ連共産党書記長が宗教政策を緩和するまで、ソ連の政策は変わらなかったので、この本で、ソ連における宗教事情を知ることができる。

〈教会と国家との関係は、どのようになっていますか。

ソ連邦では、教会と国家との相互関係は、憲法や政府布告によって規定されています。教会は、土地その他の不動産を所有することはできません。また、国から物質的な援助を受けることもできません。公立教育機関での宗教教育は禁じられています。しかし、個人的に教えたり、教会内の神学校で教えることは認められています。革命前は、戸籍簿の管理を教会が行なっていました。しかし、革命後は、行政当局に移されています。そして、宗教的礼拝の自由とならんで、反宗教宣伝の自由が、すべての市民に認められています。

信者の自発的寄付による教会の収入には、課税されません。国は、宗教団体が正常に機能するように、物質的保証を与えています。たとえば、教会に国家財産である寺院や用具を無料で提供し、その要請に応じて建材、貴金属、紙を提供し、印刷所を供与し、国際交流の実現に協力しています。

国は、教会の内的生活に介入しません。同時に教会は、国事に干渉してはならないことになっています。

行政当局者が宗教に関する法律を順守しているかどうかの監視は、ソ連邦閣僚会議付属宗教会議が行なっています。同会議はまた、教会と政府、教会と他の国家機関との連絡をとったり、教会に関する法令や決定の草案を作成したり、国際的な教会間の交流実現に協力したりします。同会議は、全共和国・全州・全地方に、代表をおいています。

ソ連邦における教会と国家の相互関係は、いたって簡単明瞭です。つまり、信者がいる以上、国家はこの人たちに宗教上の欲求を満たすための十分な可能性を与える、ということです。信教の自由は、他の民主主義的な自由と同様、社会主義国ソ連邦でも、完全に認められています〉(ノーボスチ通信社編『ソ連邦の生活・文化』労働大学、1979年、190~191ページ)

1917年11月の社会主義革命後、共産党政権は教会の土地、建物、財産を接収し、国有化した。そして、これらの国有財産を教会に貸与するという形態を取ったのだ。貸与だから所有者であるソ連国家はいつでも、教会から土地、建物、十字架などを取り戻すことができる。

ソ連邦閣僚会議(政府)付属宗教会議は、KGBの出先機関で、教会を監視する機能を担っていた。

ロシア正教会は政権の意向を忖度する体制のサブシステム

〈信者の数は、ソビエト政権下で、どう変化していますか。

帝政時代のロシアでは、住民の圧倒的多数が宗教心をもっていました。しかし、ソビエト政権の初期から、多数の信者が、宗教から離れはじめました。それはなぜでしょうか。

一〇月社会主義革命は、何百万大衆が国家統治に参加する無限の可能性を開きました。そのために、広範な国民層の社会的積極性が急激に高まり、このことが宗教からの離脱を促進させました。

素朴な宗教的観念が、とくに農民の間で根強かったのは、圧倒的多数の信者の教育水準が極度に低かったためです。ですから、全国的に展開された文化革命も、宗教からの大量離脱を不可避的にもたらしたのです。

もう一つの事情があります。それは、人民大衆が全面的に支持したソビエト政権にたいして、教会上層部と聖職者の大多数が闘争をはじめたことです。

信者の宗教離れは、どのようにすすんだのでしょうか。一九二〇年末に、有名な学者で教育人民委員であったアナトリー・ルナチャルスキーは、全住民の八〇%が信者である、とみました。それが三〇年代の半ばには、五〇%に減少しています。そして現在、成人人口の一五〜二〇%に減少した、と研究者はいっています〉（ノーボスチ通信社編『ソ連邦の生活・文化』同、191〜192ページ）

知識が増えれば、信仰はなくなるという素朴な啓蒙主義がソ連型無神論の特徴だった。民間団体の「知識（ズナーニエ）」協会が組織され、無神論宣伝に従事した。

〈信仰の自由は、保障されていますか。

マルクス主義者はつねに宗教的イデオロギーに反対してきました。しかし、革命以前に、レーニンは宗教的イデオロギーにたいする態度と、信仰をもつ勤労者にたいする態度とを、明確に区別していました。

レーニンは、この問題でのいかなる暴力の行使も、良心の自由の圧迫や制限も許しがたいと考え、信仰をもつ労働者や農民にたいして同志的な態度をとり、「彼らの宗教的、政治的偏見にたいする軽蔑的な態度で彼らをおしのけることなく、かえって政治闘争と経済闘争のあらゆる行為を根気よく、共同闘争の基盤のうえで彼らを教育し、自覚したプロレタリアートに接近させる」ように、要求しました。

ソ連邦新憲法は、信者も信者でない者も含めて、すべての市民の広範な権利と自由を明記しています。すなわち、「ソ連邦の市民には良心の自由、すなわち任意の宗教を信仰する、あるいはいかなる宗教も信仰しない、宗教的儀式を執行する、あるいは無神論の宣伝をおこなう権利が保障される。宗教上の信仰に関連して敵意と憎悪をかきたてることは禁止される」と、述べています〉(ノーボスチ通信社編『ソ連邦の生活・文化』同、192〜193ページ)

キリスト教は、信仰を内面にとどめない。全人格が信仰によって営まれると考える。ソ連政府が認める信仰の自由は、信仰が内面に留まる限りにおいて認められるにすぎない。信仰に基づく政治活動がソ連政府の方針と反する場合には、教会が国の事項に干渉しているとの口実で弾圧された。もっとも平和運動、反核運動、アフリカや中南米の民族解放闘争を教会が支援することは、ソ連の世界戦略に合致するので奨励された。ロシア正教会は、共産党政権の意向を忖度《そんたく》して体制のサブシステムになっていった。

当時、ソ連の宗教事情は、日本ではよく知られていなかった。しかし、池田は宗教人としての洞察によって事柄の本質をつかむことができた。宗教者であろうが無神論者、唯物論者であろうが、何かを信じることなくして生きていくことはできないと池田は考える。

〈人間は、何かを信じないでは、今、この一瞬においても、指一本動かすこともできない。どんな行動も、何ものかを信じたところから始まる。人間は、信じるに足る、何かが必要なのである。これは、社会主義国家においても、なんら変わるところはない〉（148ページ）

宗教への無知を指摘することが最良の策

ノーボスチ通信社は、ソ連の成人で宗教を信じている人は、15〜20％に過ぎないと述べているが、信仰を持っていると公言すると社会的不利益を受けることを恐れて、表面上は無神論者と称していた人々も少なからずいた。

〈宗教を好ましからざるものとした政治体制の社会では、それを強行する政治思想そのものに、宗教的機能をもたせ、いつか、その思想を絶対化せざるを得なくなっている。

いわゆる〝相対的なるもの〟の絶対化であり、不自然なことである。人間精神の偏在化、歪曲化《わいきょく》、硬直化に通じるだろう〉（148～149ページ）

ソ連では、マルクス・レーニン主義が宗教としての機能を果たしていると池田は正確にとらえていた。そして、西欧マルクス主義者が、マルクスの宗教批判の限界を突破しようとしていることに池田は注目する。

〈マルクスの宗教阿片説に、彼の陣営の人びとも、ようやくにして、この恐るべき偏見について、疑惑を感じ始めたといってよい。政治と宗教に関する模索の末、宗教阿片説の杜撰さに気づき始めた。

フランスの共産党は、「自由の宣言」のなかで、宗教に関する全き自由を謳《うた》い、イタリアの共産党は、バチカンとの共存を志向している。資本主義国の共産主義者たちは、宗教について、新たなる次元に立って、思考せざるを得なくなりつつある。現実の厳しさは、いつか人間の知恵の発動を促すのであろう〉（149ページ）

宗教の生命力をフランスやイタリアの共産党は認めざるを得なくなったのである。

〈宗教に関する現代の無知は、あらゆる現代の無知のなかで、最大のものの一つではなかろうか。碩学《せきがく》マルクスでさえ、はなはだ杜撰であった。さまざまな宗教の功罪について、また、その高低浅深《こうていせんじん》について、深く思いをいたす現代の識者は、まことに皆無に等しい。この事実は、現代社会における、最大の不幸の一つといってよい。現代の人間の不幸の根が、実は、このような無知にあることを、人びとは、ほとんど気がついていないのである〉（149ページ）

池田は炭労幹部の宗教に対する無知を指摘することが最良の策と考えた。これは、折伏《しゃくぶく》の一形態だ。

〈宗教を論じるからには、何よりも、その宗教の本質をまず問うべきである。信じるものが、なんでもよいとは断じて言えないことは、日常の飲む水が、水なら、どんな水でもよい、などと言えないと同様である。選択は、宗教に関しては、ことに厳しくなければならない。人生に深くかかわるからである〉（149ページ）

炭労の問題は、マルクス・レーニン主義という宗教を、宗教であることを自覚せずに信じていることだ。このような偽りの宗教に対して闘って、勝利しなくてはならないと池田は闘志を漲《みなぎ》らせた。

「創価学会撲滅闘争」の真の意味

炭労による「創価学会撲滅闘争」に対して創価学会は組織防衛戦を展開した。この場合も、いきなり集会やデモを行って、炭労と対峙するという方針をとらなかった。まずは、対話を開始する。どこで意見が異なっているのかを見極めないことには、有効な反撃を加えることができないからだ。

〈夕張では、文京支部幹事の三林秋太郎《みつばやしあきたろう》が、単身、夕張炭労事務所に赴《おもむ》いた。組合長に、直接、抗議するためであった。その途中、三林は、北海道新聞の支局長と会い、支局長も同行することになった。

三林は、組合長との面会を強く求めたが、書記長が代わって応対し、話は埒《らち》が明かなかった。三林が組合長との面談を主張するたびに、書記長は隣の部屋に引っ込んで、組合長と相談しているらしい。そして、最後に、書記長は、三林に向かって言った。「三林さん、あなた方が信仰するのは勝手だが、布教活動は、今後、やめていただきたい。組合員は、いい迷惑です」〉（池田大作『人間革命　第十一巻』『池田大作全集　第百四十九巻』聖教新聞社、2013年、123ページ。以下、書名のない引用は同書から）

書記長が展開する、信仰は自由だが布教はやめろというのは、スターリン主義（ソ連型マルクス主義）の宗教観そのものだ。以前述べたことの繰り返しになるが、宗教には二つの形態がある。第1は、宗教は生活の一部分に過ぎないという形態だ。精神的安定や不安心理の除去など、人間の内面に宗教活動を限定するのがその典型例だ。あるいは内面性は持たずに、商売繁盛や受験での合格などの具体的な願望を実現することを目的とする宗教もこの形態に属する。第2は、宗教がその人の生活の全てを律するという宗教観だ。筆者が信じる改革・長老派（カルバン派）系のプロテスタンティズムや創価学会がそのような形態だ。

第2の形態の宗教を信じる人にとっては、信仰即《そく》行為である。信仰と布教を切り離すことはできない。レーニンやスターリンは、布教の自由を禁じるのみならず、無神論宣伝の自由をソ連憲法で保障することによって、事実上、信仰の自由を規制した。炭労はスターリン主義の宗教観に基づいて、創価学会に弾圧を加えている。ソ連の無神論宣伝の日本版が、「創価学会撲滅闘争」なのだ。

〈三林は、書記長の言葉をつかまえて離さなかった。

「何を言うんです。布教こそ信仰の生命ですよ。憲法にだって布教の自由は保障されている。炭労は、それを妨害するんですか。憲法違反になりますよ。私たちの布教は、この世から不幸な人びとを一人でも救うためにやっているんです。これをやめるわけにはいきません。

また、あなた方は、対決を決議したというが、いったい学会と、どのように対決するつもりなんですか」

書記長は、三林の厳しい追及に沈黙で応えていたが、また、中座して隣の部屋へ去った。そして、今度は組合長、教宣部長と三人で姿を現した。

組合長が言った。

「三林さん、こうしていても埒が明きませんね」

「じゃあ、どうしたらいいと思います?」

「この際、あらためて正式な場所を設けて、話し合おうじゃないですか」〉（123～1

24ページ)

夕張炭労の組合長と書記長は、自分たちの宗教観、すなわち組合員の信仰は自由だが布教は禁止されるという主張が正しいと信じている。だから組合長が「あらためて正式な場所を設けて、話し合おうじゃないですか」と呼びかけたのだ。

〈〝公場対決……いよいよ炭労との対立は、ここまで来てしまったのか〟

彼は、とっさに心のなかで唱題し、〝一歩も引くわけにはいかぬ〟と心を固くした。

「つまり、それは公の場所で、学会と炭労とが対決するということですか」

「そういうことにも、なりかねませんね」

「結構です。対決、結構です。よろしい、受けましょう。では、いつ、どこでやるんですか」

「そうですね。日にちは、七月四日、夕張の市内でということで、どうですか。場所は、こちらから日をあらためて連絡いたします」

「わかりました。いいですね、間違いありませんね」

「必ず連絡します」

北海道新聞の支局長は、はからずも、この会見の立会人になってしまった。

三林は、この確約をとって事務所を出ると、学会本部と連絡を取った〉（124ページ）

夕張炭労の幹部は、公開討論を行えば自分たちが勝利すると思い込んでいる。だから創価学会に対して公開討論会という挑戦状を叩《たた》きつけたのだ。ここで確認しておかなくてはならないのは、公開の場での対決を要請したのが夕張炭労だったという事実だ。創価学会は、闘いを挑まれて、それに応えたに過ぎない。


〈学会本部の動きは、迅速《じんそく》であった。直ちに、炭労との対決のために行動が開始された。青年部の代表が、次々に北海道へ向かったのである。

程なく夕張炭労からは、対決の場所などを指定してきた。

――七月四日、夕張労働会館ホールで行いたい。双方から十人ほどを出し、炭労側は道炭委員長の出席を予定している、ということであった〉（124〜125ページ）

枕元に誰かの気配がして跳び起きた

道炭労委員長が出席するということは、北海道の炭労が組織をあげてこの闘いに臨むという意味がある。公開の場で対決をする以上、いずれかの側が勝つか、引き分けになる。引き分けになった場合、北海道で圧倒的な政治力を持つ道炭労と創価学会の力が対等であるということになる。これは、道炭労にとっては事実上の敗北だ。道炭労はこの闘いに絶対に勝たなくてはならないような状況を自ら作り出した。

〈また、北海道新聞社から、新聞社の司会で、炭労と学会との、「紙上討論会」を行いたい旨、申し入れがあった。「紙上討論会」には、炭労は夕張代表一人と道炭労代表一人の二人が、学会側からは南条尊康《なんじょうたかやす》北海道総支部長と夕張の三林秋太郎の二人に参加してもらいたいという要請であった。それも六月二十九日の予定である〉(125ページ)

北海道新聞での「紙上討論会」は、夕張で行われる公開討論会の前哨戦《ぜんしょうせん》になる。

〈三林は、事態のあまりの急展開に驚いた。

彼は、「紙上討論会」前日の二十八日、札幌の旅館で南条と落ち合い、討論会の打ち合わせを行った。床に就いた時は、深夜になっていた。しかし、二人は緊張からくる興奮のために、なかなか寝つけなかった。

それでも、やっと、とろとろまどろみ始めた時、三林は部屋の戸を叩く音を、ぼんやり耳にした。

しばらくすると、枕元に誰か立っている気配である。誰だろうと跳び起きた途端、三林は、「あっ」と驚いた。

――山本室長ではないか！〉（125ページ）

小説『人間革命』で創価学会第3代会長の池田大作は山本伸一の名で登場する。池田が、直接、指導に乗り出してきたのだ。池田は、炭労による創価学会に対する弾圧をはね返すことが、今後の広宣流布にとって死活的に重要であるという認識を持っていた。

〈三林は、わが目を疑ったが、まさしく山本伸一が悠然と微笑んでいたのである。三林と南条は驚いて、布団の上に座り直した。伸一は、二人に親しく笑いかけた。

「驚かしたかな。夕張に行っていたんだが、こちらのことが心配になって、急遽《きゅうきょ》、やって来たんだよ。明日は、思う存分、戦いなさい。何事も学会精神だ。討論会といっても、根本は折伏《しゃくぶく》精神です」〉(125ページ)

炭労との闘いは、参議院選挙を契機とするものであったが、その本質が信仰をめぐる闘いであることを池田は正確に理解していた。だから、この闘いを折伏の一環と位置づけたのだ。

民主主義の根本原則を理解していなかった炭労

〈二人は、伸一の突然の出現に驚いたものの、会った瞬間から、すべては安心感に変わった。

翌日、南条と三林が宿を出る時、伸一は、三林の肩に手を置いて言った。

「さぁ、炭労との対決だ。君たちの今日の戦いで、勝負は決まる。しっかり頑張《がんば》って来なさい」

「はい、頑張ります!」

「しっかり頼んだよ」

伸一の激励に、三林は涙ぐみながら、必勝を心に誓った。彼は、心で唱題《しょうだい》を続けながら、会場の産業会館にタクシーを飛ばした〉（125～126ページ）

池田の指導によって、三林の不安感は払拭《ふっしょく》された。これは信仰をめぐる闘いだ。だから三林は心で唱題しながら、闘いの場である産業会館に向かったのだ。唱題とは、〈御本尊を信じて南無妙法蓮華経《なんみょうほうれんげきょう》の題目を唱えること〉（創価学会公式サイト）だ。

紙上討論会の直前になって、炭労は出席者を差し替えた。三林はその事実を産業会館の控室で知った。


〈奥の部屋に案内されてみると、炭労側の代表は、道炭労の事務局次長と法規対策部長の二人に変わっていた。そして、午後一時になって、北海道新聞の社会部長が司会者となり、いよいよ討論会が始まった〉（126ページ）

夕張炭労が創価学会と軋轢《あつれき》を起こしたのである。現場の事情を熟知しているはずの夕張炭労関係者がいないのは奇妙だ。

〈司会は、まず炭労側に、対決にいたった経緯の説明を求めた。事務局次長は、最初から創価学会に対する認識の浅さをさらけ出した。

「率直に言って、一昨年ごろまで、私どもは創価学会なんて知らなかった。昨年の参院選をきっかけに、急に表面に出てきたんです」

しかも、学会の推薦した候補の票が意外に伸びたことに驚いて、このままいくと、組合の組織にも大きな影響が出る――というわけで、対決せざるを得なくなったと、かなり正直な告白をした〉（126ページ）

この発言によって、先の参議院議員選挙で、夕張炭労の創価学会員が学会の推薦した候補に投票したことが争点であることが明白になった。組合が特定の候補者を推薦すると機関決定しても、個々の組合員の投票行動を拘束《こうそく》することはできない。これは民主主義の根本原則だ。その原則を炭労がわかっていないことが露呈した。

〈学会側の反論は、炭労の認識が根本的におかしいと、三林から始まった。

「選挙を破壊したというのか、あるいは労組の末端組織を破壊したというのか、そのどちらですか。

もし、学会の会員に、労組の組織に沿わない者がいたら、言ってもらいたい。信心によって、よりよい組合員になってほしいと念じているのが、私たちの学会精神だ。私たちは、労組から褒《ほ》められこそすれ、反感をもたれることは何一つしていない。

選挙にしても、これは、国民に与えられた権利であって、自由は尊重してもらわなければならない。誰に一票を入れようと自由なのに、それを組織の破壊などというのは見当外れです」

両者の立場は、これで明らかなように、もともと労働団体の目的と、宗教団体の目的が対立するものでない以上、対決すべきものはなく、両者の推薦候補者に対する選挙についての利害が、衝突しただけの話であった。しかし、派生的な問題が討論の材料となり、双方相譲らず、最初の見解を繰り返し主張するよりほかはなかった〉（126〜127ページ）

「究極的なもの」と「究極以前のもの」との違い

労働組合は政党ではない。労働者の命と権利を守るのが労働組合の仕事だ。宗教団体も政党ではない。創価学会が、価値観を共有する政党や候補者を推薦することはある。しかし、それが個々の創価学会員の投票行動や政治活動を拘束するわけではない。創価学会員の政治活動は自由だ。それは、創価学会員の経済活動や文化活動が自由なのと同じことだ。もっとも、現在、創価学会員の圧倒的多数が、基本的価値観を共有する公明党の候補者に投票するのは自然な流れだ。炭労事件が起きた1957年時点では公明党は創立されていなかったので、創価学会は、価値観を共有する個々の政治家を支持するという態勢をとっていた。


〈最後の結論らしいものといえば、次のような炭労側の言い分であった。

「私たちは、まだ学会側の言っていることがわからない。……学会側の言うことが、今後の行動に素直な形で生かされない時は、現れた現象に対して〝対決〟する。そのようなことがないように学会の方でも指導してほしいし、われわれも、しばらく見守っていきたいと思います」

　これに対して、学会側は最後に言った。

「あなたたちの言うことがわからないのは、私の方も同じだ。宗教と対決することが的外れで、炭労側の言っていることが、もし、なされるならば、明らかに憲法違反になるだろう。対決、対決というが、もっと話し合いをすべきなんですよ」

炭労は、「学会のことはわからないが、対決の姿勢は堅持する」という。学会は、「炭労の言う〝対決〟の理由自体がわからない」というのである。討論は全くかみ合わず、不毛に終わった。

その背景には、宗教に対する両者の考え方の大きな隔たりがあった。

炭労の幹部は、〝苦しい生活の問題は、組合運動によって基本的には解決できるのであり、宗教は、それを阻害するものだ〟と信じているのであった。

これに対して、学会の幹部は、〝人間の根本的苦悩の解決は、正しい宗教によらなければならない。組合運動が生活改善の有力な一手段となることはあっても、部分的なものにすぎない〟と考えていた。

両者の認識と信念の懸隔《けんかく》は、どこまでも平行線のままであった。

結局、宗教への無認識、学会への無理解が、いたずらに事態を紛糾《ふんきゅう》させていたといってよい。それは、広宣流布の至難さを物語るものともいえよう〉（127〜128ページ）

ドイツのプロテスタント神学者のディートリヒ・ボンヘッファーは、「究極的なもの」と「究極以前のもの」を区別する必要性を説いた。政治や経済は「究極以前のもの」だ。

これに対して、信仰や愛は「究極的なもの」である。もちろん現実の世界で人間が生きていくために「究極以前のもの」は重要だが、それらを「究極的なもの」と混同してはならない。創価学会員にとって組合活動は「究極以前のもの」で、宗教は「究極的なもの」だ。この違いが炭労幹部には理解できなかったのだ。

ソ連共産党のヒエラルキーと鉄の規律を模倣

北海道新聞主催で創価学会と道炭労（北海道炭鉱労働組合）代表者による紙上討論会が札幌で行われた1957年6月29日午後に、夕張でも大きな動きがあった。

〈紙上討論会が行われた二十九日午後の同じころ、夕張では、東京から派遣された澤田良一《りょういち》部隊長たちが、三林の留守宅で、地区の幹部から事情を聞いていた。

そこに、夕張炭労の教宣部長が、突然、訪れた。彼は、極度の緊張からか、硬い表情で、唾《つば》をごくりとのみ込みながら、思いがけぬことを言いだした。

「あのう……まことに申しにくいことなのですが、『対決』の件については、無期延期にしていただきたいのですが……。本当に申し訳ありませんが、なにせ、私どもの方では、七月にはストに入ることになっておりますし、その準備や何やかやで、『対決』などしている余裕は、今はないのが実情です……」〉（128ページ）

7月のストは、以前から機関決定されていたことだ。創価学会との公開討論を無期延期する理由にはならない。無期延期ならば、永久に行われない可能性がある。炭労は創価学会との公開討論から逃げようとしている。

〈豹変《ひょうへん》もいいところである。無期延期とはいうものの、白紙撤回に等しい。澤田良一ならずとも、激怒するのは当然であった。

「対決、対決と言って、喧嘩《けんか》を売ってきたのは、あなた方の方ですよ。忙しいのは、私たちだって同じです。こうして東京から、わざわざやって来ているんです。『対決しない』では、東京に帰れませんよ。ここまで来たんだから、予定通りやりましょう」

澤田は、怒りを抑えて執拗《しつよう》に食い下がり、頑《がん》として聞き入れなかった。教宣部長は、しどろもどろになり、哀願するような調子になった。

「勘弁してください。本当に忙しいんですから、幾重にもお詫びします。……ねえ、荒川さん、なんとかしてくださいよ」

同席した荒川にまで呼びかけた。荒川は、むらむらと怒りが込み上げてくるのを覚えた。

「何を言うんです。あなた方が、学会員をいじめるようなことをさんざんしておいて、今さら、なんです。わざわざ、そのために澤田さんたちも東京から来ている。もう、絶対に駄目です！」

教宣部長は、慌てて立ち上がり、引き留める手を振り払って、捨て台詞《ぜりふ》を残して逃げ帰った。

「対決だけは、なんとしてもできませんからね……」

炭労側のこの急変は、いかにも不可解であったが、その決定は、東京の炭労本部から来たらしかった。炭労の大会が決定した対決方針によって、夕張炭労は真正直に進んだ。しかし、炭労の方針は、憲法に保障された「信教の自由」を脅かすことになりかねないと、十分に承知していた組合本部は、急遽、中止命令を出さなければならなくなったにちがいない〉（128～129ページ）

ここにも炭労のスターリン主義的体質が表れている。ソ連共産党の組織論の特徴は、上意下達のヒエラルキーにある。さらに組織内部の問題を外部に漏らしてはいけないという鉄の規律がある。ソ連の労働組合には共産党の組織原則が適用されていた。炭労もそれを模倣《もほう》しているのだ。従って、東京の炭労本部の指令には絶対に従わなくてはならない。

炭労本部には優秀な顧問《こもん》弁護団がついている。顧問弁護団に相談した結果、夕張炭労の創価学会員に対する弾圧が訴訟になった場合、炭労が憲法で保障された「信教の自由」に抵触するという認定を裁判所がする可能性が高いと炭労本部が判断したのであろう。労働者の人権擁護を建前とする労働組合が、組合員の基本的人権を侵害したと裁判所に認定されるような事態になれば、炭労が受ける政治的、社会的打撃は計り知れない。この状況では、逃げ出すことが組織にとっての最適解であると東京の炭労本部は決断したのである。

炭労本部の「創価学会撲滅闘争」という指令に従って夕張炭労は行動したわけであるが、梯子《はしご》を外されたのだ。

創価学会員に対する差別の構造を脱構築

〈ちょうど、このころ、札幌の旅館では、山本室長を囲んで、さっき終わったばかりの討論会の録音テープを聴いていた。テープが終わると、山本伸一は、ただ一言、短く言った。

「成功だったね、こちらの勝ちだ」

この時、夕張から電話が入り、対決中止の申し入れがあったと報告してきた。

伸一の目は鋭く光った。彼は、現地の混乱を予想し、その真っただ中に身を挺《てい》すべく、再び夕張に向かった。

三林宅には、心配顔の幹部や会員が大勢集まっていた。伸一は、人びとの顔をぐるりと見回した。

「みんな、安心してください。私が、責任をもって指揮を執ります。民衆のための戦いだもの、必ず勝つに決まっています」

その夜、伸一は、多くの人びとを指導しながら、既に決定していた通り、七月一日に札幌で、翌二日に夕張で行う炭労への抗議集会の準備を、遅くまで進めた〉（129～130ページ）

池田には、炭労が自己保身のために闘いから逃げ出そうとしていることが手に取るようにわかった。こういうときは追撃の手を緩めてはならない。炭労が創価学会員に対して、不利益な扱いをしたり、嫌がらせをしたりするような事態を二度と起こさせないようにしなくてはならない。

〈六月三十日の朝、伸一は、炭労の教宣部長に面会を求めたが、教宣部長は、その日に行われる第四十四回夕張炭労代議員大会への出席を口実に、面会を拒否してきた。

大会終了後、伸一は、再び教宣部長に面談を申し込んだが、教宣部長は、発熱を理由に、頑として拒み続けた。伸一は、悔しがる青年幹部を旅館に集めた。

「夕張での対決は、これでなくなってしまったが、問題は解決したのではない。炭労側は、今後も、さまざまな手段で、学会員をいじめにかかってくるだろう。だから、この際、夕張の学会員が二度といじめられないように、徹底して戦い、一気に事を決しておく必要があるんです」〉（130ページ）

対決を迂回《うかい》しても、炭労による創価学会員に対する差別の構造は残る。この構造を脱構築することが何よりも重要だと池田は考えた。

7月1日に行われた創価学会札幌大会が、炭労との闘いを決着させる上で、死活的に重要な意味を持つことになった。

〈七月一日夕刻六時から、札幌市の中島スポーツセンターで、創価学会札幌大会が開催された。急な開催であったが、約一万三千人の会員が一堂に集《つど》うことができた。遠く函館からも、釧路からも、旭川からも、貸切バスなどを仕立てての参加であった。東京の代表の顔もあった。

急を聞いて駆けつけた会員の熱気は、開会前から場内を圧し、いやがうえにも意気衝《いきしょう》天《てん》の勢いを示した。

北海道総支部長・南条尊康の開会の辞、文京支部幹事・三林秋太郎の経過報告に次いで、東京から来た青年部幹部の、「炭労の一方的決議を批判す」と題する講演があった。

彼は、炭労幹部の宗教に関する驚くべき無知をあげ、憲法第二十条の「信教の自由は、何人に対してもこれを保障する」という条項と、労働組合法第五条の「何人も、いかなる場合においても、人種、宗教、性別、門地《もんち》又は身分によつて組合員たる資格を奪われないこと」という規定を、はっきりと提示した。

そして、今回の炭労の、創価学会への対決、干渉は、明らかに違法であり、組合の存在を揺るがすものだとして、次のように結論した。

「したがって、今回の決議において、わが学会員を一人でも締め出すというようような考えがあるならば、それは組合幹部が、自ら組合の資格を投げ捨てるということ、すなわち、現在の組合の自殺行為にほかならないのであります」〉（136~137ページ）

創価学会員と労働組合員に二重忠誠の問題はない

炭労の法律観にもソ連のイデオロギーが影響を与えている。ソビエト法の理論では、法は下部構造（経済システム）を反映した上部構造だ。資本主義社会である日本の労働組合法の、「何人も、いかなる場合においても、人種、宗教、性別、門地又は身分によって組合員たる資格を奪われないこと」という規定に関しても、労働者階級の立場から弁証法的に解釈されなくてはならない。特定の宗教を信じる人が、労組の政治路線を支持する場合には、その人の内面的信仰だけでなく、政治活動も奨励される。

ソ連の例を見てみよう。ソ連軍を中心とするワルシャワ条約機構加盟5カ国軍が、1968年にチェコスロバキアで展開された「プラハの春」と呼ばれる民主化運動を武力により潰した。このときロシア正教会の渉外局長だったニコディム府主教は、ソ連によるチェコスロバキア人民に対する「兄弟的援助」（武力介入）を積極的に支持した。これは信教の自由は個人の内面に留まり、政治活動をしてはならないという原則には明らかに反する行為だった。しかし、政治的にソ連にとって有利だから、宗教者のこのような政治活動は奨励されたのである。それをソ連は、宗教者の活動を弁証法的に評価するという表現で誤《ご》魔化《まか》した。

炭労も、特定の宗教団体が炭労の行うストや政治活動を支援する場合にはそのような宗教団体の活動を歓迎したであろう。それに対して、創価学会員の組合員が炭労の推薦する候補者とは別の候補者に投票すると、創価学会が組合の団結を破壊したとして弾圧を加えてきた。ここには明確な方針はない。しかし、ソ連型弁証法を用いるならば、場当たり的な対応も正しいと強弁できるのだ。

創価学会は、真理は具体的であると考える。この大会でも、夕張で現実に何が起きているかについての報告がなされた。

〈これを受けて、夕張地区の幹部であり、同時に炭労の組合員でもある二人の会員から報告が行われた。二人の話は生々しかった。

――組合運動によって封建的労働条件などは、ずいぶん改善されてきたが、個人の幸福の問題となると、理想から、はるかに遠い現状である。組合費を納め、組合員としての義務を完全に果たしたとしても、夫婦喧嘩、借金の苦しみ、病苦などの解決はできない。個人の幸福のためには、信仰が不可欠である――というものであった〉(137ページ)

労働組合と創価学会は、目的を異にする結社だ。創価学会員であることと炭労組合員であることで二重忠誠の問題は生じない。炭労は、政治的思惑から問題を作り出したのだ。

〈続いて、「炭労の封建制をつく」と題する講演に移り、自由と平等という、現代民主主義に反している炭労の差別的措置が指摘され、炭労幹部が糾弾された。さらに、「炭労幹部の猛省を促す」として、大阪から来た幹部が、労働貴族に成り下がった炭労首脳幹部の官僚主義の実態を暴き、また、彼らが、自己の政界進出のために組合員を踏み台にしていることを明らかにした。そして、彼らは、来るべき選挙が気になって、創価学会三カ月撲滅運動などという不遜《ふそん》なことを考えだしたのであり、まさに、血迷った姿であると攻撃した。

参加者の、炭労への抗議の義憤は、ますます燃え盛っていった〉（137ページ）

今いる場所で尊敬を勝ち得る

スターリン主義の特徴の一つは官僚主義だ。炭労幹部は、一般の組合員から遊離した生活をし、発想もずれてしまっている。思想信条、宗教的信仰の違いにかかわらず組合員の権利を擁護するのが炭労の責務だという原則を忘れてしまっている。組合の指導を、封建的な親分・子分関係と混同しているのだ。

〈次いで、理事の一人が「創価学会と組合活動について」と題して講演した。

ここでは、まず日蓮大聖人の仏法から、この事件を見ていった。そして、仏典には「還著於本人《げんじゃくおほんにん》」（法華経《ほけきょう》六三五ページ）という言葉があることを述べた。天に向かって射た矢が、遂には、自分に還《かえ》ってくるように、学会を撲滅するという炭労こそ、いずれ必ず分裂するのではなかろうか、と確信をもって訴えた。

そして、話を一転させ、学会員にして組合員であることに、本来、なんの矛盾もないはずだと指摘していった。

「創価学会は、『組合員であるならば、組合という法がある。組合の法に従って、組合員として立派な生活をしなさい』というのが、学会の指導精神です。これは、今まで指導してきたはずであり、皆さんも実行してきたところです。

何も労組を乱してはいません。それを乱したように言うのは、選挙の票が減ったからではありませんか。組合と選挙の問題、これを創価学会と炭労の問題、つまり信仰と組合活動の問題にすりかえることは、先ほども話があったように、憲法の精神に反するものであり、組合法を無視するもので、社会に認められることではありません」

さらに、彼は、学会員の日常の信仰生活が、一般の組合員に誤解を与えるものであってはならないと述べ、弘教《ぐきょう》活動においては、細かい注意をもってあたるよう指導した〉

（138ページ）

創価学会は、「組合員であるならば、組合という法がある。組合の法に従って、組合員として立派な生活をしなさい」という方針で指導している。これは労働組合だけに適用される原則ではない。経営者、労働者、公務員、個人事業主、学生などさまざまな立場の創価学会員がいる。今いる場所で、そこでのルールを守って立派な生活をして、周囲からの尊敬を勝ち得ていくことを創価学会は指導しているのだ。

逮捕直前の心理的重圧は経験者にしかわからない

札幌市の中島スポーツセンターで1957年7月1日に行われた創価学会札幌大会の最後に池田が、歴史に残る重要な演説を行った。

〈最後に、この大会の実行の責任者・山本伸一室長の登壇となった。

伸一には、この時、大阪府警の黒い影が迫っていた。彼も、それを知らされ、緊張の極《きわみ》にあった。しかし、横溢《おういつ》する伸一の生命力に、聴衆は、誰一人として、そのことに気づかなかった〉（138〜139ページ）

実は、夕張事件と同時期にこの年4月に行われた参議院議員の補欠選挙に関する違反容疑で池田を逮捕する動きが進んでいた。池田は逮捕、起訴されたが、裁判で無罪を言い渡されることになる。この「大阪事件」については、追って説明する（第六章）。筆者は、2002年に鈴木宗男事件に連座して東京地方検察庁特別捜査部に逮捕されたことがある。逮捕直前の心理的重圧は、経験した者にしかわからないところがある。池田も内面に不安を覚えていたが、信仰の力によってそれを乗り越えた。


〈彼の心の奥では、怒濤が逆巻いていたが、伸一は、力強く叫んだ。

「炭労が、どんなに叫んでも、わが学会は日本の潮《うしお》であり、その叫びは師子王《ししおう》の叫びであると信じます！」

そして、彼は創価学会の使命に言及した。

「資本家も、また、労働者においても、悩める人は数知れない。その人びとに、大功徳《だいくどく》ましますこの御本尊をご紹介申し上げるのが、学会の使命なのであります」

彼は、〝主題はこれで決まった〟と思った。すると、彼の胸にわだかまるものは、一切、消えて、熱鉄のような闘魂《とうこん》がほとばしりだした。

「日蓮大聖人は仰せであります。『天晴れぬれば地明《あきら》かなり法華《ほっけ》を識《し》る者は世法を得可きか』（御書二五四ページ）と。

『天晴れぬれば』とは『法華を識る』ことであります。また『地明かなり』とは『世法を得可きか』となり、世法に通達することです。つまり、信心を根本にして自分の商売、事業を改良したり、思索し、工夫して、立派に事業を発展させ、境涯を高めていくこと――これが大聖人様の御指南であり、学会の指導原理なのであります。

したがって、組合に対しても、信心即生活、即仕事、即労働組合。これが学会の正しい在り方、指導であります。しかるに炭労の方《ほう》は、少しも理解しようとしない。広宣流布に進む学会を阻む炭労の姿は、仏法の眼《まなこ》から見るならば、悪鬼入其身《あっきにゅうごしん》の姿であり、仏法の法理に照らせば、諸天善神《しょてんぜんじん》の治罰を被《こうむ》るものと信じます」〉（139ページ）

本尊を紹介するのが創価学会の使命であると池田は強調した。創価学会員にとって、信心と行為は一体だ。夕張炭労の組合員である創価学会員にとっては、信心即組合活動なのである。信仰者が自らと同じ価値観を持つ人を政界に送り出したいと考えるのは当然のことだ。このような政治活動と組合活動の間に、本来、対立は存在しないのである。炭労の幹部は、組合活動と政治活動を混同している。権力の魔性に取り憑《つ》かれているからこのような混同が起きるのだ。この混同を止めさせることが夕張炭労の健全な発展に貢献すると池田は確信している。この闘いは、創価学会に属する組合員だけでなく、それ以外の組合員にとっても有益なのだ。

話し合いを求めた青年たちにも池田の精神

〈山本伸一は、集った聴衆が叫びたいことを要約し、しかも明確にした。スポーツセンターの天井を揺るがすような拍手が、わっと湧き上がった。

「翻って考えてみれば、大聖人御在世にも、三類の強敵《ごうてき》が現れました。それは、まさに、妙法が民衆の心のなかに確立していった時でした。

学会は一昨年の小樽《おたる》問答で、北海道にあって道門増上慢《どうもんぞうじょうまん》となった誤れる宗教の権威を打ち破りました。そして、今また、僭聖《せんしょう》増上慢と化した炭労の圧力を、同じ北海道の地で打ち破ることは、喜びに堪えない次第です。『大悪を(起)これば大善きたる』(御書一三〇〇ページ)、『大悪は大善の来るべき瑞相《ずいそう》なり』(御書一四六七ページ)との御金言を思う時、三類の強敵現れ、いよいよ広宣流布も間近であることを、私たちは確信すべきであります……」〉(140ページ)

ここで池田が言及した小樽問答の意義について、創価学会はこう評価している。

〈55年3月11日、創価学会と日蓮宗の間で行われた「小樽問答」。池田先生は司会を務め、その第一声で日蓮宗側を圧倒し、勝負を決した。当時、約140世帯だった小樽班は、2年後には、約2100世帯に急成長を遂げ、北海道創価学会の世帯数も約8倍に発展した〉(「聖教新聞」社説、2020年3月9日)

道門増上慢とは〈釈尊滅後《しゃくそんめつご》の悪世で法華経を弘通《ぐつう》する人を迫害する出家者。邪な智慧《ちえ》で心にへつらいがあり、まだ覚《さと》りを得ていないのに得たと思い込んで慢心に満ちている〉(創価学会公式サイト)僧侶のことだ。これに対して、僭聖増上慢とは、世間から厚く尊敬され聖者のように思われている高僧であるが、〈内実は狡猾《こうかつ》で名聞名利を求める念が強く、慢心を抱き、自分より勝る者が現れると反発・敵対し、世俗の権力を利用して法華経の行者を排除しようとする〉（創価学会公式サイト）者のことだ。

組合幹部は、僧侶ではないが、自らのイデオロギーが創価学会の信仰よりも優れていると考え、地上の権力を用いて法華経の行者《ぎょうじゃ》である創価学会員を弾圧している。池田はこれを僭聖増上慢の変形ととらえた。池田は、日蓮の「大悪を（起）これば大善きたる」「大悪は大善の来るべき瑞相なり」を基点に据え、炭労による創価学会弾圧という大悪を、広宣流布の強化という大善に転換できると信じた。

札幌大会終了後、池田らは夕張に移動し、翌7月2日に行われる行事の戦略を練った。昼に市中行進を行い、夜に夕張大会が行われる段取りが整えられた。

〈七月二日の午前十時ごろになると、札幌から、バスや列車で、約二百人の青年部員が到着した。前夜、札幌大会に参加した東京の青年たちである。それを迎える地元の青年たちとの交歓は、いやがうえにも、意気を高めた。

昼過ぎ、東京と地元の青年約二百五十人の精鋭は、夕張本町《ほんちょう》駅前で四列縦隊に整列し、デモ行進に移った。学会歌を高唱しながら、整然と夕張の街頭を進んだのである。

沿道の民家からは、主婦や子どもたちが、首を伸ばして見ていた。道行く人びとは、怪訝《けげん》な面持ちで見送っていたが、学会員は、家から飛び出し、行進する青年たちに和して、胸を張って、学会歌を歌っていた。行進は、炭労事務所の前で止まった。

「夕張炭労よ、話し合いをしようではないか！」

青年たちは、幾たびもシュプレヒコールを繰り返したが、反応はなく、誰一人、出て来ない。入り口や窓から、数人が顔をのぞかせるだけである。緊迫した空気のなかを、数人の新聞記者が右往左往していた〉（１４１ページ）

重要なのは、市中行進に参加した創価学会員が炭労を非難することに終始せず、話し合いを求めたことだ。池田は、対話によって人が変容する可能性を信じている。市中行進に参加した青年たちも、池田の精神を体現していた。

炭労幹部の心に生じた変容

〈一方、夕張大会の結集の準備は、朝から万全を期して進められていた。夕刻になると、出坑したばかりの壮年や青年が、そして、婦人たちが集まり、定刻の午後六時には、会場の若菜劇場を埋め尽くした。集った同志は千五百人である。会場からあふれた人たちも、二百人はいたであろう。

炭労の地元であるだけに、夕張の青年部員は、厳重な警戒態勢を敷いていた。登壇する人びとは、前夜の札幌大会の時と、ほとんど同じであり、訴える論題も同じであった。しかし、地元だけに、反応には、はるかに熱がこもり、緊迫感をはらんでいた。気勢も大いに上がり、地元会員が、どんなに勇気づけられたかは言うまでもない〉（141～142ページ）

創価学会の主張は札幌大会で言い尽くされている。夕張大会は、内容的には札幌大会の反復だったが、創価学会員が弾圧されている夕張という場で行われたことに意義がある。重要なのは、炭労幹部の創価学会に対する姿勢に変化が生じたことだ。

〈札幌大会と違った点は、炭労側から傍聴を申し込んできたことである。開会直前、夕張炭労の書記長や厚生部長など、数人の幹部がやって来た。山本伸一はこれに応対し、快く迎えた。

「よろしゅうございます。ただし最後まで、学会の主張を、はっきりと聞いていっていただきたい。終わってから懇談をいたしましょう」

堂々たる応対であった。

炭労の幹部たちは、約束にもかかわらず、一時間ほどすると退席してしまった。渉外係の青年部員が、出口で押しとどめていると、伸一が現れた。

「せっかくおいでになったのだから、話し合いをしませんか」

「いや、実は急用ができたので帰らなければなりません」

書記長は、あくまでも逃げ腰である。伸一は、手を差し出した。書記長は照れたようにおずおずと手を出し、軽く握手だけすると、逃げるように出て行った〉（142ページ）

書記長が握手に応じたということは重要だ。握手は和解の徴《しるし》だからだ。より誠実に対応したのが、真谷地《まやち》炭労の副委員長だった。

〈外で耳をそばだてて聞いていた一人の組合員が、書記長を見かけて質問した。

「書記長！　対決はどうなった？」

「臨時大会を開いてからのことだ」

炭労幹部は、闇に紛れて姿を隠した。しかし、最後まで傍聴した炭労の役員もいたのである。それは、真谷地炭労の副委員長たちであった。彼らは、午後八時四十分に大会が終了すると、山本伸一のところまで、あいさつに来た。

「学会の主張は、よくわかりました」

「そうですか」

「私どもとしては、決して浅はかな行動は取りませんから、安心してください」

「わかりました。今後は、何かありましたら、すぐお話しください。意思の疎通がいちばん大事です」

伸一も、さわやかに応え、真谷地炭労の幹部は、礼を述べながら帰って行った。

二つの大会は、無事に終わった〉（142〜143ページ）

池田の信仰に裏付けられた理路整然とした説明、創価学会青年部員らの夕張における市中行進、さらに札幌大会と夕張大会を行った最大の効果は、頑《かたく》なだった炭労幹部の心を変容させたことだ。真谷地炭労副委員長の「私どもとしては、決して浅はかな行動は取りませんから、安心してください」という言葉は、創価学会との軋轢《あつれき》をとりあえず回避できればいいという戦術的発言ではない。創価学会の主張に真摯《しんし》に耳を傾け、現実を再度、評価した上で出てきた反省なのである。

この発言を受けて、池田は「わかりました。今後は、何かありましたら、すぐお話しください。意思の疎通《そつう》がいちばん大事です」と述べた。

創価学会と炭労の間には、当初、越えられない壁があった。壁に突き当たった場合、政治革命家はその壁を壊そうとする。これに対して池田は、壁の向こう側の人に対話を呼びかける。対話によって、壁の向こう側にいる立場が異なる者の中に理解者を作ろうとする。このアプローチも折伏《しゃくぶく》なのである。

一難去って、また一難

さて、夕張事件以外にも、創価学会の政治進出に対して、さまざまな抵抗があった。

〈公明党の前史に残るこの「夕張炭労事件」は57年6月から7月に起きた出来事である。むろん夕張以外でも、学会の政治進出に対し、陰湿な中傷・妨害・嫌がらせ・圧迫が全国各地で引き起こされた。なかでも同年4月下旬の参院大阪地方区補欠選挙の違反事件では権力による学会中枢への不当な弾圧が画策された。いわゆる「大阪事件」である。

学会を陥れ、イメージダウンを狙う動きは至る所で公然化してきていたのである〉（公明党史編纂委員会『大衆とともに——公明党50年の歩み　増訂版』公明党機関紙委員会、2019年、26ページ）

夕張大会が行われた7月2日、大阪府警に出頭した小泉隆（小説『人間革命』では、小泉をモデルにした人物が小西武雄）が逮捕、勾留された。

〈学会の幹部たちは、三林宅に引き揚げ、大成功を喜んでいたが、山本伸一は、一人、別室で横になって休んでいた。彼には、大阪事件が待ち構えていたのである。

既に、小西理事長が逮捕されたという情報も入っていた。彼も、明日は出頭する予定だが、同じく逮捕は免れまい。一難去って、また一難である。

伸一は、やがて起き上がると、身支度《みじたく》を始めた。そして、人びとに気づかれないように、用意してもらっていた車に乗って夕張を去った。

夜の街道を、自動車は砂煙を上げて疾走《しっそう》した。見渡すと、広漠とした原野に、遠く山脈が黒々と連なっている。かなりの標高であろう。夜空に、高い稜線が浮かんでいた。

〝いっそのこと、あの山脈のなかで、静かに暮らすことができたら……〟

伸一は、疲れていた。連想は、大雪山の山中の生活にまで及んだ。彼は、一瞬、われを忘れたが、その瞬間、憔悴《しょうすい》した戸田城聖の顔が浮かび、一切の迷想は消えた〉（143ページ）

札幌に1泊し、7月3日に池田は千歳空港から羽田経由で大阪に向かうことになる。

第六章

大阪事件における権力との闘い

恩師が解放された日、監獄に入る意味

創価学会第3代会長の池田大作（小説『人間革命』では、山本伸一の名で登場）が、逮捕、起訴されるきっかけになった1957年4月23日に投票が行われた参議院選挙大阪地方区補欠選挙について若干、説明しておきたい。

この補選に創価学会は中尾辰義《たつよし》を擁立し、組織をあげて選挙運動を展開した。投票日前日の22日早朝、大阪市内の4カ所の職業安定所で中尾の名前が記されたタバコが配られた。大阪の各紙夕刊と夕刊紙が候補者名を伏せてこの事実を報じた。創価学会関西本部は、タバコに中尾の名が記されているとの事実を知り、悪質な選挙妨害であるとして大阪府警に厳重取り締まりを要請した。

23日の投票日当日、各紙朝刊は、22日夕刻、某候補の名刺を貼《は》り付けた百円札がばらまかれたと報道した。報道では候補者名は記されていなかったが、中尾陣営の買収行為との噂《うわさ》が広がった。

翌24日、開票が行われ、自民党候補者が27万7903票で当選した。次点の日本社会党候補は27万6064票を得た。中尾の得票は、17万4977票だった。投票率は、太平洋戦

争後に大阪で行われたあらゆる選挙で最低の32％（大阪市内は26・5％）だった。

5月中旬になって、池田はこの選挙違反に創価学会員が関与していたことを知った。

〈一九五七年（昭和三十二年）七月三日、午前七時三十分――。山本伸一は、千歳《ちとせ》空港を後にした。大阪府警察本部に出頭するためである。

この日は、戸田城聖が、あの戦時中の法難による二年間の獄中生活を終えて、出獄した記念の日である。

そのことに気づくと、伸一の胸は燃え盛った〉（池田大作「人間革命　第十一巻」『池田大作全集　第百四十九巻』聖教新聞社、2013年、147ページ。以下、書名のない引用は同書から）

日付は、人知を超えた特別の意味を持つことがある。7月3日は、創価学会第2代会長の戸田城聖が豊多摩《とよたま》刑務所から出獄した日だ。大阪府警に出頭すれば、確実に逮捕されるであろうことを池田は認識していた。恩師が監獄から解放された日に、自分が監獄に入ることには、何か大きな意味があるのだと池田は直観した。

〈彼は、座席に身を沈め、窓に目をやったが、外は雲に包まれ、何も見えなかった。飛行機は、轟音《ごうおん》を響かせながら、雲の中を上昇していった。

学会は、間断《かんだん》なく飛翔を続けている。山本伸一は、その飛行機の副操縦士ともいえる存在になりつつあった。当然のことながら、飛行中は気流の変化もあれば、暗雲に包まれることもある。しかし、常に、常に、広宣流布《こうせんるふ》という目的地をめざしながら、懸命に、油断なく操縦桿《そうじゅうかん》を操っていかなくてはならない。

今、彼の人生の前にも、乱気流が横たわっていたといえよう。

当時のプロペラ機での飛行は、羽田到着まで約三時間を要した。羽田で大阪行きに乗り換えである〉（147ページ）

羽田空港では、戸田や妻の香峯子《かねこ》（『人間革命』では峯子）らが待っていた。

〈羽田に到着した伸一は、機外に出た途端、蒸し暑さに、どっと襲われた。ここ数日を北海道で過ごし、機内の冷房につつまれていた体には、東京の蒸し暑さは、瞬間、耐えがたいものがあった。

ロビーに出ると、数人の青年部幹部が出迎えていた。彼らの心配そうな顔があった。

「室長！」と言って駆け寄りはしたものの、誰もが、次の言葉を探しあぐねていた。

戸田城聖は、控室で伸一の来るのを、伸一の妻の峯子や、弁護士の小沢清と共に待っていた。戸田は、彼の分身ともいうべき最愛の弟子を、今、羽田に迎え、そして、直ちに大阪府警に送らねばならないことに、深い苦渋に満ちた感慨をもてあましていた。彼は、ここ数日の情勢から、伸一の逮捕を予測していたのである。情けなくもあり、腹立たしくもあった。

既に、大阪府警に出頭した、理事長で蒲田支部長の小西武雄が、前日の七月二日に逮捕されていたのだ〉（１４７〜１４８ページ）

捜査当局との闘いを認識

創価学会理事長の小泉隆（『人間革命』では小西武雄）が既に逮捕されていた。捜査当局は、外堀から埋めていく。小泉の次には池田を逮捕する。さらに戸田を逮捕する機会を狙っている。太平洋戦争中に特別高等警察に逮捕された経験のある戸田には捜査当局の狙いが手に取るようによくわかった。

〈山本伸一が、「先生、ただ今、戻りました」と言って、狭い控室に入っていくと、戸田は、待ちかねたように声をかけた。

「おお、伸一……」

戸田は、伸一を見つめ、あとは言葉にならなかった。

伸一は、瞬間、戸田の憔悴《しょうすい》した姿を見て、心を突かれ、言葉も出なかった。

戸田は、側に伸一を招いた。伸一は、手短に夕張の状況を報告した。

「ご苦労、ご苦労。昨夜、電話で聞いたよ」

戸田は、話の腰を折るようにこう言って、伸一の顔を、じっと見つめるのである。慈しみつつも、また悲しい眼差しであった。伸一はその視線を避けるように、目を落とした〉（148ページ）

池田は、あえて実務的に夕張事件について報告した。深刻な危険が自分の身に迫っているときにこそ、広宣流布（宣教）に向けた活動を進めることが重要との信念を池田が持っていたからだ。

〈その瞬間、戸田は、咳払《せきばら》いしてから、意を決したような強い語調で言った。

「伸一、征《い》って来なさい」

戸田は、伸一の目を見すえながら話を続けた。

「われわれが、やろうとしている、日蓮大聖人《だいしょうにん》の仏法を広宣流布する戦いというのは、現実社会での格闘なのだ。現実の社会に根を張れば張るほど、難は競い起こってくる。それ自体が、仏法の真実の証明であり、避けることなど断じてできない。どんな難が競い起ころうが、われわれは、戦う以外にないのだ。また、大きな苦難が待ち構えているが、伸一、征って来なさい！」

「はい、征ってまいります」〉（148～149ページ）

ここで、戸田が「行って来なさい」ではなく、「征って来なさい」と述べたことが重要だ。両者とも音は全く同じだ。しかし、「征く」ということは、闘いに臨むという意味がある。捜査当局による弾圧を戸田は、信仰のために不可欠の闘いと認識したのである。池田には戸田の真意がすぐにわかった。

〈伸一は、こう答えたものの、ここ五日ばかりの間に、めっきりやつれた戸田を目の前に見るのが辛かった。わが師の心労を思うと、胸が痛んだ。戸田の健康が気がかりでならなかった。

「先生、お体の具合は？」

「うん」

戸田は、それには答えなかった。そして、伸一をまじまじと見つめ、その肩に手をかけた。

「伸一、心配なのは君の体だ……。絶対に死ぬな、死んではならんぞ」

戸田の腕に力がこもった。彼は、伸一の体を強く抱き締めるように引き寄せ、沈痛な声で語りかけた。

「伸一、もしも、もしも、お前が死ぬようなことになったら、私も、すぐに駆けつけて、お前の上にうつぶして一緒に死ぬからな」

電撃が伸一の五体を貫いた。彼は、答える言葉を失った。万感に胸はふさがり、感動は涙となって、目からほとばしり出そうになったが、彼は、じっとこらえた。

そして、決意の眼差しを戸田に向けながら、わが心に言い聞かせた。

〝断じて負けるものか。どんな大難が降りかかろうと、決然と闘い抜いて見せる。戸田先生の弟子らしく、私は、力の限り戦う。師のためにも、同志のためにも。それは広宣流布の、どうしても越えねばならぬ道程なのだ〟〉（１４９～１５０ページ）

死ねたら楽だろうとの抑えがたい思い

捜査当局による逮捕が迫ると、誰もが死んで楽になりたいという誘惑に取り憑《つ》かれる。

筆者は、鈴木宗男事件に連座して2002年5月14日に当時勤務していた外務省外交史料館（東京都港区）で東京地方検察庁特別捜査部の検察官によって逮捕された。筆者はインテリジェンス（情報）専門家だったので、外務省の同僚が検察に呼び出されている状況、新聞や週刊誌の報道を分析し、検察が筆者を標的にしているという認識を4月半ばには抱いていた。

危機的状況になると、大抵の人が楽観論に傾き、自分は大丈夫だと考える。筆者は、ソ連崩壊前後にモスクワの日本大使館で勤務していたときに、さまざまな政争を見てきた。親しくしていたロシア人の政治家や高級官僚が政争に巻き込まれ、何人も逮捕された。そのとき、ほとんどの政治家が客観的には自らの逮捕が確実であるにもかかわらず、楽観論に傾き、司直の手にかかることは避けられると考えていた。

このときのことを思い出して、自分に関しては楽観論を排して、最悪のシナリオについて考えることにした。そうすると、苦しい状況に耐えられなくなり、このまま消えてしまいたいという衝動に取り憑かれる。

筆者はプロテスタントのキリスト教徒だ。命は神によって与えられた賜物《たまもの》なので、人間が自分の判断で命を絶つことをキリスト教は認めていない。従って、自殺という選択肢は最初から排除されていた。ただし、突然、交通事故や天災地変に遭遇して死ねたら楽だろうという思いをときどきどうしても抑えられなくなった。

特高警察に逮捕された経験のある戸田には、逮捕直前の池田がどのような心理状態にあるかが手に取るようにわかったのだ。だから戸田は、これからは闘いに征くのだという認識を池田に伝えた。徹底的に生き抜いて、闘い続けよと戸田は池田を激励した。そして、「伸一、もしも、もしも、お前が死ぬようなことになったら、私も、すぐに駆けつけて、お前の上にうつぶして一緒に死ぬからな」と伝えた。師弟は運命を共にする。殉教するときも師弟は一緒だという戸田の強力なメッセージだった。

〈やがて、青年部の幹部の一人が、大阪行きの飛行機の出発時間が迫っていることを告げに来た。

すると戸田は、一冊の本を手にして、伸一に渡した。

「いよいよ出たよ。あとで読んでくれ」

本は、戸田が、妙悟空《みょうごくう》のペンネームで、聖教新聞に連載してきた小説『人間革命』であった。

戸田の出獄の日である、この七月三日を記念して発刊されたのである。

戸田は、照れたように笑った。

伸一の頬《ほお》もゆるんだ。

戸田は、伸一と固く握手を交わし、先に控室を出た〉（150ページ）

妻・香峯子は言葉にできないほど胸が一杯だった

戸田の『小説　人間革命』は、大衆小説のタッチで描かれているが、創価学会の信仰へと人々を誘うための宗教書だ。主人公は、戸田をモデルにした巌九十翁《がんくつお》だ。この小説は「聖教新聞」に連載された。

戸田は、自らが豊多摩刑務所から釈放された7月3日にこの小説を上梓《じょうし》することにした。

戸田が控室を先に出たのは、池田が妻の香峯子《かねこ》と2人だけで話ができる環境を作るためだった。

〈妻の峯子は、着替え類を詰めてきたカバンを慌ただしく渡し、無言のまま伸一を見た。

「ありがとう。大丈夫だ、心配ない。あとは、よろしく頼む」

伸一は、口早に峯子に言い、青年部の幹部に促されるままに、ロビーに出た〉（150ページ）

香峯子は、自分の想いを言葉にすることができないほど胸が一杯だったのだ。香峯子は、池田の配偶者であるとともに信仰の同志だ。池田に降りかかった難に対して夫と手を取り合って闘っていかなくてはならない。着替え類を詰めたカバンは戦闘のための武器なのである。

戸田の門下生たちが控室の外で待っていた。


〈そこには、大勢の幹部の姿があった。どっと伸一を取り囲み、彼の手を握った。皆、同じ広宣流布の目的に生きる戸田門下生であり、同志である。

「お元気で……」

「ありがとう、これがあるから大丈夫だよ」

伸一は、戸田から贈られた『人間革命』をかざして、あいさつを返した。

彼は、小沢弁護士と共にゲートの方へ進んだ。わずかな待ち合わせ時間であったが、彼には、戸田の慈愛《じあい》の泉を一身に浴びた、大いなる蘇生《そせい》へのひとときであった〉(150~151ページ)

羽田で池田が戸田と話したのは、短時間だった。しかし、数十年分の意味があった。そこには戸田が体験した創価学会の歴史が凝縮されていたからである。

尾行されている時の鉄則

警察の能力は高い。筆者が鈴木宗男事件の嵐に巻き込まれたのは、2002年1月の末頃からだった。3月中旬には、東京地方検察庁特別捜査部が外務省で筆者とともに仕事をしていた人々を呼び出し、事情聴取を始めた。その頃から、ときどき尾行《びこう》されていることに筆者は気づくようになった。モスクワで勤務していたときにロシアの秘密警察から日常的に監視されていたので、尾行されている気配はすぐにわかる。そういうときは、相手を刺激せずに、尾行に気づいていないように行動することが鉄則だ。尾行をまこうとすると相手は「何か隠し事がある」と考え、監視をさらに強化するようになるからだ。

3月下旬、さいたま市の実家に泊まり、始発電車で外務省に向かおうと思って午前4時前に家を出たときのことだ。目の前に停まっていたライトバンがヘッドライトを上向きにつけた。筆者が駅に向かうと、ライトバンがゆっくり追ってきた。「お前の動きは注意深く見ているぞ」と心理的圧迫をかける手法だ。

検察にはこういう作業に従事する人員はいない。筆者は、対ロシア外交に従事していた。そのため検察だけでなく、スパイ摘発《てきはつ》に従事する外事（公安）警察も筆者を尾行していたのだと思う。母に迷惑をかけてはいけないと思い、この出来事があった後、実家には行かないようにした。

大阪府警は、池田を逮捕する方針を固めていた。『人間革命』には記されていないが、夕張や札幌でも、そして羽田空港で乗り継ぐ際にも池田の動向は警察によって監視されていたと思う。逮捕が迫っているという緊張の中で、師匠である創価学会第2代会長・戸田城聖の『小説　人間革命』を池田は読んだ。

〈伸一を乗せた大阪行きの飛行機は、羽田を離陸した。彼は、席に着くと、『人間革命』をぱらぱらとめくっていった。新刊本の、すがすがしい匂いがする。そのうちに、伸一の目は、吸い寄せられるように、本に集中し、時のたつのも忘れて読み進んでいった。

主人公の巌《がん》さんが警察に留置され、執拗《しつよう》な取り調べにあい、遂に拘置所の独房で呻吟《しんぎん》しなければならなくなった辺りになると、伸一は興奮を覚えた。時が時である。あと数時間もすれば、自分の身にも、おそらく同じ運命が待ち受けているであろうことを思うと、切実であった〉（151ページ）

師の苦しかったときの経験から学ぶことが弟子の使命であると池田は考えた。創価学会初代会長・牧口常三郎と第2代会長・戸田の信仰を、苦難を共有することで継承しなくてはならないと池田は自覚した。

〈巌さんは、法華経《ほけきょう》を獄中で読み切ることによって、彼の生涯の使命を自覚する。伸一は、戸田の獄中での生活を幾たびとなく聞かされていたが、今また、戸田の小説を読むことによって、師の苦闘が、まざまざと脳裏に浮かんできた。そして、自身にも獄中の生活が迫りつつあることを、ひしひしと感じていた。それは、これから始まる獄中での闘争に、尽きぬ勇気を沸《わ》き立たせた。

伸一は、飛行機の席で、思わず、「よし！」と叫び、『人間革命』を閉じて、ぽんと叩《たた》いた。

〝仏法を行ずる者に、難が降りかかることは、何も、今に始まったことではない。日蓮大聖人の御一生《ごいっしょう》は、もちろんのことだが、牧口先生、戸田先生の戦時中の法難も、そうではないか。今また、新しい難が学会を襲おうとしている。それは、学会が大聖人の御《ご》遺命《ゆいめい》のままに、仏法を行じている偉大なる証明ではないか！〟〉（151〜152ページ）

牧口、戸田の両師匠は権力の魔性と闘った。これは鎌倉時代に日蓮が体験した事柄の反復である。権力の魔性との闘いを通じて、日蓮が説いた仏法を牧口と戸田は現代に甦《よみがえ》らせた。それをさらに発展させ、仏法を世界に広げていくことが池田の使命なのである。この使命を貫徹するためには、権力の魔性と闘い、勝利しなくてはならない。

権力の魔性との闘いで勝利すること

〈伸一は、戸田から聞かされてきた学会の受難に思いをめぐらした。

戸田は、普段は自分の獄中生活を、面白おかしく語って聞かせることが多かったが、伸一と二人きりで対し、あの大弾圧について語る時、彼の表情は厳しかった。目は憤怒《ふんぬ》に燃えていった。一言一言が、烈火のごとき怒りをはらんでいた。時に語気は激しくな

り、また、沈痛な声となり、メガネの奥が、涙でキラリと光ることもあった〉（152ページ）

戸田の涙は、獄中死した牧口を偲《しの》んでのことだ。牧口は、日蓮仏法を信じる者として神社参拝と神札を受領することを拒否した。信仰者としての筋を通したが故に軍部政府によって殺されたのだ。

〈今、大阪行きの飛行機の中にあって、伸一は思った。

〝戸田先生は、師子であられた。なれば弟子であり、師子の子である私もまた、師子であらねばならない。いよいよ、まことの師子かどうかが、試される時が、遂に来たのだ！〟

その時、機内放送で、着陸の準備に入ったことが告げられた。いよいよかと思った時、今日が七月三日であることを、伸一は、再び思い起こした。

十二年前の、一九四五年（昭和二十年）七月三日、戸田城聖は、豊多摩刑務所から出獄した。

〝そうか、この宿縁の日に、私は出頭するのか……〟

彼は、ぎゅっと拳《こぶし》を握り締めた。心は、不動の落ち着きを取り戻し、胸に新たなる情熱が込み上げてくるのを感じた〉（159〜160ページ）

1945年の7月3日に戸田が出獄し、創価学会は再建の第一歩を踏み出した。池田は、この特別の日に逮捕されることに、信仰者としての意味を見いだした。人間の宿命を転換するために、此岸《しがん》（この世）の政治、経済、社会が抱える問題を解決することは不可欠だ。この目的のために創価学会は、自ら価値観を共有する人を国会や地方議会に送り出した。これを阻止しようとする権力の魔性との闘いで勝利することが創価学会の発展のために不可避であるとの確信を池田は持ったのである。

〈伸一の乗った飛行機は、程なく伊丹《いたみ》空港に着陸した。空港には、関西の数人の幹部が出迎えてくれた。

そこから車に乗り、ひとまず、弁護士の小沢清の宿となっている肥後橋《ひごばし》のホテルに向かった。

ホテルのロビーには、関西の首脳幹部をはじめ、関係者が待機していた。用意されていた部屋で、簡単な打ち合わせを終えた伸一は、新しいシャツに着替えた。そして、いよいよ大阪府警に出頭しようと、ソファから立ち上がった。その時、関西の婦人部の幹部である大矢ひでが、飲み物を運んできた。傍らのテーブルに、グラスを置いた大矢は、黙って伸一を見つめていたが、意を決したように言った。

「先生、お願いです。府警なんかに、行かんといてください。行かはったら、帰れんようになるに決まってます」

その目は潤み、涙が頬に流れた。

「大丈夫、大丈夫だよ。ぼくは、何も悪いことなんかしていないじゃないか。心配ないよ」

伸一は、大矢を励ますようにこう言うと、ジュースを飲み干した〉（160ページ）

警察の予断と偏見による「筋読み」

悪いことをしていなくても、権力が必要と思えば逮捕権を行使することができる。しかし、恐れなくてはならないのは権力ではない。仏法に背くことを恐れなくてはならない。

〈部屋を出て、ホテルの入り口に行くと、既に数人の幹部が待機していた。皆、不安そうな表情である。

「さぁ、行ってくるよ。後のことは、しっかり頼んだよ」

婦人たちの目は、一様に涙ぐんでいた。

「大丈夫だよ。行くのは、ぼくじゃないか」

伸一は、声をかけ、小沢弁護士と共に車に乗り込んだ。見送る人びとに会釈を返しながら、彼は思った。

〝こうして心配してくれた、この人たちのことを、私は、永久に忘れないであろう〟

蒸し暑い午後であった。車は、大阪城内にある大阪府警察本部に向かった〉（161ページ）

警察は、池田を逮捕することを既に決めている。裁判所に逮捕状も請求していたはずだ。逮捕状を請求する前に警察は、池田を逮捕してから起訴し、有罪に持ち込むことができるかについても検察と綿密に協議していたはずだ。とりあえず形式的に任意の事情聴取を行い、容疑が固まったということで逮捕するというのが警察のやり方だ。

〈府警に着くと、さっそく山本伸一は、公職選挙法違反の容疑者として取り調べられた。

そして、午後七時過ぎ、府警は、待ち受けていたかのように伸一を逮捕したのである。午後七時ごろといえば、十二年前のこの日、戸田城聖が出獄した時刻と、奇《く》しくも同じであった〉（161ページ）

池田が逮捕されたのは、公職選挙法で禁止されている買収と戸《こ》別《べつ》訪問を行ったという容疑だった。

〈一つは、候補者名を書いたタバコと、候補者の名刺を貼《は》った百円札がばらまかれた買収事件である。もう一つは、戸別訪問である。伸一が、参議院の大阪地方区補欠選挙で、支援活動の最高責任者であったことから、この買収と戸別訪問という違反行為が、伸一の指示のもとに行われたにちがいないと、警察当局はにらんでいたのである〉（161ページ）

警察は、逮捕する前に「筋《すじ》読み」を行う。それが客観的な証拠に基づいていないと冤罪《えんざい》を作り出す場合がある。参議院大阪地方区補欠選挙の支援活動に関して、池田が最高責任者であるというのは事実だ。創価学会は軍隊のような上意下達の組織であるとの予断と偏見があった。それ故に、運動員の違反はすべて池田の指示によるものであるという「筋読み」で事件を摘発《てきはつ》しようとしたのだ。

〈伸一にとって、これほど心外なことはない。タバコ事件、百円札事件を指揮した首謀者の大村昌人《まさと》という東京の地区部長は知ってはいたが、今回の選挙の派遣員でもなかった。また、伸一は、戸別訪問で逮捕され、伸一の指令であることを認めたという京都の会員についても、顔も名前も知らないのである。

〝どこかに落とし穴があるにちがいない。いや、あるいは、当局の捜査が、恐るべき予断と偏見をもって行われ、それに誤解と曲解が重なり、このような事態になったのだろうか。だが、真実は一つだ。やがて、一切が冤罪であることが、明らかになるであろう！〟

伸一は憤然としながらも、冷静に考えることができた〉（161〜162ページ）

買収事件はなぜ起きたのか

捜査当局は、急速に影響力を拡大する創価学会が社会にとって危険な存在であるという予断と偏見をもっていた。この機会に戸田の右腕で、創価学会で中枢の機能を果たしている池田を叩《たた》き潰《つぶ》せば、この宗教団体を弱体化できると警察と検察は考えたのであろう。しかし、結論を先に言えば、警察と検察の思惑は完全に外れた。

〈しかし、この「やがて」が、現実のものとなるまでには、四年半という歳月を要したのである。

——六二年（同三十七年）一月二十五日、大阪地裁で、この事件の判決が出た。一切の真実が、やっと明白になり、山本伸一は「無罪」となったのである。検察は控訴することなく、最終的に「無罪」が確定するのである。

しかし、この時には、既に戸田城聖は世を去っていた。そして、この四年半の苦渋に満ちた裁判闘争というものは、躍進する創価学会の行く手を、幾たびも暗雲につつんだ。広宣流布の歴史が、受難の歴史と言い得るゆえんである。しかし、学会は、その受難を強力なバネとして、常に新たな飛躍を遂げ、前進し続けてきたといってよい〉（162ページ）

ただし、創価学会員が買収事件を起こしたというのは事実だ。なぜそのような事件が起きたかについて、『人間革命』は詳細に記述している。この種の出来事は、創価学会の歴史における汚点のはずだ。しかし、汚点を隠蔽《いんぺい》するのではなく、創価学会の精神の正史である『人間革命』で、正面から取り上げる。過去の過《あやま》ちからも学ぶという池田の姿勢がここに端的に示されている。なお、『人間革命』は、小説であるので、参議院議員、選挙違反に関与した人物名は、本名と異なる。小説である以上、事実を完全に反映しているわけではないが、事柄の本質はわかる。

〈創価学会にとって、およそ考えることもできない買収などといった事件が、いったい、どうして起きたのかは、はなはだ理解に苦しむところであった。だが、残念なことに、それが行われたことは、まぎれもない事実である。しかも、三、四十人の大量の会員が、計画的に行ったとあっては、ますます唖然《あぜん》とするほかはない事件であった。

それだけに、当初、この事件が報道された時、尾山の選挙事務所は、他陣営の悪質な謀略《ぼうりゃく》と考え、選挙違反の取締本部に、厳しい取り締まりを要請していたのであった。

しかし、意外にも、その買収行為が、学会員の仕業であることを知り、関西の会員は、皆、一様に首をかしげた。誰が考えても、効果があるようには思えない、拙劣《せつれつ》極まりない違反行為が、なぜ行われたかが、不可解でならなかったからである〉(162～163

ページ）

なぜ、創価学会員であるにもかかわらず、買収のような発想をする人物が出てきたかについて、池田はその人物の内面に踏み込んで考察する。

ビジネスや折伏での成功が慢心に

規模の大きくなった組織では必ず不祥事が起きる。宗教団体もその例外ではない。1957年4月の参議院大阪地方区補欠選挙で、創価学会員が買収、戸別訪問という公職選挙法違反事件を起こしてしまったのは事実だ。

この事件に関連し、創価学会第3代会長の池田大作（事件当時は参謀室長）が逮捕された。裁判で無罪が確定するが、この事件によって創価学会が受けた打撃も少なくなかった。

創価学会員が公職選挙法違反事件を起こしたというのは不祥事だ。創価学会の精神の正史である『人間革命』では、選挙違反の実態について詳しく記している。創価学会の利益からするならば、選挙違反の事実については、末端の学会員による逸脱であったと小さく記述し、池田に対する冤罪であったことを強く訴えればよい。しかし、池田が執筆した

『人間革命』ではそのような手法はとらない。過去の過ちを真摯に認めることなくして創価学会の発展はないと池田が確信しているからだ。

〈この事件の発端は、蒲田支部の一地区部長・大村昌人の脳裏に生まれた、邪念ともいうべき着想にあった。これは、時とともに明白になっていったのである。

首謀者の大村昌人は、ある大手建設会社の秘書課に籍を置く、三十二、三歳の男である。

彼は、仕事柄、顔も広く、入会早々から、会社のダム工事などの建設現場を回っては、折伏《しゃくぶく》して歩いた。危険の多い重労働作業に励む作業員たちは、本社の要職にある彼の勧めにしたがい、相次ぎ入会し、月々、多大な折伏成果を上げていた。

その実績は、実力とみなされ、短日月のうちに、地区部長にまでなった。彼は、年齢の割には、かなり大きな財力をもっており、行動も、万事にわたって派手であった。

建設業界という現実社会に身を置いてきた彼には、選挙は、決してきれい事の戦いではないという思いもあったようだ。それだけに、学会が、いくら公明選挙を叫んだとしても、建前としか思えなかったのかもしれない。しかも、このたびの大阪の補欠選挙は、極めて厳しい戦いである。

また、彼には、仏法の深遠なことは、よくわからないが、選挙などの世間的な事柄については、学会の幹部より、はるかに自分の方が精通しているという、傲慢な自負もあったにちがいない〉（163〜164ページ）

大村は、ビジネスパーソンとして成功し、折伏でも大きな成果をあげていた。そのことが慢心《まんしん》に繋《つな》がってしまった。教学に対する関心も低かったので、仏法を真剣に学ばなかった。創価学会第2代会長の戸田城聖や池田の価値観を大村は共有していなかったのである。また、大村の人脈には、政治の裏事情に通じた者がいたことも悪条件となった。

〈そのうえ、大村の地区には、彼の紹介で入会して間もない、ある政治新聞の社長、林田定一《さだいち》がいた。大村は、まず林田に、厳しい選挙の打開策はないものかと話した。二人は、林田の会社から出している雑誌を使って、候補者の尾山辰造《たつぞう》を売り込むことを企画した。そして、地区の幹部ら数人で、蒲田支部長の小西武雄の家を訪問し、相談するが、小西は、選挙法に触れるおそれもあることから、やめるよう指示した。

彼らは、一応、引き下がったが、あきらめきれなかった。学会の公明選挙が、なんとも迂遠《うえん》な活動であるように思えて仕方なかった。地区の幹部は、寄り集まると、大阪の選挙情勢が、はかばかしくないという話になり、そのたびに、「何か手段を講じなければならない」という地区部長の意見に同調していった。

大村は、地区の壮年や、二、三の青年部の地区幹部と話しているうちに、いつしか思いは飛躍し、ある決心をした。

――今、手もとにある百数十万の金《かね》で、思い切った運動をして応援をし、自分の力で当選させてみたい。大阪の選挙は、広宣流布につながる戦いであるはずである。それならば、何をしても、心にやましさなど感じる必要はない。現に、学会も懸命に勝とうとしているではないか。

彼は、自分でも気づかぬうちに、功名心にむしばまれていたといってよい。自分の功績を狙う名誉欲には、必ず落とし穴があるものだ〉（１６４ページ）

理事長の小泉隆は、やめるように指示した。小泉がやめるようにと指示したのは、公職選挙法に違反するからという理由だけではない。目的が正しければ、どのような手段をとっても構わないという発想が創価学会の価値観に反するから、違法行為をやめろと言ったのだ。この点について、池田が的確に整理している。

〈組織は、あくまでも、善の価値を目的としなくてはならない。しかし、運営にあたる人間によって、極悪な目的のために利用されてしまう場合もある。ゆえに、組織を構成する一人ひとりが賢者となり、明確な目的観をもって、その進むべき方向を、常に論じ合うとともに、検証していく努力を忘れてはならない〉（１６４〜１６５ページ）

金という権力の魔性

大村の場合、信心が弱い。従って、小泉の指示を魂で受け止めることができなかった。そして、劣勢と伝えられている創価学会の推薦候補者を当選させるためには金の力が必要であると考えるようになった。資本主義社会において、金は権力を持つ。大村は金という権力の魔性に取り憑《つ》かれてしまったのだ。

〈大村昌人は、今回の選挙に勝つためには、金の力が必要だと考えていた。ただ応援を呼びかけたぐらいで投票してくれるほど、社会は甘くないと、彼には思えた。四月上旬、大村は、数人の地区員を連れて、再び小西支部長を訪れた。そして、〝地区員たちと大阪に乗り込みたい〟と申し入れたのである。

「私の会社の建設現場や運輸関係を入れると、四、五万の票はあると思います。ひとつ、ばらまいてみたいです」

「無茶をしてはいかんよ。危ないから気をつけた方がよい」

小西は、言下に否定したが、大村は、これを必ずしも、全面的な否定とは受け取らなかった。自分の裁量で、うまくやりさえすればいい、と考えたようである。魔は、この時に差したといってよい〉（１６５ページ）

小泉の「無茶をしてはいかんよ。危ないから気をつけた方がよい」という反応を、大村は「うまくやれ」すなわち「選挙違反行為をしても露見しなければ問題ない」というように受け止めた。

〈大村は、単独で計画を練り始めた。そして、地区の青年たちを動員し、隠密《おんみつ》に事を運び始めたのである。学会本部の幹部たちは、誰一人、気づく由《よし》もなかった。

動員されたのは、林田の会社の社員である会員たちや、地区の青年たちであった。大阪の選挙応援という大義名分を聞かされた青年たちは、投票日直前の四月十八日から二十日にかけて大阪に向かった。宿は西区の江戸堀に取ってあった。

二十日夜、大阪に勢ぞろいした東京の三十数人の者は、ここで初めて、大村らの計画を聞かされた。

まず、投票日の前日にあたる二十二日の朝、数人ずつの班に分かれて各所の職業安定所に行き、求職のために集まる人に、素早くタバコを配る。タバコの箱の中には、尾山候補の名前が書かれている、というわけである。

さらに、同じく二十二日の夕刻から、大阪市内の適当と思われる住宅街の数カ所を選んで、尾山候補の名刺を貼った百円札を、各戸に配るというものであった〉（165〜166ページ）

場の空気を支配していた間違った情熱

ここで重要なのは、大村が青年たちを集めたことだ。この青年らには情熱と行動力があった。青年たちは、会社員として成功し、折伏でも結果を出している大村を尊敬していたのであろう。正しい目的のためにはリスクを冒しても構わないと、青年たちの信仰心が歪《わい》曲《きょく》されてしまったのだ。以下の記述を読むと、謀議の場にいた青年たちが、大村が醸し出す熱気にのみ込まれていった雰囲気が伝わってくる。

〈誰が考えても非常識な、この拙劣極まる違法行為を、彼らに実行させたものは、いったいなんであったのか、理解に苦しむところであった。

そこに加わった青年たちから、計画についての質問はあったものの、積極的に反対を唱える者はいなかった。大村の説明が、身命《しんみょう》を惜しまぬ選挙の応援という大義を振りかざし、また、学会の上層部の幹部の了解もあったと言いつくろったにしても、それが悪質な犯罪行為であることに、誰も気づかぬはずはない。いや、多くの者はそれに気づいていたはずである。

しかし、それを踏み越える異様な情熱が、彼らを支配していた。世間の選挙とは、所《しょ》詮《せん》、こういうものだと聞かされ、単純に、〝そうだ〟と思い込んでしまったということもあったろう。また、目的という大義名分が掲げられ、その成就が不可欠であることが強調されることによって、不当な手段までもが、暗黙のうちに、彼らのなかで正当化されてしまったともいえよう。実は、そこに見えざる魔というものの働きがある〉(167ページ)

信心がしっかりしている者がいれば、見えざる魔の働きに気づき、異議を申し立てることができたはずだ。しかし、間違った情熱が場の空気を支配していた。池田が、大村の起こした事件を創価学会の精神の正史に刻み込んでいるのは、これが本質において信心の根本に関わる問題だからだ。民主社会における政治活動では、結果だけでなく手段も重要になるのだ。

〈崇高《すうこう》な目的は、崇高な手段によらなければ、真の達成はあり得ない。目的は、おのずから手段を決定づけるのである。民衆が幸福を享受できる、真実の民主政治を築くために、同志を政界に送ろうというのであれば、その運動もまた、民主主義の鉄則を、一歩たりとも踏み外してはならないことは明白である。

目的のために手段を選ばず、目的が善であるからといって、安易に手段としての悪を肯定し、自分を律する心を失った時、当初の理想や目的は、既に破綻してしまっていることを知らなくてはならない〉（167〜168ページ）

手段は事柄の本質に影響を与える。民主主義的選挙が定めたルールに違反して当選した政治家がいたとしても、間違った手段がその政治家の内面を蝕《むしば》む。そして、内面の腐敗は行動に表れ、民衆の利益に反する政治を行うようになる。創価学会が政治に進出したのは、人間革命という価値観を政治の世界で実現するためだった。大村は、そのことを理解していなかったのだ。

そもそも社会を変革する政治活動には、危険が潜んでいる。池田は、戸田がこの点について、日頃から指導していたことを強調する。

〈戸田城聖が、常々、革命家気取りの青年たちの言動を戒《いまし》め、社会人としての仕事の在り方や、生活態度を厳しく指導してきたのも、一人ひとりの生き方のなかに、人間としての規範を打ち立てることなくしては、広宣流布の正しい伸展はあり得ないと、痛感していたからであるといってよい。

しかし、戸田から身近に訓練を受ける機会も、ほとんどなかった大村や、計画に加わった青年たちには、この戸田の心がわからなかった。青年たちは、むしろ大事な密命を託され、窮地の突破口を開く英雄でもあるかのような、妄想《もうそう》にとりつかれていた。不当な行為を、いとも簡単に正当化できてしまう一念の狂いこそ、天魔《てんま》の所作《しょさ》といえよう〉

（168ページ）

大村は、師の重要性を理解していなかった。自らの能力を過大評価して、幹部の指導に耳を傾けなかった。天魔は、仏法を妨げる。組織を拡大するうちに内部に天魔がつけいる隙《すき》ができてしまったのだ。

組織犯罪と決めてかかった警察と検察

〈捜査当局に、大村たちの犯行とわかったのは、五月に入ってからである。事件に関係した者が相次ぎ逮捕され、取り調べによって、事件の全貌がわかっていく過程で、当局が最も問題にしたのは、これらの資金の出所であった。

まず、創価学会から出たであろうとにらんだが、捜査が進めば進むほど、断定するに足る証拠がなくなっていく。真実は、何よりも事実を明らかにし、白としていた。しかし、これだけの人員を動員したのだから、背後に上層幹部の指示か、少なくとも黙認ぐらいはあったにちがいないと、捜査当局は判断したのであろう。

――上層幹部といえば、まず、蒲田支部長を兼任する小西武雄理事長が関与している可能性が高い。大村たちは、常日ごろから、小西のもとに親しく出入りしている。あれだけのことを、大村たちが単独でできるわけはない。なんらかの了解が、両者の間には、あって当然である。さらに、もう一人、この選挙の最高責任者である山本伸一も関係しているのではないか。大村は、関西本部にも顔を出しているから、そこで、伸一の了解か指示があったはずだ――こうして当局は、二人を共謀者に仕立て上げていったのである。

小西武雄と山本伸一が犯行に関与している――との当局の推論は予断となり、それをもとに逮捕者に架空の供述をさせ、買収は二人の指示によるものとしたのである〉（169〜170ページ）

事件を捜査するにあたっては、証拠に基づいて正確な事実認定を行わなくてはならない。大村の指導で青年たちが職業安定所でタバコを配布し、百円札に候補者名を貼り付けて配ったのは事実だ。しかし、この違反行為を小泉や池田が指示もしくは黙認したという事実はない。

創価学会に対して偏見を持つ警察と検察は、最初から組織犯罪と決めてかかった。予断や偏見を持つ者は、自らの認識が歪んでいることに気づかない。だから、自分は正しいことをしていると信じて、進んでいく。ここにも魔の働きがある。

早く保釈されたいとの被疑者の心理

池田に捜査当局がかけた公職選挙法違反の容疑は買収以外に戸別訪問があった。買収が、大村昌人による計画的犯罪であったのに対し、戸別訪問は、末端の学会員が焦りから引き起こした偶発的な事件だった。検察は、戸別訪問で池田を起訴した。買収で池田を起訴しても公判を維持できないと考えたのであろう。この戸別訪問にも池田が関与した事実はなかった。しかし、警察と検察は強引に池田をこの事件に結びつけていくのである。

〈伸一についての、もう一つの容疑は、戸別訪問に関することであった。

投票日の前々日の四月二十一日午前、京都や奈良の学会員百数十人が、関西本部に集っていた。

その時、山本伸一は、京都支部長の川下重治に頼まれ、会員を激励した。そのなかに京都から来た一人の壮年会員がいて、大いに発奮した。

その彼が、タバコなどを配ったという買収事件の報道を知り、敵の謀略であると感じて焦燥にかられ、二十三日の投票日当日、南海高野線の初芝付近で戸別訪問を敢行した。そして、警察官に現行犯で捕らえられたのである〉（170ページ）

動機がいかなるものであろうと、公職選挙法で禁止されているのだから、戸別訪問をしてはいけない。しかも選挙当日は、警察による監視も強まっている。このような状況で、京都から来て土地勘のない者が戸別訪問をするのはリスクが高すぎる。実際、この壮年は現行犯逮捕された。しかし、戸別訪問を行った者を1人逮捕しても、大きな事件にはならない。そこで警察は、これが創価学会による組織的犯罪であるという絵を描いた。

〈この戸別訪問は、二十一日に、関西本部であいさつ、激励した、山本伸一の指示によるものとし、伸一と京都の壮年会員とが共謀《きょうぼう》しての違反行為に仕立て上げようとしたのである。しかし、伸一の戸別訪問に関する容疑を、この一件だけをもって裏付けるのは、いかにも弱い。

残念なことだが、四条畷《しじょうなわて》や守口方面で、投票日直前に戸別訪問の現行犯として会員が逮捕された事件が何件かあった。捜査当局は、この戸別訪問も、最高責任者であった伸一の指示によるものとして、証拠固めに全力をあげていったようである。

四条畷方面の面倒をみていたのは、関西総支部幹事の鳥山邦三であった。そこで鳥山と伸一を結びつけた。また、守口方面は岡山支部長の岡田一哲が担当していたので、やはり伸一と岡田を結びつけた。

そして、鳥山と岡田に、伸一の指示によって、自分の担当方面で戸別訪問をやらせたとの供述を引き出し、戸別訪問に関する全面的容疑を、山本伸一にかけようとしたのであった〉（170〜171ページ）

逮捕、投獄され、不安な環境にいると、そこから解放されたくなるのが人間の心理だ。警察官や検察官は、早期釈放を餌《えさ》に巧みな誘導をかけてくる。証拠というと、指示書やメモのような物証が頭に浮かぶ。しかし、選挙違反でそのような証拠が残されていることは稀《まれ》だ。戸別訪問は違法行為だとわかっているので、指示は文書ではなく口頭で行うのが通例だからだ。従って、供述調書が証拠になる。早く保釈されたいという思いから、警察官や検察官に迎合した調書を作成する人が少なからずいる。

筆者は、鈴木宗男事件に連座して東京地方検察庁特別捜査部に逮捕された経験があるので、被疑者の心理が手に取るようにわかる。もっとも筆者の場合は、否認を貫いたので512日間、東京拘置所の独房に勾留《こうりゅう》されることになった。公判で、「早く保釈されたいので、取調官に迎合し、事実と異なる調書を作成しました」と訴えても、裁判官がその主張を認めることはまずない。だから、警察官や検察官は、無理をしてでも捜査当局の「筋読み」に合わせた自白調書を取ろうとする。

国家機関は合法的に暴力を行使できる

〈戸別訪問で逮捕された、この京都の壮年会員は、臨時雇いの工員であり、生活も苦しく、子どもの一人が修学旅行を前にしていた。父親が逮捕されてしまったために、旅行支度をする金さえなく、家族は途方に暮れていた。彼も、そのことが気がかりでならなかった。

取り調べにあたった警察官は、そんな彼に、「ほかの者も、全員が山本室長の指示であると自供している」「山本の指示であることを認めなければ、いつまでも家には帰さんぞ」などと脅しをかけた。また、「早く自供しなければ、かわいい子どもの修学旅行に間に合わなくなる」と、子煩悩《こぼんのう》な父親の情に訴えた。

彼は、子どもや妻のためにも、ともかく早く家に帰りたかったにちがいない。それは、人間として当然の感情といってよいだろう。

警察は、こうした親の心情につけ込み、巧妙に供述を引き出そうとしたのである。彼は、言われた通りに供述することが、どのような結果になるのかを知る由《よし》もなかった〉

（171ページ）

子煩悩な父親の心情に訴えるというのは、警察官や検察官がよく使う手だ。筆者の場合、外交官で、法律に関する基礎知識を持っていた。また、取り調べ期間中は、毎日、弁護士と面会して、法的観点から必要な助言を受けた。しかし、京都の壮年は、法律の知識を持っていなかった。取調室の隔絶《かくぜつ》された環境の中にいると、取調官の温情に縋《すが》る以外、自分が自由になる道はないように思えてくる。

捜査の現場は警察が担当するが、起訴して刑事事件にするか否かは検察の専管《せんかん》事項だ。従って、ここで重要になるのは、検察の「筋読み」だ。検察は創価学会に対して偏見を持っていた。

〈買収事件の資金源が、創価学会ではなく、首謀者の大村昌人個人であることも、戸別訪問が上層幹部からの指示ではないことも、調べればすぐにわかることである。しかし、検察当局は、この事件をもって、あえて学会の上層部を狙い撃とうとしていたのである。

その背景には、前年の大阪の参議院議員選挙で、選挙に不慣れなために戸別訪問の違反者を出し、その被告たちが国連加盟の大赦令《たいしゃれい》によって、全員赦免《しゃめん》されていたこともあるだろう。検察側にしてみれば、せっかく追及した事件が、あっさり消えてしまったのである。今度こそはと、手ぐすねを引いて待っていたともいえる〉（171～172ページ）

池田は、検察の創価学会に対する偏見を、鎌倉時代に日蓮が遭遇した苦難と類比して考察する。このような思考は優れた宗教人にしかできない。

〈検察が、この機会に徹底して取り締まり、壊滅《かいめつ》的な打撃を与えておこうとの方針をとったとしても不思議ではない。だが、そこには、少なからず創価学会に対する感情的な偏見があり、その将来に、いわれなき恐怖をいだいていたことも確かであろう。それは、いわば、道理や理性を超えて、人間の心の奥底《おうてい》から発する生命的反発といえようか。
これこそが、「猶多怨嫉《ゆたおんしつ》」（法華経三六三ページ）という状況を引き起こす要因といえる。この、人間の憎悪ともいうべき感情のもとに、権力が行使される時、権力は魔性の力となって、弾圧の牙をむくのである。

しかし、いかなる時代であれ、弾圧を敢行するには、それを正当化する大義名分が必要となる。つまり、処罰の理由となる、なんらかの問題点をつくりだし、それに事寄せて弾圧は行われる〉（172ページ）

検察は、創価学会の影響力が拡大することに危機感を抱いている。選挙違反を口実に創価学会壊滅作戦に乗り出した。炭労が創価学会撲滅《ぼくめつ》運動を展開したのと構造的に似ている。ただし、炭労は民間団体であるが、検察は国家機関なので、合法的に暴力を行使することができる。

日蓮が受けた苦難を刑事事件の形で追体験

検察にしても、炭労にしても、創価学会に対する怨嫉《おんしつ》がある。怨嫉とは、〈反発し敵対すること。特に、正法やそれを説き広める人を信じられず、反発して誹謗《ひぼう》したり迫害したりすること〉（創価学会公式サイト）のことだ。日蓮は怨嫉を撥《は》ね除《の》け、信仰を強化した。厳しい状況に直面し、池田は日蓮から解決策を学んだ。まず、国家権力の手口について池田はこう考えた。

〈その手口は、日蓮大聖人の、竜《たつ》の口《くち》の法難から佐渡流罪《さどるざい》にいたる経過でも、明らかであった。

竜の口の法難のきっかけとなったのは、行敏《ぎょうびん》という念仏僧が、大聖人を幕府に訴え出たことであった。行敏の背後には、大聖人を亡き者にしようと図る、鎌倉仏教界の実力者・極楽寺良観《ごくらくじりょうかん》がいた。

行敏の訴状には、教義に対する非難とは別に、「弥陀観音《みだかんのん》等の像を火に入れ水に流す」「凶徒《きょうと》を室中《しっちゅう》に集《あつ》む」（御書一八一ページ）などの項目があった。おそらく、教義論争で大聖人を押さえ込むことは困難と考え、現在でいえば刑事事件に相当する内容を盛り込んで、大聖人の教団を弾圧する口実とする目論見だったと思われる〉（173ページ）

太平洋戦争敗北後、新憲法体制の下で、宗教犯罪は存在しないことになっている。だから宗教弾圧は、宗教団体が刑事事件を犯したという形に転換して行われる。日蓮が受けた苦難を池田は追体験しているのである。

別の見方をするならば、池田の苦難は日蓮で「予型《よけい》」されている。「予型」というのはキリスト教神学の用語で、新約聖書に書かれているイエス・キリストの出来事は、旧約聖書で既にその原型が記されているという考え方だ。池田の思考は予型論的である。日蓮は、竜の口の法難、佐渡流罪を経て日蓮仏法を確立した。池田は、大阪事件という法難を創価学会が発展するために不可避の難ととらえたのだ。

〈大聖人は、「弥陀観音等の像を火に入れ水に流す」と言うのであれば、確かな証人を出せと、即座に反論されている。そして、証拠を出せなければ、それは日蓮を陥れるために行った、良観らによる自作自演の謀略にほかならないと、指弾されている。

また、「凶徒を室中に集む」という訴えに対しては、むしろ良観らの拠点である極楽寺などが、悪人たちを集めていると、経論《きょうろん》等も引いて反論されている。大聖人は、常に、命の危険と隣り合わせの日々を送っておられた。凶徒に襲われ、大聖人が身に傷を被り、弟子たちが殺害されたこともあった。また、邪義を大聖人から破折《はしゃく》された僧たちは、その事実を隠すため大嘘を権力者たちに吹き込み、大聖人を迫害させようとした。門下である武士たちは、大聖人を守ろうと、心を配っていたにちがいない。事実は、訴状の内容と全く異なるものであった〉（173ページ）

池田も、事実と異なる容疑で起訴されることになった。獄中で池田は日蓮の難を追体験する。日蓮には、命を奪われる危険があった。池田にそこまでの危険はない。日蓮を追体験することで池田は冷静に今起きている現象を分析することができるようになった。

弾圧者の中にも無罪を考える人がいる

〈良観らの一派は、卑劣な事実無根の作り話や、針小棒大の論を掲げ、幕府に訴えたのである。そして、こうした訴えを取り扱う部署が侍所《さむらいどころ》であり、その所司《しょし》（次官）が、大聖人を憎む平左衛門尉《へいのさえもんのじょう》であった。

平左衛門尉は、形式的な取り調べを行っただけで、すぐに大聖人を捕らえ、短時間の調べで佐渡流罪の判決を下した。しかし、深夜に至って、処刑場の竜の口へ引き出したのである。ひそかに斬首《ざんしゅ》に処そうとしたのだ。

だが、斬首は失敗に終わり、大聖人は、相模国依智《さがみのくにえち》の本間六郎左衛門《ほんまろくろうざえもん》邸《てい》に、しばらくとどめ置かれることになった。明確な事情はわからないが、幕府内には、大聖人を赦免《しゃめん》すべきであるとする勢力もあった。そのため、再三、評議が行われたが、結論が出ず、処分未決のまま、約一カ月の時間が経過することになる〉（173～174ページ）

「幕府内には、大聖人を赦免すべきであるとする勢力もあった」という指摘が重要だ。池田は、日蓮を弾圧した鎌倉幕府自体が悪であるという立場を取っていない。これは、今、池田が直面している現実の中でも言えることだ。警察や検察、さらに裁判所にも池田は無罪であると考える人がいるはずだ。

〈大聖人は、「我今度の御勘気《ごかんき》は世間の失《とが》一分もなし」（御書九五八ページ）と仰せのように、罪など何一つなかった。評議を重ねるほど、処罰する根拠が、あいまいになっていったと思われる。

しかし、極楽寺良観や念仏者たちは、なんとしても、大聖人を無罪放免にしてはならないと考えた。彼らは、配下の手の者を使い、鎌倉で放火や殺人を行わせ、それらを大聖人門下の仕業《しわざ》だと讒言《ざんげん》した。そして、当初の判決通り、大聖人は佐渡流罪と決定したのである。

またも、良観らは、罪を捏造《ねつぞう》し、権力者に向かって讒言《ざんげん》し、世論を操作したのである。冤罪《えんざい》によって処罰するという迫害の構造が、ここにある〉（174ページ）

正しい仏法を信じ、実践する者は、難から免れることはできない。罪を捏造し、世論を操作する者たちが必ず出てくる。選挙違反によって創価学会は激しい逆風に見舞われることになった。しかも、弾圧の手法がより巧妙になっている。

〈日蓮大聖人の御在世当時とは異なり、現代は法治国家である。また、民主主義社会である。権力は分散され、その暴走に歯止めをかけるための制度化が進められてきたことも事実である。しかし、それだけに弾圧の方途も、より老獪《ろうかい》で巧妙なものとなってきているといえるかもしれない。

時には、法を拡大解釈し、違法として裁断し、ある場合には、過剰なまでに監視の目を光らせ、わずかでも法に抵触する可能性があれば、厳しく取り締まるということもあろう。また、一信徒の個人的な問題を、教団全体の問題として、摘発《てきはつ》することもあり得よう。

いずれにせよ、故意に社会的な問題をつくりだし、それを口実にして叩《たた》きつぶそうとするだけに、多かれ少なかれ、冤罪を生むことは間違いない。

この大阪の事件が、まさにそれであった〉(174～175ページ)

そして、大阪事件に対して、池田は、反体制活動家とは本質的に異なる独自の闘いを展開する。

池田は、1957年7月3日に大阪府警によって逮捕された。しかし、実質的な取り調べを行ったのは警察ではなく、大阪地方検察庁特別捜査部だった。逮捕翌日の4日から取り調べが検察に移った。そして5日には裁判所が池田の勾留を認め、取り調べが本格化した。

検察官は司法試験に合格していて、知力に秀《ひい》でている。刑事事件では、事実、認識、評価がそれぞれ重要だ。

池田が起訴された容疑に関して、京都の創価学会員が公職選挙法に違反する戸別訪問を行い、現行犯逮捕されたのは事実だ。池田が、この学会員らと4月21日に関西本部で会って「しっかり頑張《がんば》るように」と激励したのも事実だ。池田が「公職選挙法で定められたルールを遵守して、一生懸命に選挙運動をするように」という認識で「しっかり頑張るように」と述べたならば、違法性はまったくない。しかし、「戸別訪問や買収、相手候補のポスターを剝《は》がすなど、どんなことをしてもいい」という認識で「しっかり頑張るように」と述べたならば話は別だ。違法性認識を持っていたことになる。事実と認識を総合的に判断して裁判所が評価する。

警察も検察も、池田の意志力が強固で、論争に強いことは、内偵捜査でよくわかっていたはずだ。池田を「落とす」ことは、警察による通常の取り調べでは難しいので、政治家、高級官僚や知能犯の取り調べに長《た》けた検察が担当することになったのだと思う。

「宗教人が政治に関与するのは生意気」

〈山本伸一の取り調べは、大阪府警察本部、大阪拘置所、大阪地方検察庁などで、連日、行われていた。

ことに、大阪拘置所に移った八日は、検事が二人がかりで、夕食も食べさせずに、深夜まで厳しい取り調べをした。

検事たちは、買収事件を起こした蒲田支部の二人の男と、大阪駅で買収の謀議をしたはずだと迫った。確かに伸一は、四月十九日夜、九州方面の指導に向かう戸田城聖を大阪駅で見送った折、やはり、見送りに来ていたこの二人と、会ってはいた。彼らの顔は知っていたが、最初は、なぜ彼らが大阪に来たのかもわからなかった。

その時、二人が、「選挙の応援に来ました」と言うので、「よろしく」と一言、二言、言葉を交わし、励ました。それをもって、検事は、二人からタバコをばらまく職安の一覧を見せられ、買収を了承したはずだと言うのである。

また、京都や奈良から来た会員たちに、関西本部で、「しっかり頑張るように」と激励したことを、「戸別訪問をやれ」と言ったとすり替え、これも認めろと迫るのであった〉（183～184ページ）

池田は、当初、事実を淡々と述べれば、容疑は晴れると思っていたようだ。検察が公正公平に取り調べるならば、そうなる。しかし、検察は創価学会に対する予断と偏見を抱いていた。創価学会中枢の機能を担う参謀室長である池田を有罪とすることで、創価学会に打撃を与えようとしていたのだ。「宗教人が政治に関与するのは生意気だ」というような集合的無意識が検察を支配していたのだと思う。だから検察官は、人権侵害を行っているという事実に気づかない。

〈いくら責め立てられても、伸一は、違反行為の指示などしていないだけに、供述のしようがなかった。当然、否認するよりほかに道はない。

検察側は、この間に、新たな証拠となるような具体的事実は、何一つ示すことができず、いたずらに時は過ぎていったのである。

検察は、逮捕、勾留した責任上、焦りを感じ始めていたといってよい〉（184ペー

ジ）

精神的拷問への耐性

検察官も官僚だ。池田を起訴し、有罪にすることができなければ、取り調べを担当した検察官の出世に悪影響がある。こういう権力者の小さなエゴが民衆を苦しめるのだ。検察は池田に屈辱《くつじょく》を与えることにした。屈辱を受けると人間は感情的になる。感情的になると判断を間違えやすくなる。検察は池田を精神的に揺さぶろうとした。

〈七月九日午後、地検の調室で取り調べを行っていた検事は、地検の別館にある、別の検事の調室に行くと言いだしたのである。伸一の手に、手錠《てじょう》がかけられた。

地検と別館とは、間近とはいえ、屋外に出て衆目にさらされることになる。中之島の街を行き交う人びとは足を止め、手錠姿で連行される伸一に、無遠慮な好奇の視線を投げかけた。あたかも極悪人でも見るように、顔をしかめる者もいた。

それは、伸一をさらし者にするかのようでもあった。精神的拷問に等しかった〉（184ページ）

池田は、太平洋戦争中に不敬罪、治安維持法で逮捕された創価学会第2代会長の戸田城聖から、特別高等警察の精神的、肉体的拷問について、具体的なエピソードをたくさん聞いていたはずだ。師である戸田の教えに忠実な池田には、精神的拷問に対する耐性がついていた。

〈伸一は、屈辱をかみしめながらも毅然としていた。師子は、どこにあっても師子であった。

傍《かたわ》らの電柱の陰で、慄然《りつぜん》としてたたずむ婦人がいた。学会員である。手から買い物籠《かご》が落ちた。わなわなと震えながら、何か言いたげに、一心に伸一を見つめていた。その目に大粒の涙があふれた。

伸一は、婦人の姿に気づくと微笑みかけ、大きく頷いてみせた。堂々としていた。あの、いつもの伸一の笑顔である。その表情は、「頑張るんだよ」と優しく励ましているようにも見えた。

〝室長は、お元気なんだ。負けてなんかいない。私だって、負けるものか!〟

蒼白《そうはく》な婦人の頬に、赤みがさした。伸一を見送る婦人の頬に光る涙は、健気なる誓いの熱い結晶となった。

東京からやって来た青年たちも、手錠姿で地検の別館に連行される伸一を見た。悔しかった。はらわたの煮えくり返る思いで、男泣きしながら、伸一に視線を注いでいた。

すると、通りすがりに伸一は、青年の一人を厳しい眼光で見すえた。凜々《りり》しく胸を張り、凝視する伸一の目は、「こんなことで、へこたれてどうする！」と、叱咤《しった》しているようでもあった。

彼らは、感傷にふけり、不覚にも、ただ涙するだけだった自分たちを恥じた。

〝今こそ、室長に代わって、悲しんでいる同志を励ますのが、ぼくらの役目じゃないか！〟

青年たちは、伸一の後ろ姿に向かって心で詫びながら、奮起を誓うのであった〉（184～185ページ）

囚《とら》われの身である池田が、創価学会員の女性と青年たちを激励した。被疑者は、外部の人々と話すことが厳禁されている。手錠をかけられているので、手を振ることもできない。

そのような状況でも池田は、目で学会員に働きかけたのだ。

牢獄は入った者でなければわからない

〈伸一が、手錠をはめられて連行されたという話は、東京の学会本部の戸田城聖のもとに、すぐさま報告された。

戸田は、電話口に小沢弁護士を呼ぶと、激怒して言った。

「直ちに手錠を外させろ。すぐに、伸一を釈放させろ！」

うなるような声であった。

「いいか、小沢君。学会をつぶすことが狙いなら、この戸田を逮捕しろと、検事に伝えてくれ。かわいい弟子が捕まって、牢獄《ろうごく》に入れられているのを、黙って見過ごすことなど、断じてできぬ。戸田は、逃げも隠れもせんぞ！」

戸田は、こう言って電話を切った。

伸一が逮捕されて以来、戸田は、関西本部に頻繁《ひんぱん》に電話を入れて、様子を尋ねていたが、この日の電話は、分刻みといってもよいほどの回数であった。対応策を厳しく確認しては、弁護士や関西の幹部に、相次ぎ指示を出した。何度目かの電話のあと、応対した幹部に戸田は言った。

「君たちを、厳しく叱りつけてすまんな。しかし、牢獄というのは、入った者でなければわからんのだ。今、伸一は、そのなかで必死になって戦っているんだよ」

伸一の苦しみは、そのまま戸田の苦しみであった。戸田は、伸一が逮捕されてからというもの、満足に眠ることはなかった。床に就いても、まどろんだかと思うと、伸一の夢を見ては目を覚ました。

これが、戸田自身に加えられた苦痛であれば、彼は、泰然自若として耐えたであろう。伸一は戸田の命であり、広宣流布の一切を託さなければならない分身であった。戸田は、何かあれば、弟子のために自らが犠牲になることを、固く心に誓っていたのである〉

（185～186ページ）

戸田の「牢獄というのは、入った者でなければわからんのだ」という言葉の意味が、2002年5月14日に鈴木宗男事件に連座して東京地方検察庁特別捜査部に逮捕され、東京拘置所の独房に512日間勾留された筆者には皮膚感覚でよくわかる。自分が事実を繰り返し述べても、検察官は組織として作った「筋読み」（シナリオ）に固執する。

「あいつはまだ自動販売機になっていないのか」

筆者の弁護団はいずれも元検察官だった。数年前に検察庁を辞めた30代半ばの弁護士が筆者にこう述べた。

「佐藤さん、私は検察官のときに先輩から『事実を曲げてでも真実を追及せよ』と教えられました。検察の『筋読み』が真実で、それに合った供述をとれる検察官が有能とされます。上司は、『あいつ（被疑者）はまだ自動販売機になっていないのか』と尋ねます。自動販売機とは、検察官が望むとおりの供述をする人を指します」

この弁護士が述べた内容に誇張《こちょう》はない。こういう取り調べを受けていると、権力の不条理と自分の無力さから根源的な人間不信に陥りそうになる。そして、「いくら抵抗しても無駄だ。検察官の言うとおりに供述して、早く外に出よう」と考える。

筆者が自動販売機にならなかった理由が二つある。

第1の理由は、検察が筆者に期待した役割が、衆議院議員の鈴木宗男（当時、現・参議院議員）に罪を負わせる供述をすることだったからだ。虚偽の供述で他者を陥れるようなことをすると、その後、自分で自分を信じることができなくなり、不幸な人生を送ることになると筆者は考えた。

第2の理由はキリスト教信仰にもとる選択をしたくなかったからだ。筆者が恐れなくてはならないのは検察ではなく神だ。イエス・キリストの生き方に照らして恥ずかしくない行動を取ろうと思った。

池田が検察の取り調べに動じなかったのも、創価学会の信仰を強く持っているからだ。池田は理詰めで検察官に反論した。


〈山本伸一は、いかなる仕打ちにも、決して動じなかった。検事は業を煮やしていた。

「山本！　いい加減に認めたらどうだね。買収も戸別訪問も、逮捕された者たちは、皆、君の指示でやったと言っているんだよ」

「それならば、その人たちに会わせてください。そうすれば、それが嘘《うそ》であることが明白になると、私は何度も言っているではありませんか。しかし、それをしようとはしない。なぜ、真実を見極めようとしないんですか。あなたたちは、私に嘘の供述をせよと言っていることになります。していないことを、認めるわけにはいきません」

憤然として語る伸一の言葉に、一瞬、検事は、たじろいだかに見えた。そして、もの静かな口調で、諭《さと》すように語り始めた。

「嘘を言えなどと言っているわけじゃない。認めるべきものは、早く認めた方がいいと言っているだけだよ。君が、そういう姿勢を崩さなければ、どういう事態になるか考えてみたまえ。私たちとしては、君が勤めている大東《だいとう》商工と学会本部を手入れし、そして、戸田を引っ張らなくてはならないことになる」

検事は、脅迫に近い言辞を弄《ろう》し始めた〉（186～187ページ）

検察官は、池田の信仰が弱点になると考えた。池田にとって創価学会と師である戸田は文字通り命を投げ出しても守りたい存在だ。そこを検察官は突いてきたのだ。池田が容疑を認めないと戸田を逮捕するという。当時戸田は、糖尿《とうにょう》病が進行し、健康に深刻な不安を抱えていた。また大蔵《おおくら》商事（『人間革命』では大東商工）が家宅捜索されたとなると、企業としての信用を失う。会社が倒産するかもしれない。そうなると従業員とその家族を路頭に迷わせることになる。実際に検察には、こうした弾圧を行う力がある。

〈「なんですって！　大東商工とこの事件と、どういう関係があるんですか。それに、学会本部も戸田先生も、関係ないではありませんか」

「いや、君は戸田の指示で、大阪の選挙の最高責任者になったんだからな。それに、戸田は学会の責任者だ。この事件は、創価学会員が組織立って行った犯行だ。会長である戸田を調べるのは、当然のことじゃないか。しかも、買収を行うに際して、戸田の了解を得ているという供述もあるんだからね」

「嘘です。そんなことは断じてない！」

「それは、直接、戸田に聞いてみないことにはね……」

こう言うと、検事は机の上の電話に手を伸ばし、ダイヤルを回した。

「ああ、私だよ。すぐに大東商工の手入れの準備をしてくれ。それから、大東商工の社長に、一切の帳簿を提出するように言うんだ。大至急だ」

検事は、これだけ言うと、電話を切った。

「山本！　私は、やると言ったら必ずやる。なめていると、とんでもないことになるぞ！」

この検事の言葉は、伸一の胸に、深く突き刺さった。この時から、彼の獄中での煩悶《はんもん》が始まったのである〉（187～188ページ）

虚偽の自白をすることで、創価学会と戸田を守ることができるのではないかと池田は思い悩んだ。

検察官から脅迫を受けた翌日

弁護士は、依頼人の利益に従って動く。池田にとって、何よりも守らなくてはならなかったのは創価学会であった。創価学会を人格的に体現しているのが戸田だ。検察官は、池田が迎合した自白をしないならば戸田を逮捕し、学会に打撃を与えると言った。検察官から脅迫を受けた翌日（1957年7月10日）に池田はほぼ同じ話を弁護士からも聞かされた。

〈翌日、小沢弁護士が来て、伸一と面会した。

小沢は、声をひそめて伸一に言った。

「山本君、私の言うことを、よく聞いてください。実はね、検察は大変なことを考えているんだよ。

君が容疑を認めなければ、大東商工、学会本部を家宅捜索し、戸田会長を逮捕すると言ってきたのだ。それに、君の岳父《がくふ》である春木洋次、また青年部長の山際洋も逮捕するというんだ。向こうは、際限なく逮捕者を広げていくつもりらしい」

「義父の春木や、山際青年部長のことを聞くのは初めてですが、そのほかのことは、私も検事に言われました」

「そうか。どうも、彼らは本気らしい。そこでだがね、ここはひとつ、検事の言うことを認めてはどうかね。私も、もうこれ以上、広げたくないんだよ」

「ほかならぬ弁護士さんまで、そんなことを言われては困りますよ」

伸一の目が光った。

小沢弁護士は小声だが、力を込めて言った。

「山本君、検察というのは権力なんだよ。彼らは、その気になれば、どんなこともできる。戸田会長が逮捕されるとなれば、これは大ごとだよ。検事も、君の出方次第では、穏便《おんびん》に事をすませてもよいと言っている。

事件というのは、どこかで落着させなければならん。君の段階ですませるのか、戸田会長までいって終わるのか、ということだよ」

伸一は、どうも釈然としなかった。ただ、事態は緊迫しているようである。

「まぁ、ともかく、君さえ認めてくれれば、すべてが収まる。戸田会長の逮捕は、私も避けたいところなんだ。山本君、ここはひとつ、妥協してくれんか」

小沢は、「明日から、ともかく検事の言う通りに供述するように」と、念を押して帰って行った〉（188〜189ページ）

創価学会壊滅作戦に出るかもしれない

弁護士は、池田にとって、最も重要な価値が創価学会と戸田であることをよく理解している。だから弁護士は濡れ衣を被《かぶ》れというような要請を池田にしたのだ。検察は不当な攻撃を池田に対して加えている。それに抵抗して否認を貫くことは池田の意志力をもってするならば可能だ。あるいは黙秘に転じることもできる。しかし、その場合、検察は創価学会本部を家宅捜索するとともに戸田、池田の岳父の白木薫次《くんじ》（『人間革命』では春木洋次）らを逮捕すると言っている。弁護士の判断だと、検察は口先だけで脅しているのではなく、本気で創価学会壊滅作戦に乗り出すかもしれない。どうすれば所与の条件下で創価学会と戸田を守ることができるか、池田は悩んだ。

〈その夜、山本伸一は眠れなかった。拘置所の蒸し暑い独房の中で、何度も寝返りを打ちながら、思い悩んだ。

伸一は、これまでに選挙違反の容疑で捕らえられた会員が、非道な取り調べを受けた報告を聞き、胸を痛めてきた。そんな指示など、もとよりしたことはないが、違反者を出したことに、道義的な責任を強く感じていた。

〝厳しい追及を受けた同志がいるのに、選挙の最高責任者の自分が、安閑《あんかん》としていてよいのだろうか。自分こそ、最も苦しむべきではないか……〟

こう考えると、身に覚えのないことであっても、罪を一身に被るべきではないか、とも思えてきた〉（189ページ）

池田は、今回の選挙違反に対して、選挙の最高責任者として強い道義的責任を感じていた。この責任感の強さが取り調べを担当する検察官にとっては池田の「弱さ」なのだ。「責任を下部に押しつけて、自分だけ生き残ろうとするのか。指導者なのだから潔く責任を取れ」という理屈で検察官は池田を責めた。この攻撃は池田にとってつらかった。同時に、検察に迎合することが創価学会の価値観に照らして正しいかということについても池田は悩んだ。


〈〝しかし、それでは検事の術策に、みすみす嵌《はま》ることになりはしまいか。学会の正義は、どうなるのか〟との思いが、すぐに頭をもたげた。

〝いや、私が嘘の供述をしなければ、大東商工も、学会本部も、家宅捜索するという。

もし、大東商工が家宅捜索されれば、会社としては大きな信用問題に発展するだろう。自分が面倒をみてもらっている会社に迷惑をかけることは、なんとしても避けなくてはならない。また、学会本部が捜索されれば、どうなるだろうか。会員の苦しみ、動揺は計り知れないものがあるだろう。いや、戸田先生にも、どれほどご迷惑をおかけすることになるか。そして、戸田先生が、もし逮捕されたら……〟

伸一の脳裏に、戸田城聖の姿が、まざまざと浮かんだ。

〝先生は、お体をこわされている。夕張の問題、そして、理事長と私の逮捕で辛労《しんろう》が重なり、憔悴《しょうすい》され切っているにちがいない。それで逮捕されたら、先生のお体は……。命を縮めることは間違いない。あるいは、獄中で……。あってはならない。牧口先生に続いて、戸田先生まで獄死させるようなことが、あってはならない。戸田先生を、逮捕などさせてなるものか。絶対に逮捕させてはならない！〟

彼の心は、赤々と燃えた。それは憤怒《ふんぬ》の火であり、また、戸田を守り抜こうとする闘《とう》魂《こん》の炎でもあった。

〝戸田先生あっての私の人生である。いかなることがあっても、私は、先生をお守りするのだ！　では、検事の言うままに、真実を捨てて嘘をつくのか。自らの手で、愛する学会を汚すことになりはしないか……〟

仲一の心は激しく揺れ動き、深夜の独房で、彼の苦悶は続いた。憤怒に胸はうずき、悔し涙があふれた。髪の毛をかきむしり、独房の壁に何度も頭をぶつけた〉（189〜190ページ）

虚偽の供述をして罪を認めれば、創価学会の価値観を毀損《きそん》することになる。しかし、筋を通せば戸田が逮捕される。戸田の健康状態を考えると獄中死する可能性もある。創価学会初代会長の牧口常三郎は軍部政府の不当逮捕によって勾留中に獄中死した。第2代会長の戸田を獄中で死なせることだけは絶対に避けなくてはならない。池田は自らの名誉よりも戸田の命を優先した。宗教人らしい選択だ。

〈苦悩は深く、夜通し彼を苛《さいな》んだ。呻吟《しんぎん》の果てに、伸一の心は決まった。

〝私が罪を背負いさえすれば、一切は収まる。たとえ無実の罪に問われようと、戸田先生のためなら、学会のためなら、それでよいではないか……〟

「先生！……」

伸一は、思わず叫んでいた。再び熱いものが、彼の目に込み上げた。

夏の夜は短く、いつか窓は、かすかに白み始めていた〉（190〜191ページ）

7月11日、罪を認める供述をする意向であることを検察官に伝えた。考え抜いた末の決断だった。強大な国家権力の壁を池田の意志力によって破壊することはできない。創価学会と戸田を守り、信仰の同志を権力の不当弾圧から守るためには、現実的選択はこれしかないのだ。池田のこの判断は正しかったと筆者は考える。池田が否認を続けた場合、検察は組織の面子《めんつ》にかけて、創価学会壊滅作戦に着手したであろう。戸田は逮捕され、獄中で健康状態を一層悪化させた。獄中死したかもしれない。マスメディアは、検察がリークする情報で創価学会が邪教であるというキャンペーンを展開したと思う。それによって多くの創価学会員が苦しむことになった。池田の行動規範は仏法だ。池田にとって真理は具体的だ。この状況で仏法を守ることとは、創価学会と戸田に対して、司直の手が及ばないようにすることだった。

事態を根底から揺るがす重大な事実

〈罪を一身に被ることを決めた山本伸一は、翌日、容疑はすべて認め、供述することを、主任検事に伝えた。

主任検事は、急に相好《そうごう》を崩した。

「それでこそ、君も、最高責任者としての責任を、果たすことになるのではないかね」

伸一は、自らに言い聞かせた。

〝これで、戸田先生をお守りすることができるのだ。学会にも、大東商工にも、迷惑をかけなくてすむ。それに、もう、同志にこれ以上の犠牲者を出さなくてすむ。不本意ではあるが、これでよいのだ〟

伸一の心から、不安と恐れは去り、安堵《あんど》と諦観につつまれていった。

しかし、その奥底には、沈痛の念が潜んでいた。それは、次第に、深い、やるせなさとなって、彼の心を苛んでいったのである。

伸一は、この七月十一日の夜から、全く食欲を失った。それは、獄窓の暑熱のせいばかりではなかった。沈鬱《ちんうつ》な悲哀が、心に重く疲労となってのしかかり、彼の活力を奪ったのである〉（191ページ）

ところが、池田が自白を始めたその日の夜に、事態を根底から揺るがす重大な事実が判明した。

〈十一日の夜のことであった。大村昌人ら買収事件に加わった二、三人が、関西本部を訪れ、驚くべき事実を漏らした。

彼らは勾留《こうりゅう》中、取り調べにあたった検事と、ある合意があったことを明らかにしたのである。

――検事から、「こうした事件は、指揮系統が明らかにならないと収束できない。君たちで話し合って、一応、山本室長の指示ということにしてはどうか。ほんの形式上の問題だから、決して、山本を逮捕したりはしないし、理事長の小西の逮捕もなくなる。また、すぐに君らも釈放してやる」との話があったというのだ。

そして、大村たちは調室で引き合わされ、検事の前で協議し、「伸一の了解」を得たことにしたというのだ〉（191～192ページ）

「約束はしたが、それを守るとは約束していない」という態度を検察は取った。一般社会でこのような態度を取る人や組織は、信頼されない。しかし、公権力を背景に検察にはこのような約束を反故《ほご》にするようなことができる。なぜなら、国民の大多数は、正義を実現する機関が検察であると信じているからだ。戸田は「牢獄というのは、入った者でなければわからんのだ」と述べたが、それは正義を実現すると見られている検察の実態を体験した者の言葉だからこそ重い。

無実と知りながら逮捕した検察の謀略

大村たちは、池田の了解を得て買収を行ったという供述調書を作成したことの意味を、検察が約束を反故にして、理事長の小泉、池田の逮捕という事実に直面して、初めて自覚した。

〈しかし、検事は約束を破り、小西も、伸一も、逮捕されてしまった。その時から、大村たちの良心は、さすがに激しく痛んだようだ。大村たちは、自分たちのでたらめな供述によって、小西理事長が逮捕され、さらに、伸一まで逮捕されてしまった申し訳なさから、検察庁へ抗議に行ったのだった。

大村たちは、検察庁で担当検事に、直接、会い、面と向かって詰問した。すると、検事は、「確かに、小西も山本も、逮捕しないという約束はしたが、私の力が及ばず、こういう結果になってしまって申し訳ない」と詫びたというのである。

関西本部に、急遽、呼ばれた小沢弁護士は、この話を大村たちから聞くと、顔を真っ赤にして激昂《げっこう》した。

「今の話に、間違いはないんですね」

小沢は、幾たびも念を押した〉（192ページ）

大村の話が事実ならば、小泉や池田は誤認ではなく、検察は2人が無実であることを知りながら、創価学会に打撃を与えるために意図的に逮捕したことになる。これは国家権力による犯罪だ。弁護士は、大阪地方検察庁に乗り込み、事実を確認することにした。

〈翌十二日、小沢は、大村たちと、春木征一郎や、東京から来ていた関久男、原山幸一を伴い、大阪地検に行き、小西武雄、山本伸一との面会を求めるとともに、関係検事との会見を要求したのである。

小沢は、拘置所で伸一に面会した。面会室の金網越しに、彼は、まくしたてるように、いつになく興奮した様子で話した。そのうえ、面会時間が短いせいか、早口の東北弁となり、言語は明瞭さを欠き、伸一には、よく聞き取れなかった。

「当局は、けしからん。……もう、妥協はやめだ。戦闘開始だ。うっかり謀略に乗るところだった。これで、すべてはご破算だから……」

伸一が、わかったことといえば、この程度だった。珍しくいきり立つ小沢を、ただ怪訝《けげん》な面持ちで見つめるしかなかった。

一昨日、小沢は、執拗《しつよう》なまでに、「検事の言うようにせよ」と説いたばかりである。小沢と検事の間に、何か起きたのだろうか。あるいは、戸田の健康上に、何か異変でもあったのだろうか。それとも、検事が約束を破り、学会本部の手入れを敢行したのだろうか――何か、容易ならざることが起こったのだろうが、伸一は、事態を理解しかねていた〉（192～193ページ）

勾留されている被疑者の弁護士との面会時間は限られている。筆者が東京地方検察庁に逮捕され、取り調べを受けているときは、弁護士との面会は1日1回、30分だった。この限られた時間で、複雑な状況を理解することは難しかった。池田も短時間の面会では、検察の謀略について理解することができなかった。

太平洋戦争中の抵抗に示された国家観

『人間革命』は創価学会の精神の正史である。この書に記されている事柄については、すべて宗教的意味がある。大阪事件に関しての記述が詳しいのは、そこに創価学会の国家観が端的に表れているからだ。

創価学会は、反国家的宗教ではない。全世界に存在する創価学会員は、各国の善《よ》き国民として生活すべきと創価学会は指導する。これは、キリスト教が反国家的宗教でないのと同じだ。もちろん創価学会もキリスト教も国家に包摂《ほうせつ》されてしまうことはない。国家と宗教は、位相《いそう》の異なる存在だ。国家が宗教の領域に侵犯してくることがある。そのときは創価学会もキリスト教も抵抗する。古代ローマ帝国が皇帝崇拝を強要したとき、キリスト教徒は殉教《じゅんきょう》を恐れずに抵抗した。ナチス・ドイツが、アドルフ・ヒトラーをアーリア人種の救済者と規定し、個人崇拝を要求したときに、マルティン・ニーメラー、ディートリヒ・ボンヘッファーらのプロテスタント教徒は「告白教会」を形成して抵抗した。

創価学会の国家観は、初代会長・牧口常三郎、第2代会長・戸田城聖の太平洋戦争中の抵抗に端的に示されている。創価学会会憲では、この抵抗を次のように位置づける。

〈牧口先生は、不思議の縁により大聖人《だいしょうにん》の仏法《ぶっぽう》に帰依《きえ》され、仏法が生活法であり価値創造の源泉であることを覚知《かくち》され、戸田先生とともに広宣流布《こうせんるふ》の実践として折伏《しゃくぶく》を開始された。第二次世界大戦中、国家神道を奉ずる軍部政府に対して国家諫暁《かんぎょう》を叫ばれ、その結果、弾圧・投獄され、獄中にて逝去《せいきょ》された。牧口先生は、「死身弘法《しんぐほう》」の精神をご自身の殉教によって後世に遺《のこ》されたのである〉（創価学会公式サイト）

死身弘法は、「身を死《ころ》して法を弘《ひろ》む」と読み下す。〈仏法流布の精神を示したもので、身を賭《と》して法を広めることをいう〉（創価学会公式サイト）。国家権力が神社参拝と神札の受領を強要するという形で創価学会の信心《しんじん》の核心を破壊しようとしたことに対して牧口と戸田は抵抗したのだ。そして牧口は死身弘法の精神により殉教した。これは反国家的行動ではなく、間違った道を歩んでいる日本国家を正すための行動だったのだ。これが〈国家の安危《あんき》などについて為政者《いせいしゃ》に進言すること〉（創価学会公式サイト）、すなわち諫暁なのである。

謀略はどのように作られていったか

大阪事件における池田の闘いも国家諫暁なのだ。検察は国家にとって必要な機能だ。正しい価値観を持つ人々が検察官として仕事をするならば、無辜《むこ》の民衆を痛めつけるようなことは起きない。検察という壁が厚いならば、その壁を壊すのではなく、壁の向こう側に創価学会と基本的価値観を共有する人々を増やしていく。検察官を含む官僚の中でも人間革命を進めていくことが重要なのである。

これは創価学会による国家支配ということではない。検察官、外交官などの公務員になった創価学会員は、自らの組織の規律に従い、職業的良心に従って働く。職場で信頼を勝ち得ることが、創価学会員に対する偏見をなくす。日々の仕事を通じて民衆のために奉仕する国家を運営することにより、創価学会の価値観を社会に具現《ぐげん》するのだ。

人間革命を遂行するためには、何が問題になっているのかを正確に把握しなくてはならない。だから、池田を陥れる謀略《ぼうりゃく》がどのように作られていったかを『人間革命』では詳細に記述しているのだ。そこから、当時の検察が抱えていた構造悪を読み解くことが重要だ。

1957年7月12日、大阪拘置所で弁護士は池田、理事長の小泉と面会したあと、大阪地方検察庁に赴《おもむ》く。


〈小沢は、山本伸一に続いて、小西武雄と面会したあと、春木征一郎、原山幸一、関久男、それに大村たちを連れて、大阪地検の主任検事の部屋に行った。そこには、関係検事が、ほぼ全員集まっていた。

小沢弁護士は、大村たちを廊下に待たせ、部屋に入ると、憤然《ふんぜん》として言った。

「検事さん、あなた方は、ひどいじゃないですか。大村昌人《まさと》たちから聞きましたが、山本伸一に罪を被せるように大村たちに言い、話のつじつまを合わせるために、協議までさせたそうじゃないですか。また、そうすれば、すぐに大村たちを釈放してやるし、小西も山本も逮捕しないと約束したと聞きました。これは、いったいどういうことなんですか！」

詰め寄るように尋ねる小沢に、主任検事は冷静に答えた。

「小沢さん、もう少し落ち着いて話してください。なんのことか、私には、さっぱりわかりませんが……。何か誤解があるようですな」

小沢弁護士は、主任検事に怒りをあらわにして言った。

「誤解ですと。とんでもない。廊下《ろうか》に証人として大村たちを待たせてある。ここに呼んでよく聞いてごらんなさい」

「わかりました。さっそく調査しましょう。それで、検事から、そういう話があったというのはいつのことですか」

「六月の二十一日です。取り調べの時に、検事に言われたと話している」

「そうですか。わかりました。では、今日のところは、お引き取りください。そういう事実があったかどうか、詳しく調べますから」

主任検事は、「調査」を連発するばかりだった〉（193～194ページ）

主任検事の対応は小沢にとって到底受け入れられるものではない。主任検事との面会後、小沢は大阪地方検察庁の最高責任者である検事正を訪ね、取り調べ検事と大村らの取引について詳細に説明した。検事正は〈「一日だけお待ち願いたい。明日の午後一時までには、必ず結論を出します」〉（195ページ）と約束した。検事正は約束を守り、調査した結論を小沢に伝えた。その内容は、創価学会にとって納得できるものではなかった。この点については少し後で説明する。

急な呼びかけにも参加した4万人

弁護士から検察の謀略について説明を受けた戸田は激昂《げっこう》した。

〈この話は直ちに小沢から戸田城聖に伝えられた。

「なんだと。そんなことをしていたのか！　学会を陥《おとしい》れる罠《わな》ではないか。許せんぞ。徹底して戦おうじゃないか」

戸田の声は怒気《どき》を含み、悪に挑《いど》む満々たる闘志にあふれていた〉（195ページ）

この時、戸田の脳裏《のうり》には、軍部政府による牧口、戸田らへの弾圧についての記憶が甦《よみがえ》ってきたのだ。新憲法の下、信教の自由が保障されているにもかかわらず、創価学会に対する偏見から不当な弾圧が池田に加えられている。国家諌暁の闘いに創価学会が組織をあげて取り組むことが信仰の故に要請されたのだ。

戸田は有言実行の人だ。12日夜、東京の蔵前《くらまえ》国技館で池田と小泉の不当逮捕を糾弾《きゅうだん》し、大阪地検に猛省《もうせい》を促すとともに2人の即時釈放を訴える東京大会が行われた。急な呼びかけだったにもかかわらず、場内に2万人、さらに雨の中、場外にも2万人、合計4万人が参加した。戸田は、検察が設定した法の土俵《どひょう》だけでなく、民衆の力によっても正義を実現することを考えたのだ。この場で、買収事件に関与した41人を創価学会から除名することが発表された。

〈除名者のなかには、地区部長の大村の指図《さしず》のままに、動かざるを得なかった若い青年たちもいた。しかし、戸田城聖は、あえて全員を除名にしたのである。それは、このような事件を起こす者を、二度と再び学会員から出さないための戒《いまし》めであり、厳愛《げんあい》の措置《そち》

といえよう〉（198ページ）

創価学会は官僚組織ではない。地区部長の指図だから、そのまま従うというのは官僚制の論理だ。創価学会内の地位はさまざまであっても、一人の信仰者として、すべての創価学会員は対等の立場にある。地区部長の指図が、創価学会の信仰に照らしておかしいと思うときは、異議を申し立て、抵抗しなくてはならない。悪が行われようとするとき、それに抵抗できず従ってしまうことは許されないという倫理基準を戸田はここで示した。

偉大なる戦いの成否を決するもの

東京大会では、質問会が行われた。質問会という形態をとったことにも戸田の強い危機意識が表れている。

〈最後に、戸田城聖の指導となった。彼は、この日は、一方的な話に終わることを憂慮《ゆうりょ》し、質問会とした。

戸田は、この権力との闘争は、全員が心の底から納得し、立ち上がってこそ勝てる戦いであると考えていた。

一人ひとりに、いささかでも疑問やわだかまりがあれば、勇気は湧《わ》かないし、本当の力を出すことはできない。偉大なる戦いの成否を決するものは、きめこまやかな納得の対話である。対話に尽《つ》きる。

人間の真実の理解というものは、水が地中深く染《し》み渡るような、命に染み入る語らいを通してのみ可能となる。そして、そこに決意も生まれる。勇気もみなぎる。

戸田城聖が、質問会に踏み切ったのは、皮相《ひそう》的な指導にとどまり、同志の心が深くかみ合うことなく、空転することを恐れたからである〉（198～199ページ）

大村昌人らが買収事件を起こした背景には、創価学会が急速に拡大する中で、一部に官僚主義が入り込んできたことにあると戸田は認識していた。上部機関の決定を下部に伝えるという方式では官僚主義を脱構築できない。学会員の〈一人ひとりに、いささかでも疑問やわだかまりがあれば、勇気は湧かないし、本当の力を出すことはできない〉のである。創価学会員一人ひとりが全力を出さなくては、検察による弾圧を跳ね返すことはできない。戸田は、対話によって、創価学会の潜在力を顕在化させようとした。

〈最初に指名されたのは、年配の男性であった。

「今度の事件は、白黒がはっきりしていると思います。非は、当局にあるのは明らかです。しかし、それに対する学会の態度は、私には、手ぬるいように思えてなりませんが、いかがでございましょうか」

質問した壮年を見ながら、戸田は、「そう思うか。ありがとう」と言ってから、迫力のある声で語り始めた〉（199ページ）

この世界は不条理に満ちている。しかし、創価学会に敵対する勢力は権力を持っている。自らの正義を正面に掲げ、玉砕《ぎょくさい》を恐れずに突っ込んでいくというようなロマン主義を創価学会は取らない。国家権力を体現した検察を相手に闘う際に、細心の注意が必要であることを戸田は説く。


〈「今度の戦いの相手というのは、戦後初めての、やっかいな相手です。炭労ぐらいならわけはないが、なにしろ今度の相手は、本当の権力だ。それとの闘争なんです。だがね、今日の報告では、ようやく勝ち目が見えてきた。

というのは、首謀者《しゅぼうしゃ》の大村君や、事件に関係した者たちが、大いに後悔をし始めた。

彼らは検事たちから、〝理事長や室長は引っ張らないから、君たちはこう言え、言えば早く出してやる〟と言われて、その通り供述してしまった。

ところが、理事長も、室長も、引っ張られてしまったんだから、夜も眠れないぐらい苦しんだ。それで、彼らは、その事実を、こちらに打ち明けたんで、真相がわかってきた。実は、捜査当局に対する本格的な闘争を、今日、始めたんです」

戸田の言葉に、一段と力がこもった。参加者は、息を凝《こ》らして聞いていた〉（199〜200ページ）

以前にも述べたが、刑事事件においては、事実、認識、評価を分けて考えることが重要だ。事実関係については認めた上で、認識を巡《めぐ》って争っても、検察は自らに都合が良い認識を記した供述調書を証拠として提出してくる。そのため被告人は、著しく不利な状況に置かれる。これに対して、そもそも事実が存在しない場合、話は全く異なってくる。検察官の詐術《さじゅつ》によって作られた供述調書を根拠に池田が逮捕、起訴されたのだ。この場合、事実認定を裁判所が公正に行えば、無罪になる。戸田にはそのシナリオが見えていた。戸田は、1958年4月2日に逝去したので、池田の無罪判決（1962年1月25日）を知ることはできなかった。しかし、戸田には未来を正確に見通すことができたのだ。

「その時は差し入れだけはしてくれたまえ」

話を質問会に戻す。戸田は検察との闘いの難しさについてこう説明した。

〈「そりゃ、向こうだって、そう簡単には引き下がりはしないでしょう。嘘《うそ》の供述をさせ、それを根拠にして、学会の上層部に罪を被《かぶ》せようとしたことが明らかになったら、社会的にも大きな問題になるんだから。

そこを突いて、今、戦っている。手ぬるいことなどしていません。

七月十七日は、私の大阪での講義の日ですから、今度は、その日に、大阪の諸君に頼んで、また気勢をあげることになっています。それでだめなら、全国の同志に、集まってきてもらおうじゃないか！

私は、何も悪いことなどしていないし、会長になった時から、この体は捨てるつもりでいるんだから、何も怖《こわ》くありません。悪に対しては、断固、糾弾していきます。それで、五年や十年、また牢獄《ろうごく》に入ったって、いっこうに構いません。でも、その時は差し入れだけはしてくれたまえ」

激昂した戸田の言葉を、人びとは、体を硬くして聞いていたが、最後のユーモアに、どっと笑い声があがり、たちまち心はほぐれた〉（200ページ）

以前にも述べたが、戸田は、ユーモアを多用する。ユーモアとは、〈人間の行動その他の現実の事象に対してそれをおかしみの面からとらえ、表現しようとする精神態度、ないしはそこに表現された滑稽《こっけい》さそのものをさす〉（『日本大百科全書「ニッポニカ」』小学館、ジャパンナレッジ版）ことだ。戸田は、ユーモアで学会員を笑わせることによって、検察権力を相対化しているのだ。これは、古代西欧の思想的伝統を踏まえた上で、正しいユーモアの活用法だ。ユーモアは、ラテン語で体液を意味するフモール（humor）に由来する。

〈人間の体内には血液、粘液、黄胆汁《おうたんじゅう》、黒《こく》胆汁の4種の体液が流れており、これらの混合の度合いによって人間の性質や体質が決定されるとされた。近代になってしだいに気質、気分、とくに滑稽さやおどけへの傾向性のある気質の意味で使われるようになり、そこから現在の意味が生じた〉（『日本大百科全書』）

検察がリークする情報で、人々の認識のバランスに偏《かたよ》りが生じている。体液との類比で考えるならば、特定の体液が多くなりすぎている。この偏りを矯正《きょうせい》するためには、ユーモアによる笑いが必要なのだ。このようなユーモアの基礎には創価学会の信仰がある。

法的技法ではなく、信心で公判闘争に取り組む

東京大会の翌7月13日、弁護士が大阪地検に再び赴いた。主任検事が大村昌人らに虚偽の供述調書を作成させた問題についての回答を聞くためだ。

〈小沢弁護士は、約束の翌七月十三日午後一時、勇んで大阪地検の検事正を訪ねた。

検事正は、意外に落ち着いていた。

「小沢さん、さっそく調べてみましたよ。あなたのおっしゃる大村たちが、検事と相談してつくったという調書は、確か六月二十一日ということでしたね。ところが、それ以前の調書にも、同じ内容の供述があるんですよ」

「それはおかしい」

「しかし、調書には確かにあります。まぁ、ともあれ、山本の供述も間もなく一段落しますから、二人とも釈放しますよ。なにか七月十七日に公会堂で大会があるようですが、

山本伸一は、それまでには釈放しましょう。小西武雄の方は、さらに一日、二日早くなるでしょう。ご安心ください」

小沢は、この話に希望の光明を見いだした。彼は、ともかく一日も早く、釈放させることが先決問題であると考えていた。

やはり、昨日の厳重抗議が、功を奏したのかもしれないと思った。十七日といえば、四日間の辛抱《しんぼう》である。これで、小西、山本の早期釈放も可能となり、戸田城聖も一安心するであろうことを思うと、安堵《あんど》感を覚えた〉（２０４ページ）

検察官は、弁護士に供述調書を見せたわけではない。法曹《ほうそう》（法律専門家）の間では、露《ろ》見《けん》する嘘はつかないという前提でゲームが行われる。また、この弁護士は、池田の利益を全力で守っているつもりであったが、その視界が法律に限定されていた。検察が、供述調書で証拠を固めてしまえば、公判でこれを崩すことは難しいという法律家特有の諦めがこの弁護士にはある。だから、自白調書を作成することが公判に与える影響よりも、池田の保釈を優先したのだ。

これに対して、戸田は、検察が事実を歪曲《わいきょく》して事件をつくりあげたのだから、池田に無罪が言い渡される可能性が十分あると考えた。この認識に基づいて戸田は、東京大会で

「ようやく勝ち目が見えてきた」と述べたのだ。『人間革命』では、弁護団の打ち合わせ状況も詳しく紹介されている。弁護団が池田の無罪に悲観的であるのに対して、池田、戸田、そして創価学会員たちは楽観的見通しを持ち続けた。法的技法ではなく、信心によって、真実を明らかにすることで公判闘争に取り組むという池田らの方針が勝利につながっていったのだ。

池田は獄中で当惑していた。

〈一方、山本伸一は、十二日朝の小沢弁護士との面会のあと、一人、独房にあって、小沢が何を言おうとしていたのか考え続けていた。

〝検事に迎合《げいごう》せよ、と言って二日後には、騙《だま》された、戦闘開始だと言う。何かとんでもない異変が起こったことは確かなようだ。しかし、いったい何が……〟

不穏な事態が生じているように思えたが、考えれば考えるほど、わからなかった〉

（205ページ）

池田は検察が虚偽の内容が記された供述調書を作成するような事態を想定していなかった。弁護士の方針が180度転換する背景にはそれなりの事情があるはずだ。そこで池田は主任検事との面会を求め、率直に尋ねてみることにした。

〈伸一は、熟慮《じゅくりょ》の末、主任検事と面談したい旨、申し入れた。面談できたのは、夕刻近かった。

彼は、主任検事と机を挟《はさ》んで相対した。

「私の件で、何か状況の変化でもあったのでしょうか」

はやる心を抑えながら、伸一は平静に質問した。

「別に、何も変わったことはない。私は、君との約束は守るつもりだから、君の方も、早く供述をすませてくれないとね」

主任検事の口調からは、事態の大きな変化はないように思えた〉（205ページ）

このとき主任検事は、内心で冷や汗を流していたと思う。池田が真実を知れば、自白の供述を拒否するか、黙秘に転じる可能性があったからだ。主任検事はポーカーフェイスで通した。

〈伸一は、身を乗り出すと、主任検事に言った。

「もう一度、小沢弁護士に会って話をしたいんです」

「彼は、いないよ。確か、東京に戻ったのではないか。今ごろは飛行機の中か、あるいは、もう東京に着いているかもしれんな」

しかし、この時、小沢は大阪にいたのである。主任検事は、小沢と伸一が会うことによって、伸一が供述を拒み、事態が紛糾することを恐れていたのかもしれない〉（205ページ）

弁護士接見を妨害した主任検事の本音

検察官は、被疑者が弁護士と会うことを妨げてはいけない。「弁護士に面会を要請する電報を打ったらいいよ。供述は弁護士と相談した後で行えばいい」と対応するのが、検察官と被疑者が折り合いをつけて供述調書を作成するときのやり方だ。ちなみに筆者が東京地方検察庁特別捜査部に逮捕され、東京拘置所内の取り調べを受けたときも、検事は供述調書の方向性について説明した後、「弁護士に相談してみて。その上で、明日、調書を作成しよう」と言って、実際に供述調書はその通りに作られた。公判で被告人が供述調書作成過程における任意性を争うことがないようにするために、筆者の取り調べ担当検事はそのような対応をしたのだと思う。池田の事件の主任検事が弁護士接見を妨害したのは、検察に自信がないからだ。騙《だま》してでも池田から自白調書を取ろうとしたのだ。

主任検事は池田を騙し続ける。

〈伸一は尋ねた。

「実は、小沢弁護士の話では、〝すべては、ご破算《はさん》になった〟とのことなんですが、何かご破算になったようなことが、あったのでしょうか」

主任検事は、怪訝《けげん》そうな顔で伸一に言った。

「実は、小沢弁護士は、私たちにも〝ご破算だ〟とか言っていたが、それがよくわからんのだよ」

そして、伸一の表情をうかがいながら話を続けた。

「私たちの考えは、何一つ変わっていない。約束通りに事が運ばなければ、大東商工も、学会本部も、捜索しなければならんし、戸田も引っ張らなければならない。君は、あれこれ考えるよりも、ともかく供述を急いでくれたまえ。事態は差し迫っているんだからね」

主任検事は、席を立った〉（205〜206ページ）

この時点で池田は、主任検事が嘘をつくことはないと思っている。だから自白調書を作成することが、戸田と創価学会を救う唯一の道だという考えに傾いた。

〈伸一は、まだ戸田城聖を逮捕するという最悪の事態にはいたっていないことを知り、内心ほっとしていた。

「あと一つだけ、お聞きします。私が、あなたたちの言うように供述すれば、本当に、戸田先生の逮捕や学会本部の捜索はないのですね」

「君もくどいね。約束は守ると言っているじゃないか」

伸一は、この言葉に安心した。彼は、戸田を獄舎に送り、愛する同志たちを、これ以上苦しめることだけは、なんとしても避けようと、心に決めていたからである。伸一の苦衷《くちゅう》は、次第に和らぎつつあった〉（206ページ）

「一歩後退、二歩前進」という戦略

検察が戸田を逮捕しても、戸田自身の自白調書と池田が戸田の指示で選挙違反を行ったという供述を調書にまとめない限り、公判を維持することはできない。戸田を逮捕し、創価学会本部を強制捜索しても、公判を維持できず無罪判決が言い渡されれば、検察は大きな打撃を受ける。従って、合理的に考えると戸田を逮捕する可能性はない。ただし、嫌がらせで戸田を逮捕し、嫌疑不十分で処分保留として釈放する可能性は十分あった。その場合、マスメディアが創価学会会長逮捕と大きく報じるので、学会は大きな打撃を受けたであろう。あの時点の状況を総合的に判断すると、自白調書の作成に応じた池田の判断は正しかったと筆者は考える。裁判の結果、「犯罪者」の烙印《らくいん》を押されようとも、師である戸田と創価学会を守ることができればよいと池田は腹を括《くく》った。これは池田の信仰による決断だったのだ。同時に、池田は真実を公判で明らかにしようと考えた。

〈ただ、学会の正義だけは、なんとしても証明しなくてはならないと思った。そのために彼は、呻吟《しんぎん》の末に、法廷ですべてを明らかにし、裁判に一切をかけようとしていた。伸一は、罪を一身に背負う覚悟はできていたが、学会の正義を証明するためには、無実を明らかにしなければならないことを、痛感していたのである。

今、彼は、ひとたびは権力に敗れることを余儀《よぎ》なくされていた。しかし、断じて、そのまま屈するわけにはいかなかった。ここで違反行為を認めてしまえば、それを法廷で覆すことは、容易ならざる戦いとなろう。だが、もはや、ほかに道はなかった。最後の勝利に向かい、伸一の、権力との本格的な闘争は、この時から開始されたといえよう〉（206〜207ページ）

取調室の中では、検察官が圧倒的な力をもつ。検察が設定した土俵の上で池田が勝利することはできない。しかし、拘置所の塀《へい》の外にいれば、恩師の戸田、創価学会の同志がいる。さらに民衆がいる。権力が設定した法廷にとらわれるのではなく、民衆の判断を基準に闘うべきと考えた。民衆の力で、裁判所に公正な判断をさせるのだ。「一歩後退、二歩前進」という戦略を池田はこのとき構築した。

〈伸一の供述が始まった。彼は、悔しさに身を震わせながら、遂に違反を認めたのである。痛恨の思いであった。しかし、自ら決断した、やむなき選択であった。

検察は、ともかく起訴に持ち込めるだけの供述を取り、早く伸一を釈放してしまおうとの方針を固めていたようである。大村昌人たちに嘘の供述をさせ、それを根拠に、山本伸一を逮捕したことが問題になるのを、恐れていたのであろう〉（207ページ）

池田が自白した供述調書さえあれば、公判を維持できると考えたのであろう。「自白は証拠の王様だ」というのが検察官の常識なのだ。

〈検事たちは、十七日には、中之島《なかのしま》の大阪市中央公会堂で、抗議集会が開催されることを知っていただけに、穏便に事を終わらせたいと考えていたようであった〉（207ページ）

検察は、創価学会が法廷外で抗議集会やデモを行っても公判には影響を与えないと高を括っていた。創価学会は民衆宗教だ。一人ひとりの力は限られている。しかし、価値観によって団結した民衆は大きな力を持つ。検察は創価学会に結集する民衆の力を軽視していた。

「皆様、大変にしばらくでございました」

1957年7月17日午後0時10分に池田は大阪拘置所から保釈された。1時半に伊丹《いたみ》空港で戸田を迎え、関西本部に向かった。そして、この日、午後6時から中之島の大阪市中央公会堂で行われる大阪大会についての打ち合わせをした。

平日（水曜日）の夕刻で、激しい雷雨であったにもかかわらず、会場には2万人が集まり、場外にも1万数千人が溢れていた。

〈場外には、スピーカーが特設されていたが、声は、激しい雨の音にかき消されていった。人びとは、ずぶ濡れになりながら、全身を耳にして、スピーカーから流れる声を聞き取ろうとしていた。

豪雨のなかに、大歓声と大拍手が響き渡った。山本室長の登壇《とうだん》である。雨は、さらに激しさを増し、滝のように大地を叩《たた》きつけていた。

場内に、伸一の元気な声が響き渡った。

「皆様、大変にしばらくでございました」

堂々たる、力強い声であった。

彼は、同志に心配をかけたことを謝すとともに、この日、正午に、元気いっぱいに拘置所を出てきたことを告げた。

場外の人びとは、豪雨のなかで伸一の声を聞き、安堵と喜悦に、われを忘れて拍手を送った。伸一が逮捕されて以来、胸を痛め、苦しみ抜いてきた同志は、感極まり、雨に

まみれながら目頭をぬぐった〉（215ページ）

池田は、冒頭、「皆様、大変にしばらくでございました」と述べた。池田が逮捕されたのは7月3日なので勾留期間は15日に過ぎない。しかし、信仰の同志と物理的に切り離されていたこの15日間が、池田にはとても長い時間に感じられたのであろう。拘置所の塀で遮られていても池田と創価学会員は信仰で固く結びついている。大阪大会がこの事実を可視化したのだ。

〈伸一は、胸中に、ふつふつとたぎる大確信を、言葉に託して放った。

「すべてのことは、御本尊様《ごほんぞん》がお見通しであると、私は信ずるものであります。

戸田先生は、『三類の強敵のなかにも僭聖増上慢《せんしょうぞうじょうまん》が現れてきた』——このように言われておりますが、『大悪《だいあく》を（起）これば大善《だいぜん》きたる』（御書《ごしょ》一三〇〇ページ）との、日蓮大《にちれんだい》聖人《しょうにん》様の御金言《ごきんげん》を確信し、私もさらに、強盛《ごうじょう》な信心を奮い起こし、皆様と共に、広宣《こうせん》流布《るふ》に邁進《まいしん》する決心であります。

最後は、信心しきったものが、御本尊様を受持《じゅじ》しきったものが、また、正しい仏法が、必ず勝つという信念でやろうではありませんか！

どうか、戸田先生のまことの弟子として、お互いに、ますます信心を磨いて、絶対的幸福をつかむためにも、大聖人様の御遺命《ごゆいめい》であり、御予言《ごよげん》である広宣流布を成就《じょうじゅ》するためにも、一生懸命に闘い抜いていくことを誓い合い、あいさつに代えます」

怒濤《どとう》のような、大拍手が湧き起こった〉（215～216ページ）

広宣流布にむけた闘いという大きな土俵に池田は公判闘争を位置づけた。信心によって裁判を相対化していったのである。信心さえしっかりしていれば、難を克服することができる。鎌倉時代に日蓮は、「大悪を（起）これば大善きたる」と述べた。日蓮の弟子として、池田は大阪事件という大悪を創価学会の世界宗教化という大善に転換していくことになる。

国政で無視できない創価学会の影響力

池田の公職選挙法違反容疑に関する第1回公判は、1957年10月18日に大阪地方裁判所（田中勇雄裁判長）で行われた。翌58年3月6日に起訴状に対する罪状認否で、買収事件に関与した者は罪状を認めたが、創価学会理事長の小泉との共謀《きょうぼう》は否認した。小泉も共謀を否認した。戸別訪問の実行者も罪状を認めたが、池田との共謀は否認した。池田も共謀を否認した。
1957年7月3日に池田が逮捕されてから、62年1月25日に判決が言い渡されるまでの4年半の間に、公判は84回行われた。この間に創価学会ではさまざまな出来事があった。1958年4月2日に創価学会第2代会長の戸田城聖が逝去した。戸田は、池田を後継会長にしたいと望んでいた。創価学会幹部も池田に第3代会長就任を要請したが、池田が会長を辞退し続けた理由の一つが公判が継続していたことだった。宗教法人法では以下の規定がある。

〈第二十二条　次の各号のいずれかに該当する者は、代表役員、責任役員、代務者、仮代表役員又は仮責任役員となることができない。
一　未成年者
二　心身の故障によりその職務を行うに当たつて必要となる認知、判断及び意思疎通を適切に行うことができない者
三　禁錮《きんこ》以上の刑に処せられ、その執行を終わるまで又《また》は執行を受けることがなくなるまでの者〉

裁判で池田に禁固刑以上の刑（執行猶予《ゆうよ》を含む）が確定した場合、創価学会の会長職を退かなくてはならなくなる。このような事態が創価学会に与える悪影響を池田は考慮したのだと思う。

翌59年6月の参議院議員選挙で、創価学会の推薦を受けた東京選挙区（柏原ヤス）と全国区5人（石田次男、中尾辰義《たつよし》、小平芳平《よしへい》、原島宏治《こうじ》、牛田寛）が当選する。創価学会に属する参議院議員は非改選を含めて9人になった。国政において創価学会は無視できない影響力を持つようになった。

1960年5月3日、池田は創価学会第3代会長に就任する。宗教界、政界、社会において創価学会が急速に影響力を拡大するなかで、会長が不在であることがもはや許されない状況になっていた。公判の過程で弁護士は悲観的で、有罪判決が言い渡されると考えていたが、池田には無罪となる結果の見通しがついていたのだと思う。ここで根本に立ち返って考えるならば、国家の裁きと宗教団体の価値は本質的に異なる。池田が刑事被告人であることは法難なので、このような要因にとらわれるべきでないという揺るぎなき集合的意志を創価学会員が持つようになったことが、池田が3代会長に就任する環境を整えたと筆者は考える。大阪事件によって創価学会は一層強くなったのだ。

1961年11月27日に公明政治連盟（公政連）が結成される。参議院議員9人、都道府県議会議員7人、市区議会議員268人、計284人が構成員となった。公政連は池田の提唱によって創設された。

〈公政連結成を提唱したのは、池田大作創価学会会長（当時）である。池田会長が公政連結成に踏み切ったのは、宗教団体のなかでの政治活動と宗教活動との組織的な立て分け、すなわち政治活動は政治団体が主体的に行い、宗教団体としての創価学会はその支援をするという方向性で、宗教団体と政治団体との組織的な分離を図るためであった〉
（公明党史編纂委員会『大衆とともに――公明党50年の歩み　増訂版』公明党機関紙委員会、2019年、27ページ）

公政連が、池田の公判が継続中に結成された事実が重要だ。池田は、権力の弾圧に怯《ひる》まずに、創価学会が憲法で保障された政治活動を円滑に行う戦略を練った。その結果が、公政連の創設なのだ。権力が介入する口実を与えないように、創価学会における宗教活動と政治活動を組織的に区別した。こうして創価学会員が自らの価値観に基づいて政治活動を行える基盤が整った。

話を公判に戻す。買収事件に対する判決が1961年2月27日に言い渡された。買収に関与した被告人たちには、懲役刑や罰金刑が言い渡されたが、小泉は無罪になった。同年12月15日の第82回公判で、弁護側の最終弁論が行われた。翌16日に、池田は最終陳述《ちんじゅつ》を行った。

〈伸一の脳裏《のうり》には、一瞬、この裁判の四年半にわたる来《こ》し方《かた》の、さまざまな出来事が去《きょ》来《らい》した。

――戸田城聖は世を去り、柱なき学会のすべてを、陰で支えた二年間の苦闘。裁判ゆえに、会長就任の要請を再三にわたり辞退せざるを得なかった日々。しかし、やむなく会長となり、新しき広宣流布の幕を開き、烈風にひた走った激闘の歳月……。

今、広宣流布の奔流《ほんりゅう》は勢いを増し、二百万世帯を超える大河となって、民衆の大地を潤《うるお》さんとしている。思えば、被告人という重荷を背負っての戦いであった。だが、その裁判も、間もなく終わろうとしているのだ〉（262ページ）

会長就任から1年半で200万世帯以上に拡大

1951年5月3日に戸田は創価学会第2代会長に就任した。このとき戸田は、創価学会を75万世帯に拡大すると宣言した。そして、57年12月13日に「聖教新聞」（創価学会機関紙）が75万世帯達成を報じた。

〈戸田先生が就任した当時の会員数は約3000人でした。そうした中、戸田先生は、自身の就任式で〝75万世帯の弘教《ぐきょう》の達成〟を宣言したのです。

「もし私のこの願いが、生きている間に達成できなかったならば、（中略）遺骸は品川の沖に投げ捨てていただきたい」。烈々《れつれつ》たる気迫に、参加者は息を飲むばかりでした。

しかし、若き日の池田先生はただひとり、会場の片隅で師の誓願《せいがん》の実現を深く決意。弘教の先頭に立ち、あらゆる戦いを勝利で飾り、75万世帯達成の原動力となったのです。

〝75万世帯の弘教〟という願業を果たした戸田先生が逝去された2年後、池田先生が第三代会長に就任します。「若輩ではございますが、本日より、戸田門下生を代表して、化儀《けぎ》の広宣流布を目指し、一歩前進への指揮をとらせていただきます！」との力強い第一声の後、恩師・戸田先生の7回忌までに300万世帯の弘教達成を誓ったのです〉

（創価学会公式サイト）

池田の会長就任から1年半で、200万世帯以上に創価学会は拡大した。大阪事件で池田と小泉が無罪を勝ち取った年の11月に300万世帯が創価学会に属するようになった。大阪事件による弾圧を、池田は民衆への広宣流布（宣教）によって跳《は》ね返していったのである。

〈伸一は、胸に込み上げる感慨を抑えながら、裁判長に視線を向けた。裁判長に一礼してから、静かだが、力強い声で語り始めた。

「幾つかの点について、申し上げたいと思います。一つは、検事の論告求刑のなかで、宗教活動を仮装してうんぬんとありましたが、選挙を行うのは憲法に保障された国民の権利であり、義務であります。われわれが選挙運動をやってなぜ悪いか、明らかに偏見であると思います。学会が選挙運動を行うことは、国民としての権利を行使するものであることを、申し上げたいと思います」〉（262～263ページ）

以前にも指摘したが、日本国憲法が定めた政教分離は、国家が特定の宗教団体を優遇もしくは忌避することを禁止した規定だ。宗教団体が自らの価値観に基づいて政治活動を行うことは、憲法上保障された当然の権利だ。

〈伸一は、田上《たがみ》裁判長を正視しながら、言葉をついだ。
「第二点は、戸別訪問についてであります。戸別訪問は、現在の法律では違法であることはよく承知しておりますが、この問題については、現在、各方面で、論議を呼び、戸別訪問は認めるべきであるとの声も少なくありません。われわれも、過去に数回、選挙をやっており、それぞれの地方で、一部ではありますが、残念ながら戸別訪問の罪に問われた者があります。もちろん法律を犯すことは、いけないことでありますが、今までの戸別訪問は、たいてい略式命令による罰金刑等の軽い刑でありました。ところが、この大阪地検に限って、禁固という重い罪を求刑しております。これは、はなはだ過酷であると思います」〉（263ページ）

戸別訪問に関して、実行した者は、容疑を認めている。その場合、略式命令による罰金刑が通例だ。それにもかかわらず、大阪地方検察庁は禁固刑を求刑している。これは均衡《きんこう》を失する姿勢で、創価学会に対してあえて法規を厳格に適用する不当な対応だ。

〈伸一は、語りながら、過酷な取り調べに泣かされた、多くの同志のことが思い出された。彼らは、確かに戸別訪問をしてしまったが、選挙民に、買収や供応《きょうおう》を行ったわけではない。ただ民衆のための政治を熱望するあまり、人びとの家を訪れ、自らの思いを弁論で訴えたにすぎない。

　違法ではあっても、その動機は、あくまでも純粋であり、むしろ、腐敗、堕落した、金の力をもってする選挙に、抗しようとしたところから起こった過ちにすぎないことを、伸一は訴えたかった〉（２６３～２６４ページ）

続いて、池田は大阪地検の組織文化を糾弾する。


〈彼の声に、一段と力がこもった。

「次に、大阪の土地柄であると思いますが、昔から、大阪は商人の町であり、当時の身分制度のもとで、権力者が町民を睥睨《へいげい》してきた歴史のせいか、大阪の検事は全く横暴であり、取り調べも非道なものでありました。権力を笠に着て、弱い者いじめをするかのようなやり方であり、断じて許しがたいものであります」

　伸一は、最後の法廷で、なお堂々と闘っていた。自分の一身の問題のためではなかった。多くの愛する同志を、かくまで苦しめた権力の魔性への、法廷における最後の抗戦であった。

今、攻守は所を変えて、検事席の検事たちは、いつしか顔を伏せていた〉（264ページ）

権力の横暴に泣かされた民衆の立場を代表

この刑事裁判において、池田は被告人席に座らされている。しかし、民衆の立場から考えれば、池田は権力犯罪を告発する側に立っている。池田は被告人最終陳述の場を利用して、権力の魔性との闘いを展開した。

〈伸一は、語るべきことを語ると、脳裏に、戸田城聖の面影が浮かんだ。あの伊丹の空港で、戸田が語った、「裁判長は、必ずわかるはずだ……」との言葉が、まざまざと蘇《よみがえ》ってきた。

彼は、静かに言葉を続けた。

「この事件で、私が逮捕され、拘置所から出ました時、私の恩師である戸田城聖先生は、『勝負は裁判だ。裁判長は、必ずわかるはずだ。裁判長に真実をわかってもらえれば、それでいいじゃないか』と言われ、やがて、亡くなりました。取り調べがいかに不当であっても、裁判が公正であれば、人びとは冤罪に泣かずにすみます。無実の罪を着せられようとした民衆にとって、最大の希望となります。最後に、この事件のすべての被告人に対して、公正なる審判をお願いする次第であります」

伸一は、率直な思いを、そのまま吐露《とろ》したにすぎなかったが、劇的な結びとなった〉（264〜265ページ）

池田は、権力の横暴に泣かされた民衆の立場を代表して裁判長に訴えた。「取り調べがいかに不当であっても、裁判が公正であれば、人びとは冤罪に泣かずにすみます。無実の罪を着せられようとした民衆にとって、最大の希望となります」という池田の言葉が持つ意味は重い。これで審理はすべて終わり、池田は判決の言い渡しを待つ身になった。

〈審判の日が来た。歴史の瞬間は迫りつつあった。

一九六二年（昭和三十七年）一月二十五日——最終公判となる第八十四回公判が、午前九時三十分から、大阪地方裁判所で開かれたのである。

誰もが固唾《かたず》をのんで、田上雄介裁判長の言葉を待った。裁判長は、被告人全員の名前を読み上げていった。

「右被告人等に対する公職選挙法違反被告事件について、当裁判所は……」

穏やかだが、明晰な声であった。裁判長の声が、静寂のなかに、せせらぐように流れた。

「主文……」

刑の言い渡しである。九人の被告人に罰金一万円、四人に七千円、二人に五千円、さらに二人に四千円、三人に三千円が言い渡された。これで二十人である。禁固刑は一人もない。公民権停止は短縮されて十七人に適用された〉（265ページ）

起訴されると99％有罪の刑事裁判で無罪

戸別訪問を実行した創価学会員に禁固刑を科そうとした検察の目論見《もくろみ》は外れた。

〈山本伸一の名前は、なかなか出なかったが、主文の最後に、裁判長は明確に宣《せん》した。

「被告人・山本伸一は無罪！」

傍聴席《ぼうちょうせき》は、さっとざわめき、どの顔にも歓喜の光が差したが、これに続く判決理由の朗読に耳を澄ました。判決理由では、罪となるべき事実として、会員が幾つかの地域で戸別訪問を行い、現行犯で逮捕者を出したことがあげられていた。

また、山本伸一については、公訴事実を一つ一つ反駁《はんばく》し、無罪であることを示していった。なかでも最大の焦点となったのは、選挙投票日の前々日、大阪に来た会員たちに、伸一が戸別訪問を指示したという、京都の壮年会員の供述調書であった。裁判長は言った。

「畏敬《いけい》の念に満ちた被告人・山本伸一から、直接に『堂々と戸別訪問をしてください。責任は私がもちます』と頼まれ、もしくは命令されたと仮定するならば、これを聞いた百人以上の学会員のうち、一人のみが戸別訪問し、他の誰もがしないなどということは、およそ考えられないことであります」

明快な論証であった〉（265～266ページ）

検察に起訴されると99％が有罪になる日本の刑事裁判で不可能と思われていた無罪を池田は勝ち取ることができた。

〈田上裁判長は、さらに言葉を続けた。

「また、室長として学会における地位も上級幹部であり、本件選挙の最高責任者であった同被告人が、百人以上の聴衆を前にして、前記のごとき言辞を弄《ろう》することは、常識上からもはなはだ疑問であります」

傍聴していた幹部は、誰もが、〝そうだ〟と頷いた。判決理由は結論に入った。

「そして、右のほかに被告人・山本伸一が謀議をしたことを認め得る証拠は、なんら存在しないのであるから、結局、被告人・山本伸一についての前記公訴事実については、いずれも犯罪の証明がない。よって、無罪であります」

また、裁判長は「この事件について、検察は、総責任者である山本伸一を陣頭にして、学会として組織的に行ったものだという見解で起訴されているように思われます。しかし、証拠調べの結果、各下部組織において、終盤戦で焦りなどから、違反行為という事態が発生するに至ったものであり、学会全体として行ったという証拠はありません」と明言したのである。

公判は午前十時四十分に終了した〉（２６６ページ）

池田は無実なので、無罪の判決は当然である。しかし、この当然の判断を裁判官がすることには勇気が必要だ。公判における池田の人間性が裁判官に勇気を与えたのだと筆者は見ている。

師弟愛が可視化された無罪獲得

日本の刑事裁判では、起訴されると99%以上が有罪になる。被告人が無罪を勝ち取ることは至難《しなん》の業《わざ》だ。公職選挙法違反（大阪事件）で起訴された池田に対して大阪地方裁判所（田中勇雄裁判長）は、1962年1月25日に無罪を言い渡した。地裁が無罪を言い渡しても、検察が控訴する可能性が残されていた。しかし池田は検察が控訴しても、再び無罪を勝ち取ることができると考えていた。法廷闘争で勝利できたのが、創価学会の信仰の勝利であると池田が確信していたからだ。池田にとって残念だったのは、恩師の戸田（1958年4月2日逝去）にこの勝利を直接報告できないことだった。

〈遠く、険《けわ》しい道のりであった。しかし、学会の正義は、伸一の無実は、ここに証明され、欺瞞《ぎまん》の策謀《さくぼう》に真実が打ち勝ったのだ。遂に闇牢《やみろう》の巌窟《がんくつ》は砕かれ、今、伸一の胸中には、まばゆい旭日《きょくじつ》の光彩が降り注いでいた。

「先生！……」

伸一は、恩師・戸田城聖を思い、心で叫んだ。

彼の心は、にっこりと微笑《ほほえ》む戸田を見ていた〉（266～267ページ）

戸田は、生前、この勝利を予測していた。大阪事件という難《なん》を乗り越えることが創価学会が躍進するために不可欠であることを戸田は理解していた。また愛弟子の池田ならば国家権力の圧力や世間の偏見に屈することなく難の本質を正確にとらえ、それを克服することができると戸田は信じていた。大阪事件における無罪獲得は、戸田と池田の師弟愛が可視化されたものでもあるのだ。

〈傍聴していた幹部たちは、喜色満面《きしょくまんめん》で、たちまち伸一を取り囲んだ。

「おめでとうございます」

口々に、無罪となった伸一を祝した。

彼は、弁護士たちに丁重《ていちょう》に礼を言うと、車で関西本部に向かった。車窓には、雲間から差し込む柔らかな冬の日差しを浴びて、堂島川が、銀色に照り輝いていた。

車中、伸一は、一人、戸田城聖を偲《しの》んだ。

〝先生！　先生の仰《おお》せの通りになり、晴れて無罪となりました。これで、先生の命である尊い創価学会に傷をつけずにすみました〟

彼は、師の偉大さを、しみじみとかみしめていた。そして、自分が逮捕される直前の、五七年（同三十二年）六月初旬のある夜、戸田が、広宣流布の道程は、権力の魔性との熾烈《しれつ》な攻防戦とならざるを得ない、と語っていたことが、思い返された。

牧口常三郎の獄死、戸田城聖の二年間の獄中生活の苦闘……。さらに、わずか二週間ではあったが、自身の入獄と、この四年半にわたる裁判を思うと、伸一は、権力の魔性と戦いゆかねばならぬ学会の、避けがたき宿命を、強く、深く実感せざるを得なかった。

今、山本伸一は無罪となり、広宣流布の伸展を封ぜんとする権力の画策は破れたのである〉（267ページ）

池田は、公判で無罪を獲得した勝利の宗教的意義を正確に理解していた。創価学会の布教（広宣流布）の伸展を封じ込めようとする国家権力の意思があった。国民の中にある創価学会に対する予断と偏見を警察官や検察官も共有していた。しかし、警察官や検察官は自らの予断や偏見を自覚していない。権力を行使して自らが考える「正しい社会」を作ろうとして、無意識のうちに創価学会員に弾圧を加えたのだ。創価学会員だけでなく、権力を持たない民衆は、権力を行使する者の予断と偏見によって人権を侵害される。このような現状を改めるために行動することが自らの使命と池田は考えた。

〈伸一は、思った。

〝国家権力によって冤罪を被《こうむ》ってきた人びとの数は、計り知れないにちがいない。また、これまで、権力によって虐《しいた》げられ、自由を奪われ、不当に差別されてきた民衆は、いかに多かったことか。いや、世界には、今なお、権力によって、虐げられ、呻吟《しんぎん》する民衆は跡を絶たない〟

ここまで思いをめぐらした時、伸一の脳裏に、「撰時抄《せんじしょう》」の一節が浮かんだ。

「王地に生れたれば身をば随《したが》えられたてまつるやうなりとも心をば随えられたてまつるべからず」（御書二八七ページ）

流罪《るざい》地の佐渡《さど》から鎌倉に戻られた日蓮大聖人が、御自身を迫害した権力者・平左衛門尉《へいのさえもんのじょう》に対して言われた御言葉である。

――王の支配する地に生まれたがゆえに、身は権力のもとに従えさせられているようであっても、心は従えさせられることはない。

つまり、いかなる権力をもってしても、強き人間の精神を縛り、支配し、隷属させることは、断じてできないとの仰せである。それは、御本仏《ごほんぶつ》としての御境涯《ごきょうがい》を述べられたものだが、同時に、精神の自由こそ、人間に与えられた、本然《ほんねん》の権利であることを示さ

れた、人権獲得への一大宣言とも拝《はい》せよう〉（268ページ）

仏法を基調としたヒューマニズム

いかなる権力をもってしても、強き精神を縛り、支配し、隷属《れいぞく》させることはできないという日蓮の教えを池田は継承している。現在、民衆を代表する創価学会と国家権力の間には厚い壁が存在する。この壁を壊そうとするのが社会革命家だ。しかし、国家権力の壁を壊すことができることは稀《まれ》にしかない。壁を壊すことができなかった社会革命家は、価値観を喪失し、ニヒリズム（虚無《きょむ》主義）に陥ってしまう。

また、壁を壊すことに成功した社会革命家が国家権力を掌握《しょうあく》すると、民衆との間に新たな壁を作ってしまうこともよくある。スターリン主義（ソ連型共産主義）がその典型だ。民衆を解放することを意図してボルシェビキ党（ソ連共産党の前身）は1917年11月に社会主義革命を行った。しかし、その結果生じたのが収容所群島だった。

池田は、警察官、検察官、裁判官も仏の生命を具《そな》えていると考える。裁判長の田中が勇気を持って池田に無罪判決を言い渡すことができたのは、田中に仏《ほとけ》の生命が働いたからだ。警察官、検察官が正しい価値観を持つようになれば、民衆を苦しめる冤罪はなくなる。池田は、日蓮の価値観を現代に活かそうとしている。

〈また、大聖人は、人間は等しく仏の生命を具え、皆、わが身がそのまま宝塔であると教えられている。さらに「末法にして妙法蓮華経《みょうほうれんげきょう》の五字を弘《ひろ》めん者は男女はきらふべからず」（御書一三六〇ページ）と、男女の平等をも明言された。地位や立場はもとより、国家、民族、性別など、あらゆる違いを超えて、人間は等しく、誰もが尊厳無比《そんげんむひ》であり、平等であることを説かれているのである。

日蓮大聖人の仏法は、権威、権力のための宗教でも、宗教のための宗教でも断じてない。また、一民族や一国家のための宗教でもない。まさに人間のため、人類のため、人権のための宗教なのだ。人種差別も、民族紛争も、根本的な解決の方途は、この大聖人の仏法を基調としたヒューマニズムのなかに、見いだすことができよう。

なれば、広宣流布とは、人間の尊厳と自由と平等とを勝ち取る人権闘争にほかならないはずである。そして、そこにこそ、創価学会の担《にな》うべき社会的使命もあろう〉（268～269ページ）

国家権力の壁を力で壊す社会革命ではなく、人間革命によって壁の向こう側に正しい価値観を持った人々を送り込んでいくことが必要と池田は考えた。人間革命の実践である。「一人の人間における偉大な人間革命は、やがて一国の宿命の転換をも成し遂げ、さらに全人類の宿命の転換をも可能にする」という池田の思想は、大阪事件後、難関な司法試験に合格し、検察官、裁判官、弁護士になる創価学会員が少なからず現れるという形で具体化した。これは創価学会による法曹《ほうそう》界支配ということではない。検察官、裁判官、弁護士は、それぞれの職業的良心に従って仕事をする。仕事をする過程で、自分の中に権力の魔性が現れることを、創価学会の価値観を体得した人ならば自覚することができる。それによって、自分が持つ専門知識の濫用《らんよう》を防ぐことができる。

権力の魔性から人間を解放するということは、権力によって被害を受ける民衆だけでなく、構造悪に荷担《かたん》している権力者をも解放することになる。仏法を基調としたヒューマニズムを池田は説く。人間革命とは、被抑圧者とともに抑圧者をも解放し、人間が真の自由を獲得する思想なのだ。

〈この時、山本伸一の生涯にわたる人権闘争への金剛《こんごう》の決意が、胸中に人知れず芽吹いていたのである。

〝権力の魔性の桎梏《しっこく》からの人間の解放、人権の勝利……。よし、やろう。仏子《ぶっし》として、わが人生をかけて！〟

伸一の一念に深く刻まれたこの誓いこそ、やがて、広く世界をつつみゆく、ＳＧＩ〈創価学会インタナショナル〉の新しきヒューマニズム運動の、大潮流をもたらす源泉にほかならなかった〉（２６９ページ）

検察による控訴の可能性が残っていたが、無罪判決が言い渡された4日後の1月29日に池田は、羽田の東京国際空港から中東・アジア諸国歴訪に向けて出発した。大阪事件での勝利で示された信仰の力を創価学会の世界宗教化に活かそうとしたのだ。池田の努力がＳＧＩ結成（１９７5年1月26日）につながる。2月8日、エジプトのカイロで池田は「KOUSO NASHI」（控訴なし）との国際電報を受け取った。検察は控訴を断念し、池田の無罪が確定した。

〈判決から十四日間の控訴期間内に、検察の控訴はなかったのである。あの厳しい求刑を思うと、考えられないことであった。検察は、第一審の山本伸一の無罪判決を覆すことは困難であると判断し、やむなく控訴を断念したのであろう。

これで、大阪地裁の判決が、最終の審判となったのである。

伸一は、ホテルで電報を目にすると、にっこりと頷《うなず》いた。窓から差し込む夕日に、彼の顔は紅《くれない》に映えていた。

彼は、深い感慨に浸りながら、大阪府警に出頭し逮捕された、一九五七年（昭和三十二年）の七月三日を思い起こしていた。その日が、奇《く》しくも、戸田城聖が二年間の獄中生活を終えて出獄してから、十二年後の同じ日であったことを思い返すと、戸田と自分とを結ぶ、不思議な運命の絆《きずな》が痛感され、感動に胸が高鳴るのを覚えた。

「先生！……」

今は亡き恩師を偲び、心でつぶやいた。窓外のカイロの空は、夕焼けに染まり、太陽はひときわ大きく、金色《こんじき》に燃えていた。

のちに彼は、この七月三日に寄せて、万感《ばんかん》の思いを句に託《たく》している。

出獄と
　入獄の日に
　　師弟あり〉（270～271ページ）

公明党の存在基盤を示した指針

大阪事件という難を乗り越え、創価学会は飛躍的に発展していく。1962年7月1日の第6回参議院議員選挙では立候補した9人全員が当選した。非改選6人を合わせ15人となり院内交渉団体として「公明会」を結成した。翌1963年4月17日の東京都議会議員選挙では17人が当選した。

1964年11月17日には公明党の結成大会が東京の日大講堂で行われた。

〈場内正面には「公明党結成大会」の横幕。その右横縦に「日本の柱　公明党」、左横縦には「大衆福祉の公明党」のスローガンの大文字が掲げられた。大会は経過報告、結党宣言、綱領発表と続き、北条（浩）書記長から活動方針、最後にあいさつに立った原島（宏治）委員長は冒頭、党の創立者である池田会長から寄せられた祝電を披露した。それは「公明党の結成大会、まことに、まことに、おめでとうございます。私は、この壮挙が、かならずや日本の政界の黎明《れいめい》となることを信じております。どうか民衆の幸福のため、日本の安泰のため、世界の平和のために、勇敢に前進されますことを祈ってお

ります」と〉（公明党史編纂委員会『大衆とともに――公明党50年の歩み　増訂版』同、36～37ページ）

公明党結成の2年前、1962年9月13日に行われた公明政治連盟（公政連）第1回全国大会で池田は議員のあり方として「大衆とともに語り、大衆とともに戦い、大衆の中に死んでいく」との指針を示した。この指針は公明党という政党の存在基盤となった。党大会では綱領が採択された。

〈採択された党綱領は、①宇宙時代にふさわしい世界観、恒久平和への新しい指導理念としての王仏冥合《おうぶつみょうごう》の理念と地球民族主義により、世界の恒久平和の礎《いしずえ》を築く②豊かなる人間性の尊重を基調とする人間性社会主義によって、個人の幸福と社会の繁栄が一致する、大衆福祉の実現③仏法民主主義、すなわち人間性尊重を基調とした民主主義基盤をつくり、現代社会のあらゆる階層のいっさいの民衆を包含《ほうがん》しうる大衆政党として、大衆とともに前進する大衆政党を建設④腐敗選挙を徹底的に追放し、腐敗政治と断固戦い、公明なる議会制民主主義の確立――の4項目（要旨）からなっている。また結党宣言は、「王仏冥合・仏法民主主義を基本理念として、日本の政界を根本的に浄化し、議会制民主主義の基礎を確立し、深く大衆に根をおろして、大衆福祉の実現を図るものである。こうして、広く地球民族主義の立場から、世界に恒久的平和機構を確立することを最大の目標として勇敢に戦うことを、国民の前に堅《かた》く誓うものである」と謳《うた》った〉（前掲書、37ページ）

王仏冥合とは、〈王法と仏法が冥合する（奥底《おうてい》で合致する）こと。制度的な一体化ではなく、社会を建設する人間一人ひとりの生き方の根底に、仏法の哲理、慈悲の精神が確立されていくことを意味する〉（池田大作『新・人間革命　第6巻』聖教新聞社、1999年、377〜378ページ）。すなわち、王（政治）と仏（宗教）が、価値観の位相では一致しているということだ。以前にも述べたが日本国憲法で定められた政教分離は、国家が特定の宗教を優遇もしくは忌避することを禁止するものだ。宗教団体が自らの価値観に基づいて政治活動を行うことは憲法に合致することはもとより、民主主義を擁護するためにとても重要なのである。公明党は価値観政党であるという立場を鮮明にした。

公明党結党翌年の1965年7月4日に行われた第7回参議院議員選挙では11人が当選し、非改選を合わせ20人になった。同年、7月23日に行われた東京都議会議員選挙では立候補した23人が全員当選した。

創価学会を支持母体とする公明党の躍進に既存の仏教教団や新宗教諸団体が危機感を強く抱くようになった。1965年8月には「全日本仏教会」(全日仏)が創価学会に対抗する姿勢を鮮明にし、同年9月には「新日本宗教団体連合会」(新宗連)が創価学会と公明党と対決する方針を定めた。

第七章

創られたスキャンダル

――「言論・出版問題」の真相

急成長する創価学会が脅威に映った

「全日本仏教会」（全日仏）と「新日本宗教団体連合会」（新宗連）の創価学会に対する姿勢について、創価学会第3代会長の池田大作（『新・人間革命』においては山本伸一の名で登場）は、こう記す。宗教界のこういう動きは、炭労事件や大阪事件と構造的に類似している。『新・人間革命　第14巻』を精読すると構造をよく理解することができる。

〈創価学会は、翌一九五六年（昭和三十一年）の参院選には、推薦候補者六人を立て、うち三人を参議院に送った。

また、翌年の参院大阪地方区の補欠選挙にも、候補者を立てた。

ここでは惜敗したものの、参院進出という新たな民衆勢力の台頭は、社会に大きな波紋を呼び起こした。

まず、北海道の夕張《ゆうばり》などで、社会党を推してきた炭労（日本炭鉱労働組合）が、学会員を組合から締め出すという弾圧が起こったのである。夕張炭労事件である。

次いで、大阪の補欠選挙で、熱心さのあまり、一部に違反者が出てしまったことを理由に、権力は魔性の牙《きば》をむいて、学会に襲いかかった。この選挙の最高責任者であった山本伸一を、不当逮捕したのだ。大阪事件である。しかし、四年半に及ぶ法廷闘争の結果、彼の無実が証明され、無罪判決を勝ち取ったのである。

やがて、学会が母体となって公明政治連盟が誕生し、一九六四年（昭和三十九年）の十一月には公明党が結成された。

その間、参院にあっても、着実に議席を増やし、さらに翌年七月の参院選挙では、公明党は十一議席を獲得。非改選議員の九人と合わせ、二十議席へと発展した。

この選挙は、多くの宗教団体関係者が立候補したり、各宗派が候補者を推薦するなどしたことから、「宗教戦争」と言われたほどであった。政党は各教団の組織を頼り、票をあてにし、教団は政治の力を借りて、学会の撲滅を図ろうと画策していたのである〉

（池田大作『新・人間革命　第14巻』聖教新聞社、2005年、261～262ページ、以下書名のない引用は同書から）

創価学会が政治進出を開始すると、炭労事件で労働組合と、大阪事件で警察・検察と対峙することを余儀《よぎ》なくされた。創価学会は、炭労事件、大阪事件という二つの大きな弾圧を跳《は》ね返した後、一部の宗教団体と一部の政党が連携した組織的攻撃にさらされることになった。既存仏教並びに新宗教にとって、急速に成長する創価学会が脅威のように映ったのだ。

〈たとえば、この年の八月、全日仏（全日本仏教会）が開いた全日本仏教徒会議では、学会が公明党を結成したことは、仏教盛衰《せいすい》に多大な影響をもつとして、創価学会対策が協議された。そして、団結を強固にして、〝防衛〟より〝攻撃〟に転じて戦うべきであるとしていた。

方法としては、次のようなことが掲げられた。

――「各教団の長および地域仏教会長は〝邪教撲滅《じゃきょうぼくめつ》〟の厳然たる指令を発すること」「創価学会の強大な宣伝に対抗するために、仏教会発行の大衆向け週刊紙でマスコミを制圧する」「時期をみて国会および政府へ請願する」（「中外日報」一九六五年九月一日付）

全日本仏教徒会議では政府への請願の内容についても、創価学会の教理に、反道徳、反法律の個所があるので、それを立証していくべきであるなどと、偏見と憶測に基づいた、一方的な提案がなされていたのである。また、この時、出席した弁護士は「撲滅は、キメを細かくして、法律上の批判から行なわれなければ効果は出てこない」（同）と助言している。

学会撲滅を掲げ、その手法が、周到に検討され始めたのである〉（263ページ）

この時点で全日仏は、創価学会を「邪教」と位置づけている。そして「邪教」は「撲滅」しなくてはならないという排除の論理を正面から掲げている。しかも公権力を行使することができる政府に対して、創価学会撲滅のための請願《せいがん》を行うという、国家権力による特定の宗教団体の弾圧を推進する流れを作ろうとするものだった。

新宗連は、マスメディアで創価学会が好意的に扱われることを拒否する働きかけを強めた。

〈一方、新宗教教団の連合会である新宗連（新日本宗教団体連合会）でも、九月初めに理事会を開き、加盟九十余教団、信徒約七百万人を総動員して、学会、公明党と対決し、〝逆折伏〟することを決めたのである。

新宗連は、さらにマスコミへの対策も協議し、「マスコミで創価学会や公明党に〝色目〟をつかい、おもねるような勢力に対して、断固とした態度でのぞみ、新聞などの不《ふ》買《ばい》同盟やボイコット運動も辞さない」（「中外日報」一九六五年九月八日付）としている。

各教団が恐れていたのは、公明党の衆議院への進出であった〉（263〜264ページ）

信仰の核心を摑むための手法

筆者などは「マスコミで創価学会や公明党に〝色目〟をつかい、おもねるような勢力」の一員ということになるのであろう。繰り返すまでもないが、筆者は創価学会員でも公明党員でもない。日本基督《きりすと》教団（日本におけるプロテスタントの最大教派）の教会員だ。信仰を持つキリスト教徒である筆者は、日本で生まれ、急速に発展し、世界宗教としての基盤を構築した創価学会の内在的論理を知り、読者に紹介したいと考えている。

そのためには、創価学会員が持つ価値観、すなわち何に喜び、何に怒り、何に悲しみ、何を望み、どう生きていこうとするかを等身大で摑《つか》みたいと思っている。その際に重要なのは、対象である創価学会に対する敬意だ。読者によっては、それを偏見ととらえるかもしれない。それはそれで構わない。あえて言えば、筆者は、自らの価値観（創価学会を嫌う人から見れば偏見）が、わかる形でこの本を書き進めている。

人間の生き死にの基準となるような価値観型の宗教の内在的論理を解明する場合に純粋客観的な方法は使えないと考えている。なぜなら創価学会やキリスト教は生きている宗教で、これらの宗教は、観察者の主体的コミットメントをなくしては、信仰の核心を摑むことができないからである。

筆者と対極的な方法で創価学会について書かれているのが百科事典の記述だ。わが国でよく用いられている二つの百科事典から、言論問題に関連する記述を引用しておく。

〈60年池田大作（1928－　）が第3代会長に就任、61年公明政治連盟を結成して政治進出を本格化した。64年には公明政治連盟を発展的に改組して公明党を結成、67年の総選挙で衆議院に進出した。

学会は、民主音楽協会をはじめ潮出版社による雑誌《潮》などをつうじて、文化、学術など多方面にわたる活動を展開したが、反対勢力への出版言論の妨害が社会問題化し、70年公明党との政教分離を公表した〉（『世界大百科事典』平凡社、ジャパンナレッジ版、大濱徹也執筆）

〈1955年（昭和30）には公明選挙・政界浄化をスローガンに地方議会に、翌年は参議院に進出した。政界進出は、60年に戸田の後を継いだ第3代会長池田大作（1928－　）の時代に本格化した。1964年宗教政党公明党を結成、3年後には25名を衆議院に送り、その後野党第二党に発展した。しかし、政治への積極的参加は、政教分離制度下での宗教と政治のあり方をめぐって既存の諸勢力からの反発を受け、１９７０年、おりから発生した学会批判書の出版阻害事件をきっかけに「言論問題」が発生した。それを機に学会と党との組織的・機能的分化がなされ、公明党は国民政党へと方向転換するとともに、学会の社会的活動は教育、文化、平和運動に重点が置かれるようになった〉（『日本大百科全書「ニッポニカ」』小学館、ジャパンナレッジ版、中野毅執筆）

創価学会が、『世界大百科事典』によると〈反対勢力への出版言論の妨害〉を行った、『日本大百科全書』によれば〈学会批判書の出版阻害事件をきっかけに「言論問題」が発生した〉ということになっている。これだけでは言論問題の具体的内容がわからない。しかも、言論問題が起きたことによって（創価学会が）〈公明党との政教分離を公表した〉（『世界大百科事典』）、〈学会と党との組織的・機能的分化がなされ、公明党は国民政党へと方向転換するとともに、学会の社会的活動は教育、文化、平和運動に重点が置かれるようになった〉（『日本大百科全書』）と記されているが、この記述はずれている。

創価学会と党の組織的・機能的分化は、１９６１年11月27日に公明政治連盟が創設された時点から始まっている。創価学会と公明党の組織的分離が完成する過程を言論問題が加速させた要素はあったが、創価学会が急速に成長する中で、政治組織との分離は効率的な組織の運営という観点からも不可欠であった。

また言論問題をきっかけに公明党が国民政党へと方向転換したとの評価も実態からずれている。そもそも公明党は国民政党ではなく、大衆政党だ。国民政党ならば、日本国民、すなわち日本国籍を取得している者が政治の主体となる。公明党が大衆政党であるのは、国民、すなわち日本国籍を取得している人だけでなく、外国籍の人、無国籍の人を含めすべての人間を政治の主体と考えているからだ。

それではまず言論問題を、公明党の公式党史『大衆とともに――公明党50年の歩み』でどのように総括しているかについて見てみたい。それは言論問題に対する政治的総括だ。


〈事の経緯はこうだ。69（昭和44）年8月末、政治評論家で明大教授でもある藤原弘達《ひろたつ》の著作「創価学会を斬《き》る」の出版予告が電車内の中吊り広告に掲げられた。この本の実際の出版は、「昭和44年11月10日発行」。8月末当時、世間一般では衆院の〝年末解散必至〟の情勢と目されていた。実際に「沖縄解散」と呼ばれる衆院解散日は12月2日、同選挙の投票日は12月27日であった〉（公明党史編纂委員会『大衆とともに――公明党50年の歩み　増訂版』公明党機関紙委員会、2019年、86～87ページ）

選挙戦の秘密兵器だった『創価学会を斬る』

藤原弘達（1921〜1999年）は、広島県尾道《おのみち》市生まれの政治学者で評論家だ。旧制第六高等学校（岡山大学の前身）を経て、1945年、東京大学法学部を卒業した。東京大学ではリベラル派の政治学者・丸山眞男に師事した。明治大学教授を務めたのち政治評論家となった。同時に藤原は、内閣調査室（内閣情報調査室の前身）の協力者（エージェント）でもあった。この点については、後に詳しく説明する。『大衆とともに——公明党50年の歩み』の続きを読んでいこう。

〈このため、同本の出版をめぐって、例えば評論家の大宅《おおや》壮一《そういち》は「『創価学会を斬る』という表現を用いていることは、明らかに初めから創価学会への挑戦であり……しかも、奥付の発行日が昭和四十四年十一月十日ということは、衆議院総選挙まであと一ヶ月と十八日、選挙戦における秘密兵器の効果を狙ったと思われてもしかたのない時点で刊行されている。これは重大な問題である」（「現代」70年3月号）と指摘した。大宅壮一が言う「選挙戦における秘密兵器」、つまり公明党攻撃の選挙妨害意図ありと「思われて

もしかたのない時点での刊行」であったといえるだろう〉（前掲書、87ページ）

『創価学会を斬る』という本が〈選挙戦における秘密兵器の効果を狙ったと思われてもしかたのない時点で刊行されている〉という大宅壮一の見方は正しいと思う。当初、公明党にも創価学会にもこの本が、政治的な「秘密兵器」であるという認識が薄かったように思える。

〈藤原弘達は以前より公明党と創価学会に対し批判・攻撃を盛んに行ってきた。古くは59（昭和34）年の参院選で柏原ヤスが東京地方区で最高点当選した際、テレビで「海のものとも山のものともいえない創価学会の新人を、最高点で当選させるなんていうのは、都民の政治意識の低級さを示すもの、もって恥とすべきであろう」とコキ下ろした。以来、テレビ、ラジオ、新聞、週刊誌、雑誌で公明党と学会に対し「大罪」論などの批判・攻撃を繰り返していた。実際、総選挙直前に出された件の本「斬る」の内容も、公明党と学会に対する悪罵《あくば》の類で溢れている。例えば、「インチキ」「百害あって一利なし」「マキャベリスト集団」「ファシズム」「日本全体を毒するバイキン」といった表現や、人物評についても「小型政治家か、中小企業のやり手経営者か……ないしはヤクザ、グレンタイの親分か」といった体で、「創価学会が危険」「公明党が危険」と叫び、「公明党は解散すべき」と断じている〉（前掲書、87ページ）

『創価学会を斬る』のテキストは、文脈を含めて検討することが重要になる。この点については、少し先で展開する。

〈「斬る」の本の出版予告後に、藤原弘達と十年来の付き合いがあった公明党の藤原行正都議と創価学会の秋谷栄之助総務が同氏に会い、「今まであまりに事実に基づいてない記述が多すぎた。客観的に正確な評価をして欲しい。選挙の時期を狙った出版ではないのか。選挙妨害の意図があるのではないか。出版時期について考慮できないか」旨の要望をした。藤原弘達はこの時の会話を隠しマイクでテープに録音。この〝隠しテープ〟を言論・出版妨害の証拠物件、秘密兵器と機会あるごとに触れ回った。

しかし後日に「週刊朝日」（70年3月20日号）誌上で公開されたテープの内容は、言論妨害の形跡など全くなく、話し合いは終始友好的に行われ、脅迫的な言辞はひとつもなかった。都議側はきわめて謙虚であったのに対し、藤原弘達の態度の方がむしろ尊大ですらあった。この誌上公開に先立ち、公明党の矢野書記長が70年1月16日の記者会見で、藤原都議に真相を確認した上で述べた「示威的な脅迫的な言辞はなく、友好的な雰囲気の中で話し合われたもので、したがって言論の自由妨害などではなかったと考える」との発言内容を立証した形だった。この隠しテープの一件は、藤原弘達自身の売名行為のために仕掛けたワナであり、世間がその扇動に乗せられた面もあったといえる〉（前掲書、88ページ）

扇動の道具として最大限に活用した共産党

藤原の扇動技術は、見事だった。藤原は、マスメディアにどのような切り口で情報を提供すれば、それがプリズムにかかって拡大するかをよく理解していた。藤原は単なる学者ではなく、インテリジェンス（諜報）専門家として高い能力を持っていた。この点に関する警戒心が創価学会にも公明党にも稀薄だった。

〈事が「言論・出版問題」として公にされたのは、日本共産党が総選挙の最中に公明党への攻撃材料として持ち出してからだ。12月13日のNHKの選挙特集番組の中で共産党が取り上げ、以後「赤旗《あかはた》」で大キャンペーンを張り、選挙期間中に「赤旗」の号外ビラを全国で全戸配布する周到さだった。選挙のための公明党攻撃材料として利用しまくる党利党略そのものだった。また国民世論向けに、共産党系の文化人・知識人を動員して「懇談会」を組織し、あるいは同党系の言論・印刷・出版などの諸団体を総動員し、それぞれ声明発表やらシンポジウム開催などの宣伝工作も盛んに行った〉（前掲書、88ページ）

藤原は保守系の評論家だったが、藤原の言説にまず反応したのが共産党だったことが興味深い。共産党では、レーニンの『何をなすべきか』を宣伝（プロパガンダ）と扇動（アジテーション）の教科書にしている。レーニンによれば、宣伝が理性に訴え相手を説得することであるのに対して、扇動は人民の感情に火を付け、敵を憎悪させることだ。共産党は『創価学会を斬る』を扇動の道具として最大限に活用し、その刊行を創価学会と公明党が妨害したとする宣伝を徹底的に行った。公明党にとって逆風が吹く中で、１９６９年12月27日に第32回衆議院議員総選挙が行われた。

〈結果は公明党が大躍進し47議席（前回25）獲得。自民党は２８８（２７７）、社会党90（１４０）、民社党31（30）、共産党14（５）……であった。この選挙結果に影響されてか、年明けの特別国会では、公明党攻撃の急先鋒《きゅうせんぽう》である共産党の他に、社会、民社の両党も国会で同問題を取り上げた。この年6月23日に条約の固定期限が切れる日米安保自動継続の「是か否か」をめぐる国政上の大問題や重要法案審議もそっちのけにする形で、公明党への批判・攻撃に明け暮れた〉（前掲書、88〜89ページ）

さらに『創価学会を斬る』の出版差し止め要請に自民党幹事長・田中角栄《たなかかくえい》（当時、後の首相）が関与したと日本共産党機関紙「赤旗」が報じた。

〈問題がエスカレートしたのは、当時の自民党幹事長・田中角栄の介入が取り沙汰《ざた》されたからでもある。本が出版される直前の10月、田中が藤原弘達に電話を掛け、また赤坂の料亭に呼び出し、出版差し止めを要請。その際、田中の言葉として「公明党竹入《たけいり》委員長から強い要請があった」などと、藤原が「赤旗」紙上（12月17日付）で表沙汰にした。これに対し、竹入は選挙後の年明け1月5日の記者会見で、田中角栄を通じて出版取りやめを依頼した「事実はない」、出版妨害は「事実無根」と否定した。田中は翌1月6日の記者会見で「これはプライベートなもので、公明党が私に頼んだという問題ではない。（藤原氏の著書について）電車の中に広告はやられるし困ったことだといったつぶやきが聞こえてきた。藤原君とは前から親しい仲なので『ようよう』といっただけで、公明党に頼まれたというものではない。何とかならんかといったわけでもない。少しおせっかいをしただけ」（「朝日」70年1月7日付）と釈明した〉（前掲書、89ページ）

竹入委員長の虚偽発言で深刻化

公明党委員長・竹入義勝《よしかつ》が田中と『創価学会を斬る』の刊行について話をしたのは事実だ。しかし、竹入は会見でこの事実を全否定した。竹入が、公の場で虚偽の発言をしたことにより、言論問題は一層深刻になった。

〈この竹入会見での全否定、そして田中角栄の介入の事実が、結果として国民の間に疑惑を広げ、公明党に対するマスコミ・世論の批判を掻き立てることになったのは否めない。また社会党、民社党が公明党批判の陣列に加わる一契機となったとも思われる〉（前掲書、89ページ）

政治の世界で真実をすべて語らないことはある。しかし、虚偽を述べてはいけない。竹入は公明党委員長で党の顔だった。党の顔である人物が嘘をつくならば、その政党は信用できないと大衆は受け止める。1962年9月13日の公明政治連盟第1回全国大会で池田は、〈「偉《えら》くなったからといって、大衆から遊離して、孤立したり、また組織の上にあぐらをかいたりするような政治家には絶対になっていただきたくないのであります。大衆とともに語り、大衆とともに戦い、大衆のために戦い、大衆の中に入りきって、大衆の中に死んでいっていただきたい」〉（前掲書、32ページ）との指針を示した。竹入の対応は、自身の保身を図るもので、政治家としても稚拙な対応だったと言えよう。後に竹入は公明党と創価学会から離れることになったが、その萌芽《ほうが》は既にこの時点で存在していた。

藤原が展開した印象操作

それでは『創価学会を斬る』で、藤原がどのような言説を展開していたか具体的に見てみよう。

藤原は、創価学会がナチスの手法を踏襲する団体であると見ている。

〈カール・レービットはナチズムを評して、「能動的ニヒリズム」といったことがある。

つまり行動はきわめてアクティブで能動的であるけれども、これを支えている思想感情は自由民主主義もけしからん、共産主義もけしからんと、あれもけしからん、これもけしからんという形で、むしろ否定することだけに、行動化の意義を見いだす能動的ニヒリズムだ、という見方をした。事実、ファシズムは行動の論理であり、体系化された思想の論理でない点を特色としている。

そういう点から見ると、創価学会の折伏《しゃくぶく》方式にみられる能動性、行動性は、他を排除することのみ急であり、ネガティブで、それ自体の価値は曖昧《あいまい》であり、能動的ニヒリズムの要素を非常にもっているといえる。ファッショ的行動の特徴は、ヒトラーがしばしばいったように、大衆が本来もっている郷愁とか、感情とかをたくみに操作し、指導者が目標とする方向に大衆を結集する技術にある。ヒトラーのいった有名な言葉に「大衆はバカなもので、天国を地獄だと思わせることも、地獄を天国だと思わせることもできる。ただそう思わせるように自分自身が信念をもって、何度も何度も同じことをくり返すことである。」

というのがあるが、創価学会のやり方はそういうやり方を、まさに地でゆくものといっても過言でない〉（藤原弘達『この日本をどうする・2——創価学会を斬る』日新報道、1969年、104～105ページ）

創価学会の価値観を能動的ニヒリズムと規定する藤原の説は、説得力に欠ける。「大衆はバカなもので、天国を地獄だと思わせることも、地獄を天国だと思わせることもできる」というような愚民観《ぐみんかん》を創価学会は持っていない。藤原がここで展開しているのは、創価学会をナチズムやファシズムに似ているとする印象操作に過ぎない。

池田について藤原はこう論評する。

〈池田はその風貌《ふうぼう》からいっても、そのキャリアからは想像できないほど図太い人間性の持主に成長しているようだ。だが、彼の著書そのものは、叙述が冗漫《じょうまん》であるにもかかわらず、それほどの内容をもっていない。秀れた頭脳の持主であるかという点にも疑問が残るし、いうことはまことに抽象的で漠然《ばくぜん》としており、ファシズムの指導者という観点からとらえてみても、ヒトラーやムソリーニのような魅力は池田にはない。せいぜいいってテレビの総合司会者タイプの男ということにもなるであろうし、平凡な観点からいえば銀行の支店長クラスに毛のはえたような存在という評価もでてくるであろう。しかし、彼はその平凡な持味の故に狂信者の群れの頂点に立っているということである。天皇をいただいて狂信的な大戦争をやった日本の軍部の存在を思い起こしてもいい。つまり、日本において大きな組織の頂点に坐《す》われるものは、それ自身西欧的タイプのような実践躬行《きゅうこう》型の指導者ではない。むしろ、その椅子《いす》に坐われるものは、できるだけバランスをとり、できるだけはっきりしたことをいわず、できるだけその正体を明確にせず、できるだけあたりさわりのない人間として演出しない限り、そういう組織を保つ要石にはなれないということである。特攻隊長のように荒れ狂っていた池田が、会長となったとたんに急変し、温和で静かで、一種の天皇型人物に変貌してしまったということは、日本的土壌におけるこの種の狂信者の群れには、それなりに避けられない人格的変質の一つのタイプといえるかもしれない〉（前掲書、174～175ページ）

藤原は〈彼（池田）の著書そのものは、叙述が冗漫である〉との見方をするが、具体的なテキストに即して論じていない。本書では、池田の『私の履歴書』『人間革命』『新・人間革命』などのテキストに依拠しているが、叙述が冗漫であるという藤原の評価に筆者は同意しない。藤原は、創価学会員を「狂信者の群れ」と批判するが、このような形容は侮辱《ぶじょく》的だ。また、池田について〈せいぜいいってテレビの総合司会者タイプの男〉〈銀行の支店長クラスに毛のはえたような存在〉というような職業と結びつけて人間を評価すること自体が差別的だ。

保守派ではあるが、宗教観にマルクス主義の強い影響

さらに重要なのは、藤原の宗教観だ。

〈こういう人間の弱さ、脆《もろ》さ、ある意味において宗教はこういうものにつけこんで、その勢力を拡大してきたといっても過言ではない。問題は、それがどれだけその弱い人間を強くし、限りある命に永遠の幻想を与え、生きがいを与え、さらには安心立命して死ぬことができるようにするかという点で、どれだけの効用を発揮しているかにある。それによって宗教の形態の違いが生じ、宗教のさまざまな社会的機能が生まれているといっても過言ではなかろう。

宗教の解釈はさまざまであり、またさまざまであってよいものである。人間が人間らしく、その本来の姿のまま心のゆとりを持っていくための、いうならば心に栄養を与えるものであるといういいかたもできようし、宗教の本質は、結局は当人の心がまえに帰着する、という見方もできよう。

そういう観点から宗教をみてゆくかぎり、創価学会のとっているあまりにも現世主義

的、政治主義的傾向、また自宗のみを正しいとし、他をいっさい邪教としてはばからない偏狭なる態度、さらにはいわゆる〝ゴリヤク〟と称して信仰すれば病が癒《なお》り商売が繁昌する等々の現世利益の鼓吹《こすい》は、さまざまな宗教の中においても、決して高度の宗教であるとはいえないということを示すものであろう。また本当の意味で、広い世界的、普遍的なひろがりをもつ宗教のあり方でもないと考えられるのだ〉（前掲書、78～79ページ）

藤原は、宗教は限りある命に永遠の幻想を与えるものという認識を表明するが、これは「永遠の命」を追求するキリスト教型の宗教観なので、仏教とは嚙《か》み合わない。弱い人間に幻想を与えるのが宗教の機能であるという宗教観自体が、マルクス主義的だ。藤原は保守派の政治評論家であるが、宗教観はマルクス主義の影響を強く受けている。

さらに藤原は創価学会を現世主義的と批判するが、プロテスタンティズムの改革・長老派（カルバン派）も此岸《しがん》（この世）の問題の解決が信仰上の重要な課題と考える点では現世主義的だ。現世利益、すなわち此岸の問題解決を重視する宗教が、〈高度の宗教であるとはいえない〉というのは、偏見だ。

藤原は、創価学会が自宗のみを正しいとする点を批判するが、これは宗教の内在的論理を理解していない人の批判だ。創価学会や筆者が信じるプロテスタンティズムは、信仰によって生活の全てが律せられるべきと考える宗教だ。こういう信仰を持つ人にとって、自分が信じる宗教がいちばん正しいと考えるのは自然な対応だ。そうでなくては信仰を維持することはできない。

ただし、自分にとってはその宗教が絶対に正しいと信じていても、他の人は別の宗教が絶対に正しいと信じている場合があることを認める。その前提で、互いの信仰を尊重する宗教間対話が重要になるのだ。創価学会員にとって、創価学会の信仰が絶対に正しいのは自明のことだ。さらに池田の位置付けは、創価学会の根本規範であり最高法規である会憲で明確に定められている。

〈第3条　初代会長牧口常三郎先生、第二代会長戸田城聖先生、第三代会長池田大作先生の「三代会長」は、広宣流布実現への死身弘法の体現者であり、この会の広宣流布の永遠の師匠である。

2．「三代会長」の敬称は、「先生」とする〉（創価学会公式サイト）

会憲が施行されたのは、2017年11月18日からであるが、それよりはるか以前、『創価学会を斬る』が刊行された1969年においても、この「三代会長」観は、創価学会員の共通理解だった。創価学会員にとって、池田を侮辱され、揶揄《やゆ》されることは、自分が侮辱され、揶揄されるよりも、屈辱的で悔しい出来事なのである。それは、キリスト教徒にとってイエス・キリストが侮辱され、揶揄されることが、自分が侮辱され、揶揄されるよりも屈辱的で悔しい出来事なのと同じだ。

現代の基準では憎悪（ヘイト）言説

筆者にとって、イエス・キリストは命であり、道である。１９９３年10月のモスクワ騒《そう》擾《じょう》事件で、武力抗争に巻き込まれ命を失う危険に直面したときも、２００２年に鈴木宗男事件に連座して、東京地方検察庁特別捜査部に逮捕され、東京拘置所の独房に５１２日間勾留《こうりゅう》されたときも、イエス・キリストが筆者を支える信仰の中心にあった。だから筆者には創価学会員の池田に対する想いが皮膚感覚でわかる。

しかし、マルクス主義的宗教観を持つ藤原には、信仰者にとってもっとも重要な事柄が皮膚感覚として理解できない。それ故に、『創価学会を斬る』においては創価学会員を揶揄する姿勢が徹底している。例えば以下のような表現だ。

〈壮年部会員は会長ジキジキの言葉にふるい立つ。婦人部の人々は会長のいたわりの〝お言葉〟に涙ぐむ。そして、このやさしい会長の〝お言葉〟にこたえなければならない、といっそう張り切って折伏にはげむことになるという次第。まさにメデタシ、メデタシの風景ということがいえるであろう〉（前掲書、99ページ）

このような侮辱的表現をしなくても、創価学会を批判することは可能なはずだ。藤原が創価学会員を「狂信者の群れ」と表現するのは、現代の基準では憎悪（ヘイト）言説に該当すると筆者は考える。

藤原の政教分離に対する認識も、日本国憲法が規定する政教分離理解から乖離している。

〈政治と宗教は、あくまで別個の領域にあるものとして、厳然と区別されなければならないということは、近代国家原理の自明の大前提である。それは長い歴史的経験を通じて、宗教の政治権力利用があまりにも大きな弊害《へいがい》を与えてきたことに対する人類の智恵がうんだ分離であり仕分けである。古代、中世を通じて、宗教は権力にタッチすることにより堕落《だらく》し、人間を幸福にするよりも不幸にする機能を果たし、場合によっては大衆を欺瞞《ぎまん》し、大衆をマヒさせる阿片《あへん》的機能を果たしたことは、マルクス主義を信奉すると否とを問わず、宗教に対する透徹した重要な見方といわなければならない。宗教がそういう側面をもっていることは厳然たる事実なのである。したがって近代社会においては、宗教はできるだけ人間の内面の世界で機能するものとして、その領域を確定し、政治と宗教との関連を混同させないようにすることを基本的なたてまえとしている。

しかるに創価学会の政治支店である公明党は、敢《あ》えてこの近代国家における大原則を無視し、政権獲得をもくろんで結成された政党にほかならない。この政教混淆《こんこう》という近代国家原理違反の罪はまことに大きいといわなければならない。宗教が政治に手を出してろくなことはない。そのろくでないことを敢えてしようとするのであるから、その罪は非常に大きいといわざるをえない〉（前掲書、80～81ページ）

宗教が〈大衆をマヒさせる阿片的機能を果たした〉という認識は、マルクス主義のものだ。さらに〈政治と宗教は、あくまで別個の領域にあるものとして、厳然と区別されなければならない〉というのは、炭労事件のところで詳しく説明したように（第五章）ソ連型社会主義（スターリン主義）の政教分離理解だ。日本国憲法の政教分離原則とは、国家が特定の宗教を優遇もしくは忌避しないことを定めるもので、宗教団体が自らの判断で政治活動をすることを否定するものではない。むしろ国家でも私的利益を追求するのでもない中間団体である宗教団体が自らの価値観に基づいて政治に関与することで、民主主義が担保され、国家の暴走を防ぐことができるのである。

50年後、明らかになった、もう一つの顔

藤原については、『創価学会を斬る』の出版によって、巨大教団である創価学会や、その意向を受けた自民党幹事長・田中角栄の圧力にも屈せずに言論の自由を守った硬骨漢《こうこつかん》という印象が世論に強く焼き付けられた。しかし、藤原には別の顔があった。それは内閣調査室（内閣情報調査室の前身）と緊密な関係を持っていたことだ。藤原を直接運営していた内閣調査室幹部（主幹）をつとめていた志垣民郎《しがきみんろう》（1922～2020年）が、藤原工作について日記をつけていた。その日記をもとにした回想録が2019年に上梓され、われわれは藤原のもう一つの顔を知ることができるようになった。

回想録を編集した岸俊光《きしとしみつ》（毎日新聞記者）は、志垣が藤原に働きかけた理由についてこう解説する。

〈内閣調査室が最も重視したのは日本の共産化を防ぐことであり、外務省の曽野明氏の

アイデアで志垣氏が進歩的文化人を徹底的に攻撃したことなどは2（引用者注＝進歩的文化人攻撃）で述べられている。同時に、政府に味方する保守の言論人を確保することも、志垣氏の重要な役割だった。右に行くか、左に行くか分からない有望な学者に、テーマと研究費を与え、保守陣営につなぎとめる。その象徴的な例が藤原弘達であったという。

藤原氏は東京大学で丸山真男に師事した政治学者で、内調とのつきあいが始まった頃は明治大学助教授だった。後年、保守的な政治評論で知られるようになるが、このときは左翼の理論的リーダーとなる可能性も十分あった。

藤原氏はやがて『時事放談』のホストとして、お茶の間にも親しまれる政治評論家となり、学者の枠を越えて、社会に影響を及ぼす存在になる。いかにして藤原氏を保守の陣営につなぎとめたか。志垣氏の回想は生々しい〉（志垣民郎著、岸俊光編『内閣調査室秘録――戦後思想を動かした男』文春新書、2019年、38ページ）

藤原は、丸山眞男門下で、リベラルな学風の下で研究者としてのスタートを切った。マルクス主義についての基本知識も持っている。藤原が保守派の論客になってからも、思考にはマルクス主義的な要素がある。「宗教は人民の阿片である」というマルクスの宗教観が藤原の創価学会批判には露骨に表れた。

志垣自身は、藤原についてこう回想する。


〈政治学者の藤原弘達氏とのつきあいについて記しておこう。

藤原氏は当初、左に行くか右に行くか分らない存在であった。しかし、岸信介首相との会談を経てから次第に保守色を強めていったのである。藤原氏はわれわれと一緒に出掛けた調査等、「足で稼いだ」実態調査に基づき諸論文を書いた。成果は博士論文となり、後年『現代日本の政治意識』（創文社）として結実し、彼の代表作ともなった。

藤原氏を紹介してくれたのは、東京大学の泉靖一教授である。泉氏と内調の三枝三郎氏（後の自民党衆議院議員）が高校の同級だった縁で、三枝氏から依頼した。泉人脈は、藤原氏のほか、東大の福武直教授〔社会学者〕、東京都立大学の鈴木二郎教授〔社会人類学者〕ら豊富である。

初めは東大の泉助教授と明治大学の藤原助教授が内調に来室した。一九五四（昭和二十九）年八月十七日（火）のことである。その日は、「からす亭」で接待した。八月三十日（月）も九月十三日（月）も「からす亭」に招いた。

九月二十九日（水）～三十日（木）には、茨城県水戸市に出向いて調査を行っている。

三十人ばかりの学生を常陸太田市に配置して世論調査をした。

十月四日（月）には総理官邸ホールで、十九日（火）には官邸小客間で泉氏と一緒に会合した。

十一月十一日（木）には、「菱形政治意識」を山王閣で仕上げてもらった。

こうした調査の後、藤原氏とのつきあいは次第に深まっていったのである〉（前掲書、39〜40ページ）

克明に記録されていた接待の様子

筆者は、外務省の国際情報局で主任分析官をつとめていた。そこでの重要な仕事の一つが、外務省の政策を理解する記者や有識者を増やすことだった。そこでまず用いるのは、高校や大学など、仕事と直接関係のない人脈を活用して、人間的信頼関係を構築することだった。その際に飲食接待は不可欠だ。

信頼関係が深まると、外務省が運営する「外交フォーラム」のような雑誌への寄稿や講演会の講師を依頼して、金銭的利益を相手が得る環境をさりげなく作る。その先は、外務省の内部使用のための調書の作成を依頼する。そこでは30万〜50万円くらいの破格の原稿料が支払われる。依頼して作成した資料が実際に活用されることは稀《まれ》だ。

そのようにして、カネを記者や有識者が受け取るような関係を構築し、阿吽《あうん》の呼吸で外務省の立場に反する行動を記者や有識者がしないようにする。「あれをしてくれ」「これをするな」というような具体的要請は、よほどのことがない限りしない。定期的に飲食を共にし、さりげなくシグナルを出すことによって相手を誘導するのがインテリジェンス・オフィサー（情報担当官）の腕だ。『内閣調査室秘録』を読むと志垣がヒュミント（人を通じた情報収集、工作活動）分野における一級の専門家であったことがわかる。

そもそも志垣と藤原は、大学の同級生だった。

〈実は、藤原氏と私は東大法学部の同級生である。彼がまだ若年《じゃくねん》で世間でもあまり知られていない頃から知っていたが、彼が左翼理論家になることを私は恐れた。できるだけわが陣営に近づけようとした。そのため彼を接待することに苦心した。その一つが渋谷のバー「ダイアナ」などに行くことであった。彼はそこで踊り、酒を飲み、大きく振る舞った。

一九五四（昭和二十九）年十二月九日（木）に神保町の「酔心館」で接待したのを手始めに、さんざん飲み歩いた。私の日記帳には当時の接待の様子が克明に記録されてい

る〉（前掲書、40ページ）

志垣の日記によると、藤原に対する接待は、1960年6回、61年4回、62年13回、63年11回、64年9回、65年12回、66年4回、67年6回、68年9回、69年6回、70年5回、71年5回、72年2回、73年4回、74年6回、75年2回、78年1回、79年1回だ。会合は「福田家」のような料亭、「山の茶屋」「ざくろ」のような高級料理店が多いが、〈新宿・キャバレーなど2軒〉（1967年8月4日）という記録もある。会合には志垣以外の内調職員、自民党国会議員、外務審議官、宮内庁侍従長なども同席したことがある。当然、支払いは内調が行っている。車代や講演料については記されていないが、これだけの接待を日常的に受けていることから、内調から藤原に金銭の流れもあったと考えるのが自然だ。筆者も外務省時代にこのような手法で記者や有識者に働きかけていた。それが仕事だったからだ。

1979年3月19日（月）「ふく源」で藤原と入江《いりえ》相政《すけまさ》侍従長、秋富公正《あきとみきみまさ》総理府総務副長官を接待したのを最後に志垣の日記帳から藤原への接待に関する記録が消える。その理由について志垣はこう記す。

〈以上で、藤原氏の接待は大体終わりを告げることとなった。私は既に官界を去り、社団法人・国民出版協会に転出し、自由の身となっていた。藤原氏との交流はその後も若干続くけれども、接待するほどのことはなかった〉（前掲書、46ページ）

友人ならば公職を離れても会食を続ける。志垣は藤原との関係をあくまで仕事と割り切っていたことが、この記述から滲み出ている。そもそも友人ならば、言論人として致命的な傷になる内調による接待について、藤原の死後であっても事実を公表することはない。

志垣は、『創価学会を斬る』については、こう記す。

〈後年、『創価学会を斬る』で名をなしたが、この本を出版するまでの経緯が面白い。田中角栄まで登場する。竹入義勝に頼まれた田中が藤原氏を説得にかかった。しかし、彼は毅然として受入れなかったのである。そのほか出版妨害はありとあらゆる手段で行われた。「事前に原稿を見せろ」とか、「池田大作創価学会会長には触れないでほしい」とか、「題名をかえてほしい」とか、果ては「交通事故に気をつけろ」という脅かしまであった。

それでも藤原氏は一切受け付けず、毅然として出版に踏み切ったのである。本は大変な評判で、多量に売れ、印税も多額だったことはいうまでもない〉（前掲書、50ページ）

脅かしまであったかは定かでない。しかし、藤原が『創価学会を斬る』の出版経緯に関し、志垣に詳細に話していたことは間違いない。藤原の創価学会観を形成する上で、内調がどのような情報を提供していたのか（あるいはまったく提供せず、藤原の動静を観察しているだけに過ぎなかったか）についても、資料がないので判断することができない。いずれにせよ、藤原が中立的な評論家ではなく、政府の意向を体現する工作に組み込まれた有識者であったことは、言論問題を考察する際に無視できない要因だ。

反創価学会という一点で共闘

それでは、創価学会が言論問題をどう評価し、総括しているか見ていこう。池田が藤原（『新・人間革命』では藤沢達造）の言説に憤《いきどお》りを覚えた過程についてこう記す。

〈――（引用者注＝1969年12月27日の第32回衆議院議員選挙）選挙投票日の四カ月ほど前、日本をどうするかをテーマにしたという、藤沢のシリーズ本が出版された。第一巻は教育問題であった。

八月末、その本を宣伝する、電車の中吊り広告が出され、そこに第二巻として、創価学会を批判する本の発刊が予告されていたのだ。

これを見た学会員は、怒りを覚えた。藤沢は、二年半ほど前にも、ある月刊誌で、公明党と学会の批判を展開したが、憶測と偏見に満ちた〝中傷〟になっていたからだ。

また、藤沢は、テレビやラジオでも毒舌を売り物にし、創価学会を「狂信徒集団」呼ばわりしてきた。さらに、学会の婦人たちを侮辱し、卑しめるような発言をしたこともあった。

〝また今度も、学会を中傷し、言論の暴力を重ねようというのか！〟

〝いったい、どういうつもりなんだ！〟

学会員はいやな思いをしてきただけに、この広告は、皆の怒りの火に油を注いだのだ。

山本伸一も、この著者の言動には、憤りを感じていた。

自分への誹謗ならまだよい。だが、健気に、法のため社会のために、尊き献身の汗を流す婦人部員を侮辱することは、断じて許せなかった〉（池田大作『新・人間革命　第14巻』同、234〜235ページ）

創価学会の教義や組織に対する具体的、実証的批判ならば、対応することが出来る。しかし、誹謗《ひぼう》や揶揄《やゆ》は、偏見に基づくものなので、論争の対象にならない。特に信仰者にとってつらいのは、自らの信仰を揶揄されることだ。〈健気に、法のため社会のために、尊き献身の汗を流す婦人部員を侮辱することは、断じて許せなかった〉というのは、池田の率直な気持ちを表現している。

以前にも説明したが、『創価学会を斬る』の出版をめぐり言論妨害があったとの世論は共産党が主導することによって形成されていった。内調ネットワークの一員である藤原と革命政党である共産党が、反創価学会という一点で共闘したのだ。

〈十一月上旬、藤沢達造の本が発刊されると、すぐにテレビ番組のなかで、ある評論家がこの本を取り上げた。そして、学会を批判しながら、「思い切ったことをやってくれた」と、藤沢を大賞讃し、宣伝に努めたのである。

十二月二日、衆議院は解散となり、七日には、総選挙の公示を迎えた。

その数日前、藤沢は、民社党系の思想研究団体が主催するシンポジウムに出席し、創価学会と公明党から、自著の出版をめぐって、さまざまないやがらせ、妨害を受けたと語ったのだ。その話は、公示前後に発売された、週刊誌に大きく取り上げられた。

さらに藤沢は、共産党の機関紙「赤旗」のインタビューに応じた。彼は、反共評論家としても知られてきた人物である。それが、共産党の機関紙に、臆面《おくめん》もなく登場したのだ。

同紙は十二月十七日付の一面で、大々的に「公明党　言論・出版に悪質な圧力」と報じ、以後、連日のように、この問題を扱った。

また、社会党の機関紙「社会新報」（二十一日付）も報じた。衆院選挙に合わせ、時機を見計らったかのように、公明党、創価学会による〝言論・出版妨害問題〟なるものが急浮上したのだ〉（前掲書、242～243ページ）

創られたスキャンダルという認識

創価学会の認識では、言論・出版妨害なるものは、創られたスキャンダルなのである。

この点について、藤原と接触した創価学会幹部の認識が興味深い。

〈藤沢達造と話し合った秋月英介は、言論・出版妨害されたと騒ぐ藤沢の言動に不可解なものを感じていた。丁重に要望を伝えただけであることは、本人が一番よく知っているはずである。それを妨害されたと吹聴しているのだ。

秋月は思った。

〝中傷本を出すことを予告し、こちら側が抗議などの働きかけをするのを待って、圧力をかけられたと騒ぎ立てる計画だったのかもしれない……〟

さらに、その後、藤沢は、秋月らとのやりとりを、密かに録音していたことを明らかにする。そして、このテープが、圧力の「決定的な証拠」だと言って騒ぎ出すのである。

しかも、藤沢は、「いやがらせや脅迫の電話が殺到した」「圧力によって出版取次店などでの本の扱いも、全国紙などの広告掲載も断られた」と、マスコミなどに語ったのである。

藤沢が、言論弾圧を受けたと騒ぎ出すと、これまでに学会や公明党の批判書を書いてきた何人かの著者たちも、一緒になって騒ぎ始めた。

こうして学会と公明党への批判が猛り狂うなかでの衆院選の支援活動となった。それだけに、苦戦を強いられた選挙戦であった。

週刊誌を振りかざしながら、こんな言葉を投げつける人もいた。

「言論弾圧するなんて、学会も公明党も戦時中の軍部のようだな」

しかし、社会建設の使命に生きる同志は、決して挫《くじ》けなかった。

烈風は、むしろ闘魂の炎を、ますます燃え上がらせていった。

「何を言っているんですか。その軍部政府と命がけで戦って、信教の自由を叫び抜いたのが、学会なんです。それに、これまで、根も葉もないことまで書きたい放題書かれ、悪口を言われ、弾圧されてきたのは、学会の方じゃないですか！」

皆、悔し涙を決意に変えて、敢然と走り抜き、衆院選は公明党が四十七議席を獲得するという大勝利を収めたのだ。

喜びが爆発した。全精魂を注いで、苦難と試練を乗り越え、勝利をわが手にした者のみが得る、生命の凱歌であった〉（前掲書、２４３～２４４ページ）

衆議院議員選挙には勝利したが、創価学会と公明党に対する逆風は一層強まった。創価学会は、大阪事件に匹敵する難に直面することになる。

政治権力と宗教とが絡んだ、巨大な闇の力を察知

言論問題を口実に創価学会に対する嵐のような攻撃がなされる背景に国家権力が絡んだ巨大な闇があると池田は感じていた。

〈学会の一部のメンバーが、批判書の著者などに、要請や抗議を行ったことは確かである。伸一は、もし、そこに行き過ぎがあれば、会長である自分が、非は非として謝ろうと思っていた。それが彼の心情であった。

問題は、そのことを針小棒大に騒ぎ立てて口実にし、学会を狙い撃《う》とうとしていることである。

表立って、攻撃をしかけているのは野党だが、与党の一部も、学会と公明党を追い込む画策をしているようだ。

あの藤沢達造自身が、内閣官房副長官は、自分を呼んで、言論・出版問題を法務委員会にかける相談にのってくれた――と語っているのだ。

伸一は、ほとんどの政党が、学会を憎悪する宗教団体の支援を受けるなど、各教団と濃密に関わっていることを思うと、学会を襲う波の背後に、政治権力と宗教とが絡んだ、巨大な闇《やみ》の力を感じるのであった〉（前掲書、268～269ページ）

藤原が内閣調査室（内閣情報調査室の前身）の工作対象だったことを、この工作の責任者だった志垣が『内閣調査室秘録』で明らかにしたのは、2019年のことだ。池田が『新・人間革命　第14巻』を上梓した2005年10月時点でこの事実は伏せられていた。

池田は〈学会を襲う波の背後に、政治権力と宗教とが絡んだ、巨大な闇の力〉を察知していた。この状況を池田は日蓮（大聖人）の教えに立ち返ることで解釈した。

〈大聖人は仰せである。

「悪王の正法《しょうほう》を破るに邪法《じゃほう》の僧等が方人《かたうど》をなして智者を失はん時は師子王《ししおう》の如《ごと》くなる心をもてる者必ず仏になるべし」（御書九五七ページ）

正法を滅ぼすために、悪王すなわち政治権力と、邪法の僧すなわち宗教が結託《けったく》し、民衆の幸福のために立ち上がった智者を迫害するというのである。

伸一は思った。

〝主義も、主張も異なる政党と政党が、また、宗教が徒党を組み、創価学会に集中砲火を浴びせるこの構図は、御書に仰せの通りではないか。

しかし、その時に、師子王の心をもって立ち上がるならば、必ず仏になれると、大聖人は、断言されているのだ。学会攻撃の嵐が吹き荒れている時こそ、自身の人間革命、境涯《きょうがい》革命の最大の好機となるのだ〟

彼は、心で叫んだ。

「同志よ、負けるな！　師子となって立て！」〉（前掲書、269～270ページ）

妻・香峯子の強い信仰とユーモアのセンス

共産党、民社党、社会党さらには自民党の一部など、主義主張が異なり、普段は対立している政党が反創価学会という目的のために共闘している。この時点で池田は事実関係を知らなかったが、藤原と内調は緊密な関係を維持していた。この嵐と闘うことによって自らの信仰も創価学会も強くなると池田は確信した。

ここで重要なのは、池田の妻・香峯子《かねこ》（『新・人間革命』では峯子）の強い信仰とユーモアのセンスだ。

〈二月のある日、伸一は峯子に言った。

「どんな時でも、君は決して、笑顔を失わないね。本当に強いんだな。いつも、悠々としている君を見ていると、ぼくも勇気が出て、元気になってくるよ」

峯子は、微笑みながら答えた。

「こんなこと、なんでもありませんよ。御書に仰せの通りに生きるならば、難《なん》があるのは当然ですもの。毎日、毎日が、ドラマを見ているようですわ」

「そうだね。今のことを、懐かしく振り返る日が、きっと来るよ」

二人は頷いた。

来る日も、来る日も、嵐のような非難が打ち続くなかでの、夫婦の会話である。

また、伸一は、子どもたちのことが気にかかっていた。連日のようにテレビやラジオ、新聞で「言論・出版妨害問題」として扱われ、伸一を証人喚問せよなどと、狂ったように集中攻撃が行われていた時である。

当然、学校でも話題になっているはずである。あるいは、そのことで、あれこれ言われたり、いじめにあっているかもしれない。

伸一は、子どもたちを不憫《ふびん》に感じたが、それは同時に、人生の大事な滋養となるにちがいないと確信していた〉（前掲書、272〜273ページ）

創価学会本部には、差出人不明の脅迫《きょうはく》状が届いたり、嫌がらせの電話がかかってきたりするようになった。池田の身辺にも危険が迫っていたので、自宅を警備する必要に迫られた。そのような中でも香峯子は、「こんなこと、なんでもありませんよ。御書に仰せの通りに生きるならば、難があるのは当然ですもの。毎日、毎日が、ドラマを見ているようですわ」と言う。強い信仰がもたらす楽観主義だ。筆者が尊敬するチェコのプロテスタント神学者ヨゼフ・ルクル・フロマートカは「信仰がある者は常に前を見る」と強調した。香峯子とフロマートカには、苦難の中にあっても、勝利を確信し、未来を信じる信仰的楽観主義がある。

妻の信仰には揺るぎがない。3人の息子も、両親の薫陶を受け、信仰を中心に生きているが、何分にも小学生から高校生だ。社会経験をほとんど積んでいないので傷つきやすい。学校は社会の縮図だ。創価学会攻撃の影響を受け、子どもたちがつらい思いをしているのではないかと池田は悩んだ。

「師子の子は強い」

〈ある時、自宅に戻った伸一は、三人の子どもたちを集めて言った。

「今、学会がどんな状況にあるか、君たちもよく知っているね。私に対する攻撃も、ますます盛んになってきている」

子どもたちは頷《うなず》いた。

「でも、驚いてはいけない。また、怖がる必要もない。私は、何も悪いことなんかしていないんだから。

学会がめざしているのは広宣流布だ。それは、地球上の人びとが、民衆が、一人も漏《も》れなく幸福になり、世界が平和になることだ。そのために、私は戦っている。

しかし、世の中には、学会への誤解や嫉妬《しっと》などから、学会をつぶしたいと考えている人たちもいる。それで、いろいろ悪口を言われたり、攻撃されたりすることもある。これは、仕方のないことなんだ」

伸一は、子どもたちに、今こそ、「正義の人生」とは何かを、生命に刻んでほしかった。

「いつの時代でも、社会をよくしようと立ち上がった人は、迫害に遭うものだ。民衆の幸福や平和のために生きた人の多くが、牢獄《ろうごく》に入れられたりしている。

学会の初代会長の牧口先生だって、戦時中、軍部政府の弾圧で捕らえられて、牢獄で亡くなっている。戸田先生も牢屋《ろうや》に入れられている。人間にとって大切なことは、正義に生きるということだ。信念を曲げないということなんだ。

パパも、そうやって生きてきた。これからも、そうしていくつもりだ。私は師子だもの、その子どもである君たちは、師子の子だ。だから、何があっても負けてはいけない。すべてを笑い飛ばして、堂々と胸を張って生きていくんだよ」

「はい！」

三人が、そろって返事をした。

長男の正弘が、凛々《りり》しい口調で言った。

「ぼくたちは大丈夫です。絶対に負けません。広宣流布のために一家が難を受けることは、誇りだと思っています」

「ぼくも平気だよ」

間もなく小学校六年になる末っ子の弘高も、口をとがらせて言った。

「そうか！　師子の子は強いな」

伸一は嬉しかった〉（前掲書、273～274ページ）

実際には3人の息子は、学校で好奇の視線を浴び、不愉快な目にも遭っていたと思う。池田が息子たちを心配するのと同じくらい、息子たちも父のことを心配していたのだ。長男の池田博正（『新・人間革命』では正弘）が「ぼくたちは大丈夫です。絶対に負けません。広宣流布のために一家が難を受けることは、誇りだと思っています」と述べた。これは、博正の信仰告白だ。池田家が受けている難を博正は、広宣流布で不可欠の過程であると信仰の立場から受け止めた。池田は、息子が父の信仰を正しく継承していることを誇りに感じた。それが「師子の子は強いな」という池田の言葉になった。

1970年、750万世帯達成

1970年は創価学会で、「革新の年」と位置づけられている。この年に創価学会は、750万世帯に達した。言論問題の逆風の中で創価学会員は広宣流布を一層強化したのである。

〈一月二十八日、学会本部で総務会が行われた。

席上、本部統計局から、学会の世帯数について報告があった。

報告のためにマイクに向かった幹部は、頰《ほお》を紅潮させ、やや上擦《うわず》った声で、叫ぶように語った。

「最初にお伝えしたいことは、現在、学会世帯数は七百五十五万七千七百七十七世帯となり、念願の七百五十万世帯を遂に達成いたしました！」

その瞬間、皆の顔に光が差し、歓声があがり、大拍手が起こった。

目標としてきた五月三日より、三カ月以上も早く成就《じょうじゅ》したのだ。同志は、見事に、逆風を追い風に変えたのだ。

御聖訓《ごせいくん》には「大悪を(起)これば大善きたる」（御書一三〇〇ページ）と仰せである。それは、何もせずして「大悪」のあとに、「大善」が訪れるということではない。〝ピンチ〟こそが〝チャンス〟ととらえ、苦難を飛躍台として断じて進み抜こうという、不屈の一念によって、「大善」は開かれるのだ。

「烈風に勇み立て！」「吹雪に胸を張れ！」──何ものも恐れず、常にこの精神で前進し続けてきたところに、学会の強さがあるのだ〉（前掲書、252〜253ページ）

信仰的には、言論問題という難に対して創価学会員は750万世帯達成という「大善」の結果で応えた。藤原が上梓した『創価学会を斬る』という秘密兵器によって、創価学会を弱体化することはできなかった。しかし、池田は、言論問題のような難が起きる構造的要因を除去する必要があると考えた。

公明党は、創価学会の価値観を体現した政党だ。公明党の政治的影響力が小さなときは、同一人物が創価学会と公明党の幹部を兼任していることに、誰も特段の問題を感じなかった。しかし、国会における第3党の地位を公明党が占める現状において、公明党には政治分野における高度な専門性が要請される。その現状に鑑《かんが》みると、公明党幹部と創価学会幹部の役職を兼任することには無理がある。池田は、創価学会と公明党の組織的関係を、1

970年5月3日の第33回創価学会本部総会で明確にした。

〈一九七〇年（昭和四十五年）五月三日——〉。

山本伸一の会長就任十周年となる第三十三回本部総会が、東京・両国の日大講堂で行われた。会場正面には、十周年を示す金色の「10」と、「新生」の赤い文字が浮かぶ、大パネルが掲げられていた。午前十時五十分、開会が宣言された。

管弦楽団の荘重《そうちょう》な響きが場内を圧した。総会祝典序曲の演奏である。合唱団、鼓笛《こてき》隊、吹奏楽団などの歌声と調べが、参加者を魅了した。

続いて第二部に移り、開会の辞、経過報告などがあり、会長・山本伸一の講演となった。

新聞、テレビなど、報道関係者も多数出席しており、伸一が立ち上がると、一斉にフラッシュがたかれ、煌々《こうこう》と撮影用ライトがつけられた。

伸一は、参加者に向かって深く一礼すると、よく通る声で話し始めた。

「この十年間、皆様方の真剣な努力精進によって、広宣流布の輝かしい時代を見事に築き上げることができました。力なき私に、誠意の限りを尽くし、不眠不休の活躍によって守ってくださった皆様方に対し、私は、感謝の言葉もございません。

ありふれた言葉でありますが、この胸にたぎる万感《ばんかん》の思いを込めて、私は全学会員の皆様に御礼申し上げたい。本当にありがとうございました」

それは、彼の心からの思いであった。

健気《けなげ》なる、大誠実の同志がいたからこそ、学会は、嵐を乗り越えて大前進することができた。勇敢なる大確信の同志がいたからこそ、学会は常に微動だにしなかった〉（前掲書、294、296ページ）

「流れそれ自体」によって世界宗教に発展する

池田は大阪事件の公判中の1960年5月3日に創価学会第3代会長に就任した。まさに大阪事件という難の中で会長としての池田の活動は始まった。そして創価学会は、それから10年で目標の750万世帯を達成した。このときにも言論問題という難と闘うことを余儀《よぎ》なくされていた。これは創価学会が闘う宗教であることを反映している。広宣流布も闘いである。この総会で、池田は広宣流布にゴールはないとの創価学会の信仰観を明確にした。

〈「広宣流布とは決してゴールではありません。何か特別な終着点のように考えるのは、仏法の根本義からしても、正しくないと思います。大聖人の仏法は本因妙《ほんいんみょう》の仏法であり、常に未来に広がっていく正法であります。

また、日蓮大聖人が『末法万年尽未来際《まっぽうまんねんじんみらいさい》』と叫ばれたこと自体、広宣流布の流れは、悠久にして、とどまるところがないことを示されたものといえます。広宣流布は、流れの到達点ではなく、流れそれ自体であり、生きた仏法の、社会への脈動なのであります」

その話に、参加者は眼《まなこ》が開かれた思いがした。

広宣流布が「流れそれ自体」ということは、間断なき永遠の闘争を意味する。ゆえに、広布に生きるとは永遠に戦い続けることだ。そこに生命の歓喜と躍動と真実の幸福がある〉（前掲書、２９７～２９８ページ）

広宣流布が「流れそれ自体」という池田の指摘は、宗教史上、とても重要だ。「一人の人間における偉大な人間革命は、やがて一国の宿命の転換をも成し遂げ、さらに全人類の宿命の転換をも可能にする」という人間革命の闘争は永続し、この人間革命の哲学を広宣流布する「流れそれ自体」によって創価学会が世界宗教に発展するという方針を明確にしたからだ。そして世界宗教として発展する創価学会にとって日蓮正宗という宗門がくびきとなっていることが次第に明確になっていくのである。

第八章

宗門との訣別

——日蓮正宗宗門というくびき

寛容さを欠きつつあることへの危機感

１９７０年5月3日に東京・両国の日大講堂で行われた第33回創価学会本部総会で創価学会第3代会長・池田大作（『新・人間革命』では山本伸一の名で登場）は、言論問題を総括した。

〈伸一は、ここで、あの「言論・出版問題」に言及していった。

「今度の問題は、学会のことを『正しく理解してほしい』という、極めて単純な動機から発したものであり、個人の熱情からの交渉であったと思います。ゆえに、〝言論妨害《ぼうがい》〟というような陰険《いんけん》な意図は全くなかったのでありますが、結果として、これらの言動がすべて〝言論妨害〟と受け取られ、関係者の方に圧力を感じさせ、世間にも迷惑をおかけしてしまい、まことに申し訳なく、残念でなりません」

さらに彼は、今回の問題をめぐって、幾つかの新聞や雑誌が、フランスの作家ボルテールが述べたとされる、「私は、君の言うことには反対だ。しかし、君がそれを言う権利を、私は命をかけて守る」との言葉を引用していたことに触れた。

そして、その考え方のなかに、「言論の自由の根本」があるとして、こう語った。

「名誉を守るためとはいえ、私どもはこれまで、批判に対して神経過敏にすぎた体質があり、それが寛容さを欠き、わざわざ社会と断絶をつくってしまったことも認めなければならない。関係者をはじめ、国民の皆さんに、多大なご迷惑をおかけしたことを、率直にお詫び申し上げるものであります」

伸一は頭を下げた〉（池田大作『新・人間革命　第14巻』聖教新聞社、2005年、299ページ）

創価学会は、世界宗教に発展する基盤を整えた巨大教団に成長した。しかし、創価学会員の意識には、自らの力を過小評価する傾向があった。そのために過剰《かじょう》な組織防衛に走る者がでてきた。池田は一部の創価学会員が寛容さを欠きつつあることに危機感を抱いた。信仰の強さと独善は異なる。強い信仰を持っている者は、世間の偏見に動揺せず、寛容になることができる。しっかりした原則を持つ者は妥協することができる。池田は、自らが会長をつとめる創価学会が「寛容さを欠き、わざわざ社会と断絶をつくってしまったこと」を認め、率直に詫《わ》びた。

〈参加者は驚きを隠せなかった。

〝先生が、なぜ謝らなければならないのだ！〟

〝学会は、法に触れることなど、何もやっていないではないか！〟

複雑な表情で壇上を見上げる人もいれば、悔し涙を流す人もいた。

ある人は、学会の会長として、すべて自分の責任ととらえ、真摯《しんし》に謝罪する伸一の姿に、申し訳なさと感動を覚えながら、心に誓った。

〝私たちは、社会に迷惑をかけるようなことは絶対にしてはならない。それは、学会に迷惑をかけることになるのだ〟

また、ある人は、伸一が、今、発表した「社会に信頼され、親しまれる学会」というモットーを思い返した。

そして、社会を大切にし、大きな心で人びとを包む寛容さを、会長は身をもって示したのだと思った。

言論の自由の尊さを述べた伸一は、「言論の自由を守り抜くことを、私どもの総意として確認したい」と、力強く呼びかけた。参加者はそれに、雷鳴《らいめい》のような拍手で応えた〉（前掲書、300ページ）

学会と党の組織的分離

池田は、日蓮正宗《にちれんしょうしゅう》を国教化することを意図しているのではないかという誤解を解消することが、創価学会が社会に信頼され親しまれるために不可欠であると考えた。

〈また、〝学会は建設中の正本堂《しょうほんどう》を「国立戒壇《こくりつかいだん》」にしようと考え、政界進出を果たした目的も、そこにある〟との誤解が、いまだに社会の一部にあることから、伸一は、この問題にも言及していった。

そして、「本門の戒壇」は「国立戒壇」の必要など全くないこと、政治進出は戒壇建立《こんりゅう》のための手段では絶対にないこと――を、改めて確認したのである〉(前掲書、300～301ページ)

正本堂とは日蓮正宗総本山大石寺《たいせきじ》にあった建物だ。池田が願主《がんしゅ》となり日達《にったつ》が大石寺第66世法主《ほっす》をつとめていた1967年に着工し1972年に完成、法要が行われた。正本堂の完成は創価学会員の悲願だった。正本堂が完成したことには、日本における広宣流布が成功したことを示す宗教的に重要な意味があった。1991年11月に創価学会員は宗門と訣別した後、大石寺に行く必要がなくなった。1998年に大石寺第67世法主《ほっす》日顕《にっけん》の指令で、正本堂は破壊された。

池田は、創価学会と公明党の組織的分離を明確にする必要があることを強調した。

〈次いで、学会と公明党の関係についても明らかにしていった。

学会は、公明党の支持団体として、党を支援するが、組織的には双方を明確に分離することを述べたのである。

これまでも、彼は、なるべく公明党と学会を切り離して考えてきた。公明党の結党大会に出席しなかったのも、そのためであった。今後も、学会と党とは一線を画し、社会的にも、分離のかたちが明らかになるように、次の五点にわたる原則を発表したのである。

①創価学会と公明党の関係は、あくまでも制度のうえで明確に分離していくとの原則を、さらに貫いていきたい。②議員で学会の役職を兼任している場合、党の仕事に専念してもらうため、学会の役職を外す方向で進めたい。③創価学会は公明党の支持団体としていく。学会員の政党支持は従来通り自由である。④選挙に際しても、学会は支持団

体として、当然、応援はするが、党組織を確立し、あくまで党組織の活動として行うようにしてほしい。⑤党員についても、学会の内外を問わず、幅広く募って、確固たる基礎をつくってほしい。

伸一は、この五点を発表すると、参加者に語りかけた。

「以上のように創価学会と公明党を分離していくことを提案いたしますが、賛成の方は、挙手《きょしゅ》願います」

皆の手があがった。

参加者の賛同をもって、新しい方向性が明確に定まったのである〉（前掲書、301〜302ページ）

言論問題以後、行き過ぎた政教分離

池田は、創価学会の価値観に基づいて公明党が政治活動を行うという基本は変更していない。以前にも述べたが、「王仏冥合《おうぶつみょうごう》」とは、王法と仏法が冥合する（奥底《おうてい》で合致する）ことで、制度的な一体化ではなく、社会を建設する人間一人ひとりの生き方の根底に、仏法の哲理《てつり》、慈悲《じひ》の精神が確立されていくことを意味する。だから池田は、〈選挙に際しても、学会は支持団体として、当然、応援はする〉と述べている。創価学会が宗教団体の判断として公明党を支持し、応援するのは憲法上認められた当然の権利だ。

にもかかわらず、言論問題以後、創価学会と公明党の政教分離には行き過ぎが生じるようになった。創価学会の会合では、政治について語ることが避けられるようになり、公明党の会合では、創価学会や池田について言及しないようになった。行き過ぎた政教分離によって、一部の公明党幹部が、創価学会の価値観から乖離《かいり》した行動を取るようになった。この人たちは、公明党幹部時代は創価学会員でもあったが、後に公明党からも創価学会からも離れ、ジャーナリズムで創価学会を非難するようになった。価値観政党として公明党が存続するために本来の意味での王仏冥合は不可欠なのだ。

もっともこの行き過ぎた政教分離も、2014年の公明党結党50年の機会に刊行された『大衆とともに――公明党50年の歩み』の序文で山口那津男《なつお》公明党代表が〈公明党は1964（昭和39）年11月17日に、池田大作創価学会会長（当時）の発意によって結成された。「大衆とともに語り、大衆とともに戦い、大衆の中に死んでいく」（池田大作公明党創立者）の指針のもとで、大衆福祉の実現をめざして、活発に活動を展開し、2014（平成26）年11月17日、結党50年の佳節《かせつ》を迎えた〉（10ページ）と明言した後、克服されつつある。現在は、公明党の会合で、創価学会や池田の価値観について言及する議員や党員が増えてきた。言論問題によるトラウマである行き過ぎた政教分離を創価学会と公明党が克服するのに40年以上がかかったのである。

宗教観と基本的価値観の対立

言論問題による危機を克服した後、創価学会は順調に発展し、世界宗教化を進めていった。その過程で、創価学会と宗門の間に軋轢《あつれき》が生じるようになった。1977年に入ると日蓮正宗の宗門僧が創価学会に対する攻撃を始めた。多くの諍《いさか》いが生じたが、その背景には、僧侶が「上」、一般信徒は「下」とする宗門の宗教観と、そのようなヒエラルキーを認めない民衆宗教である創価学会の基本的価値観の対立があった。

この関連で興味深いのが「聖教新聞」に連載された「池田先生の会長就任60周年　青年部が原田《はらだ》会長に聞く」における創価学会第6代会長・原田稔《みのる》の発言だ。原田は、第一次宗門事件の経緯について、こう説明している。原田の聞き手を男子部長の西方光雄《にしかたみつお》、女子部長の大串博子《おおぐしひろこ》、学生部長の樺澤光一《かばさわこういち》、女子学生部長の林玲子《はやしれいこ》がつとめている。

〈◆西方　1977年(昭和52年)ごろから宗門僧による学会攻撃が始まり、第1次宗門事件が起こりました。79年、池田先生は会員を守るために、法華講総講頭を、さらに、第3代会長を辞任されます。その後、宗門と退転者らの謀略により、先生のことが聖教新聞で報じられなくなり、小説『人間革命』も、78年8月まで第10巻「展望」の章が連載された後、休載していました。

◇原田　先生と学会員との師弟の絆の分断を企んだ宗門側は、学会に対し、〝名誉会長は会合で指導してはいけない〟〝聖教新聞等でも指導を報道してはいけない〟などと理不尽な要求をしてきました。そして、池田先生の指導や動向が報道されない事態になったのです。ただし、海外の要人との会見報道までは、禁ずることはできませんでした。先生は、SGI会長（引用者注＝1975年1月に創価学会インタナショナルを設立し、会長に就任）として海外に行かれ、平和のために果敢な行動を開始されました。それが、聖教新聞に報道され、全同志に勇気を送ることになったのです。

80年4月29日、5度目の訪問となった中国から、先生は長崎空港に降り立たれます。当時の状況は『新・人間革命』第30巻〈上〉「雄飛《ゆうひ》」の章にも詳しく描かれています。帰国を報じる翌日の聖教新聞1面には「名誉会長は、長崎のあと福岡、関西、中部の会員の激励・指導に当たる予定になっている」と記されています。

名誉会長としての先生の動き、しかも、予定の記事が掲載されることは会長辞任以降、なかったことでした。全国の会員の皆さんは、この記事に驚くとともに、歓喜と感動が爆発しました。

そして、長崎支部結成22周年の記念幹部会、さらに福岡での指導を経て、関西、中部で勤行会等に出席。その様子が聖教新聞に掲載されました。まさに、長崎に降り立った時から、先生の「反転攻勢の助走」が始まったのです〉(「聖教新聞」2020年4月6日)

この第一次宗門事件で宗門が狙ったのは創価学会を隷属《れいぞく》させることだ。そのためには池田から宗教的権威を剥奪《はくだつ》しなくてはならない。宗門は、「名誉会長は会合で指導してはいけない」「聖教新聞等でも指導を報道してはいけない」という、池田の創価学会指導者としての活動を事実上、禁止する圧力をかけた。永遠の師匠《ししょう》である池田を創価学会員から引き離すことができないという単純な現実が宗門には見えなかった。宗門は、官僚主義的手法で池田と創価学会員を切り離そうとした。この時点で、宗門の価値観は創価学会から乖離し始めていた。他方、創価学会は日蓮正宗の在家集団として出発した経緯がある。創価学会が世界宗教として展開するために宗門との訣別は不可欠だった。

キリスト教も世界宗教に発展するためにはユダヤ教から訣別することが不可欠だった。

初期のキリスト教徒の多くは、信者になるために割礼《かつれい》が不可欠と考えていた。ユダヤ教の残滓《ざんし》から訣別することができなかったからだ。パウロが、エルサレムの宗教会議で、信徒になるために割礼は不要であるとの立場を明確にすることによって、キリスト教はユダヤ教から魂の独立を獲得した。

七年ごとの不思議なリズム――「七つの鐘」という時代区分

池田は、創価学会を世界宗教化させるためには、新たな一歩を踏み出すことが必要と考えた。池田の指針となったのは、「七つの鐘《かね》」という時代区分だ。

〈学会は七年ごとの不思議なリズムで歴史を刻んできた。これを「七つの鐘」と呼ぶ。戸田会長の逝去《せいきょ》（昭和三十三年四月二日）直後の五月三日、池田参謀室長が「七つの鐘」の展望を発表。将来に不安をいだいていた全学会員は、目の前が明るく、洋々と開ける思いがした。

「第一の鐘」一九三〇年〈昭和五年〉の創立から、三七年〈昭和十二年、発会式〉までの七年。

「第二の鐘」　牧口会長の獄中の逝去までの七年。

「第三の鐘」　戸田会長就任までの七年。

「第四の鐘」　戸田会長の逝去までの七年。

「第五の鐘」　池田会長の指揮のもと、あらゆる面で大発展した七年。

「第六の鐘」　正本堂建立までの七年。この間、七百五十万世帯を達成。

「第七の鐘」　広布第二章が開幕。池田会長の名誉会長就任までの七年〉（『池田大作全集第八十五巻』聖教新聞社、２０００年、60～61ページ）

池田は、１９７９年2月3日から20日にかけて、香港とインドを訪問した。4日に香港で広布18周年記念勤行会を行った。7日には、インドのデサイ首相と首相官邸で会談した。11日には、インドの良心と敬愛されるＪ・Ｐ・ナラヤンと会談した。池田は創価学会の世界宗教化を精力的に進めていた。


〈インド、香港訪問を終えて、山本伸一の一行が成田空港に到着したのは、二月二十日午後七時のことであった。

彼は、心に期していた。

〝間もなく「七つの鐘」が鳴り終わり、二十一世紀への五年ごとの新しい歩みが始まる。今こそ、力強く、その助走を開始する時だ！　新しい離陸のためには、エンジンを全開にして疾走《しっそう》しなければならない。それだけに、油断を排し、細心の注意を払うことだ。皆が心を一つに、希望の前進を開始できるように、これまで以上に同志の激励に徹しよう。一人でも多くのメンバーに会い、広宣流布に生き抜く創価の精神を訴え抜いていこう！〟〉（池田大作『新・人間革命　第30巻上』聖教新聞社、２０１８年、16、18ページ）

１９７９年に七番目の鐘が鳴り終わった後、１９８０年からは5年刻みで、創価学会の新たな歩みが始まると池田は考えた。

再開された僧侶による攻撃

１９７８年に大石寺の大講堂で創価学会創立48周年記念代表幹部会が行われ、学会幹部2千人が参加した。この年初めから宗門の一部僧侶は、創価学会員を脱会させて寺の信徒にするいわゆる檀徒《だんと》作りを全国各地で始めていた。創価学会からすれば組織破壊攻撃だ。創価学会は、僧俗和合《そうぞくわごう》を維持するために事態の収拾に向けて努力した。僧俗和合とは、出家僧と在家である創価学会員が、互いの立場を尊重し、団結して仏法を正しく実践し、広めていくという意味だ。代表幹部会の前日に池田は、日蓮正宗法主の日達と懇談して調整につとめた。代表幹部会では、万代の広宣流布のため、僧俗和合の基本について再確認した。宗門の創価学会攻撃は、一時、沈静化する兆しを見せた。しかし１９７９年に入ると、僧侶による攻撃が再開された。

〈このころ、またもや各地で、宗門僧による学会攻撃が繰り返されるようになっていた。彼は、いかにして会員を守るか、ひたすら心を砕いた。本来、前年の十一月七日に行われた創価学会創立四十八周年を記念する代表幹部会で僧俗和合《そうぞくわごう》が再確認され、事態は収束に向かうはずであった。

しかし、この代表幹部会の直後から、学会の和解は偽装であるなどという意図的な話を、一部の週刊誌などが盛んに書き立てた。背後で、学会攻撃を煽《あお》る陰湿な謀略が進んでいたのだ。険難《けんなん》の峰《みね》こそが、創価の師子の征路《せいろ》である。

宗門僧たちは学会攻撃の材料探しに血眼《ちまなこ》になっていた。年が明けると、学生部の幹部が「『学会が真実の正義の団体』であることを厳然と証明していきたい」と呼びかけたことを取り上げて、彼らは、学会は反省がないと言いだした。

そして、一月二十八日には、第二回の全国檀徒《だんと》総会が総本山で行われた。二百三十人の僧、五千人ほどの檀徒が集い、学会を謗法《ほうぼう》と決めつけ、謗法に対しては、和解も手打ち式もないなどと、またもや対決姿勢を打ち出したのだ。

しかし、学会は、和合のために、どこまでも耐忍と寛容で臨み、神経をすり減らすようにして宗門に対応し続けた。

そんなさなかの三月上旬、法主の取次役《とりつぎやく》の僧から副会長の秋月英介に連絡があった。

「副会長の鮫島源治氏が、宗門と学会の問題について、いろいろ発言されています。話の内容を聞いて、猊下《げいか》をはじめ、私どもは驚いております。この件について、文書にてお尋ねしますので、お答えいただきたいと思います」

宗門が問題にしたのは、三月六日に福岡県大牟田で、宗門との和合を図るために開かれた会合での、鮫島の無責任な発言であった。彼は、それまでも非常識な言動で、純真な九州の同志を苦しめることが多々あった。

鮫島は、この会合で、「総本山は旅館業と同じである」「宗門の学会批判は妬《ねた》みによる邪推である」等と語っていた。しかも調子にのって語った私見を、「すべて副会長全員の意見である」などと述べていたのである。

それが宗門に伝えられ、大騒ぎとなった。鮫島の発言は不遜《ふそん》であるとし、宗務院と内事部が、それぞれ学会に質問状を送ってきた。

日蓮大聖人は「わざわい（禍）は口より出でて身をやぶる」（御書一四九二ページ）と仰せである。傲《おご》りと油断は禍を生み、自分の身を破る。それればかりか、広宣流布をも破ることになるのだ。一人の幹部の軽率極まりない発言が、信徒を隷属させようとする宗門僧による学会攻撃の、格好の材料となっていった。広布の航路《こうろ》は、常に激浪《げきろう》の海原《うなばら》である〉（前掲書、18～20ページ）

池田が下した重大な決断

福島源次郎（『新・人間革命』では鮫島源治）は、もともと日蓮正宗法華講《ほっけこう》から創価学会に入り、副会長にまでなったが、この発言が契機で役職を辞任し、後年、学会からも離反していく。

〈鮫島は学会の副会長であることから、追及の矛先は会長の伸一に向けられた。

宗門僧は、喧伝《けんでん》した。

「鮫島発言に明らかなように、学会も、山本会長も、なんの反省もしていない」

「宗門を誠心誠意、外護《げご》する気持ちなど、全くなかったのだ！」

学会側が事態を収束させるために苦心し、誠意を尽くして努力を重ねてきたことが、これで水泡に帰してしまったのである。

伸一は、宗門においては法華講の総講頭《そうこうとう》という立場であったが、宗門では、総講頭の辞任を勧告すべきであるとの声もあがった。抗議の文書を送ってくる僧もいた。

さらに、三月末、法華講連合会が緊急理事会を開いて、伸一に対して総講頭の辞任勧告を決議。勧告書を送りつけてきたのである。

檀徒となった脱会者らは、「山本会長は責任を取って辞任せよ」と盛んに騒ぎ立てた〉（前掲書、21ページ）

池田は、宗門からの攻撃を「七つの鐘」が鳴り終え、創価学会が世界宗教に発展する過程で避けられない難と考え、重大な決断をした。

〈四月二十二日、山本伸一は総本山に足を運んだ。法主の日達と面会するためである。

うららかな午後であった。澄んだ空に、富士が堂々とそびえていた。雪を被った頂《いただき》の近くに雲が浮かんでいる。山頂は、風雪なのかもしれない。しかし、微動《びどう》だにせぬ富士の雄姿に、伸一は心が鼓舞される思いがした。

彼にとって法華講総講頭の辞任も、学会の会長の辞任も、もはや未来のための積極的な選択となっていた。

もちろん辞任は、宗門の若手僧らの理不尽《りふじん》な学会攻撃に終止符を打ち、大切な学会員を守るためであった。しかし、「七つの鐘」が鳴り終わる今こそ、学会として新しい飛翔《ひしょう》を開始する朝の到来であると、彼は感じていた。また、これまで十分な時間が取れず、やり残してきたこともたくさんあった。世界の平和のための宗教間対話もその一つであったし、功労者宅の家庭訪問など、同志の激励にも奔走《ほんそう》したかった。

伸一は日達と対面すると、既に意向を伝えていた法華講総講頭の辞任を、正式に申し出た。そして、二十六日には辞表を提出する所存であることを告げた。日達からは、「総講頭の辞表を提出される折には、名誉総講頭の辞令を差し上げたい」との話があった。

さらに伸一は、十九年の長きにわたって創価学会の会長を務めてきたが、学会がめざしてきた「七つの鐘」の終了にあたり、会長も辞任するつもりであることを述べた。

彼は、新しい体制になっても、平和、文化、教育の運動に力を入れながら、皆を見守っていくこともできると考えていた。

学会は、民衆の幸福のため、世界の平和のために出現した広宣流布の団体である。ゆえに、その広布の歩みに停滞を招くことは、断じて許されない。彼は、自分は自分の立場で新しい戦いを起こす決意を固めるとともに、創価の新しき前進を祈りに祈り抜いていた。

〝必死の一人がいてこそ道は開かれる。わが門下よ、師子と立て！　いよいよ、まことの時が来たのだ〟と、心で叫びながら――〉（前掲書、61〜63ページ）

池田の創価学会会長辞任は、創価学会員にとって痛恨の極みであった。宗門からの不当な攻撃に対して恩師である池田を守ることができなかったからだ。しかし、池田はこの事態を勝利に向かっての試練であると創価学会員に訴えた。

〈山本伸一は、四月二十四日付の「聖教新聞」一面に所感「『七つの鐘』終了に当たって」と題する一文を発表した。

これは、学会の首脳幹部と検討して、決まったことであった。

彼は、学会が目標としてきた「七つの鐘」の終了にあたり、苦楽を分かち合って戦ってくれた同志へ、感謝を伝えるとともに、新しい出発への心の準備を促したかった。

「私どもは、初代牧口会長以来、広宣流布の大道《だいどう》に向かって、七年ごとのリズムを合言葉にして進んでまいりました。ここに来る五十四年（一九七九年）五月三日を中心に、ついに『七つの鐘』の総仕上げともいうべき記念の日を迎えることができました」

そして、慈折《じしゃく》広布の聖業に不屈《ふくつ》の奮闘を重ねてくれた同志に、深甚《しんじん》の敬意を表した。

「戸田前会長逝《ゆ》いて二十一年、私もおかげさまで会長就任から満十九年、足かけ二十年に及ぶ長き歳月を、皆様方と共に苦難と栄光の歴史を綴り、今日にいたりました。

浅学非才《せんがくひさい》な私を、陰に陽に、守り支えてくださり、広布のために走りに走ってくださった妙法の勇者の皆様方に、重ねてここに謹んで感謝いたします。この貴重な足跡は永遠の生命の宝となることを確信していただきたいのであります。

もとより、私どもは、末法の凡夫《ぼんぷ》の集いであります。幾多の試行錯誤もありました。前進もあり、後退もありました。しかし、常に波浪を乗り越え、上げ潮をつくり、その潮流を、立正安国《りっしょうあんこく》と人類の幸福と平和のために安定ならしめる努力を傾けてきたのであります」

伸一には、断固たる確信があった。

〝日蓮大聖人の仰せ通りに、死身弘法《ししんぐほう》の実践をもって広宣流布の道を切り開いてきたのは誰か――それは創価学会である。私と共に身を粉《こ》にして戦ってくれた同志である！

まさに、創価の旗のもとに地涌の菩薩が雲集《うんじゅう》し、大聖人の御遺命たる『末法広宣流布』を現実のものとしてきたのだ。学会なくば、大聖人の言説も虚妄《こもう》となるのだ！〟〉（前掲書、63〜64ページ）

日蓮の教えを継承するもの

日蓮の教えを継承するのは、僧が上、一般信徒は下などという権威主義に凝《こ》り固まった宗門ではない。創価学会こそが日蓮の遺志を継承し、末法広宣流布を実践しているという立場を鮮明にした。

〈彼は、人類の危機が現実化しつつあるなかで、地涌の菩薩の連帯は世界九十数カ国に広がり、日蓮仏法が唯一の希望となっていることに言及し、未来への展望に触れた。
「いまだ世界にわたる平和と文化の実現は、緒についたばかりの段階でありますが、この地球上には、確実にその種子は植えられ、芽をふいております。これについては、私も今まで努力を積み重ねてまいりました。しかし、本格的に取り組むのはこれからであり、信仰者としての私どものなすべき大きな未来図として描いていかねばならない。

平和、文化の魂は宗教であり、その潮流の力は、国家を超えた人間の力であります。古来、文化とは宗教が生命であった。平和もまた、人間の心の砦のなかに築いていくしかない。一つの基盤が整った時は、恒久的な文化、平和へと歴史の流れを私どもの力でつくっていくしかないのであります」

宗教者が、宗教という枠のなかだけにとどまり、現実世界の危機に目をふさぐなら、その宗教は無用の長物といってよい。宗教は社会建設の力である。仏法者の使命は、人類の幸福と世界の平和の実現にある。ゆえに日蓮大聖人は、「立正安国」を叫ばれたのだ。

文豪トルストイも、こう記している。

「宗教は、過去に於けると同様に、人間社会の主要な原動力であり、心臓であることに変わりない」

伸一は続けた。

「ともあれ、ここに広布の山並みが、はるかに展望し得る一つの歴史を築くことができました。既に広布への人材の陣列も盤石となり、あとには陸続と二十一世紀に躍り出る若人が続いている。まことに頼もしい限りであります。私どもは、この日、この時を待ちに待った。これこそ、ありとあらゆる分野、立場を超えて結ばれた信心の絆の勝利であり、人間の凱歌であります」

それは、彼の勝利宣言でもあった。

創価学会が、わが同志が成し遂げた、厳たる広宣流布の事実は永遠不滅である。偉業は、継続のなかにある。真の大業は、何代もの後継の人があってこそ、成就するものだ〉（前掲書、64〜66ページ）

1980年4月29日、「反転攻勢の助走」が始まった

1979年4月24日、池田は創価学会第3代会長を辞任し、名誉会長に就任した。創価学会第4代会長は北条浩《ほうじょうひろし》がつとめることになった。この機会を利用して、宗門僧や退転者らが策謀《さくぼう》し、池田の会合での指導とそれに関する新聞掲載等を禁止した。退転者とは、離教するのみでなく創価学会を積極的に攻撃し、分断を画策する者を指す。しかし、池田とその同志は宗門からの圧力を知恵を使って撥《は》ね除《の》けていく。前に紹介したが、創価学会第6代会長・原田稔は、〈80年4月29日、5度目の訪問となった中国から、先生は長崎空港に降り立たれます。当時の状況は『新・人間革命』第30巻〈上〉「雄飛」の章にも詳しく描かれています。帰国を報じる翌日の聖教新聞1面には「名誉会長は、長崎のあと福岡、

関西、中部の会員の激励・指導に当たる予定になっている」と記されています。／名誉会長としての先生の動き、しかも、予定の記事が掲載されることは会長辞任以降、なかったことでした。全国の会員の皆さんは、この記事に驚くとともに、歓喜と感動が爆発しました。／そして、長崎支部結成22周年の記念幹部会、さらに福岡での指導を経て、関西、中部で勤行会等に出席。その様子が聖教新聞に掲載されました。まさに、長崎に降り立った時から、先生の「反転攻勢の助走」が始まったのです〉（「聖教新聞」２０２０年４月６日）

と指摘した。創価学会は闘う教団なのだ。

１９８０年４月29日の長崎で以下の出来事があった。

〈伸一は、記念幹部会の参加者を激励すると、長崎文化会館から、報道各社合同の記者会見会場である長崎市内のホテルへと急いだ。

記者会見では、第五次訪中で見聞《けんぶん》した中国の様子や感想などについての質問を受けた。

そのあと、訪中団メンバーと解団式を兼ねて会食懇談を行い、皆をねぎらった。

彼は、訪中を振り返りながら語った。

「私は、今回の中国訪問によって、新時代の世界平和への幕が開かれたと思っています。

そして、二十一世紀を迎えるこれからの二十年間は、民間交流、教育・文化交流を推進し、世界を結ぶ平和の潮流をつくるうえで、極めて重要な時期であると感じています。

この間に、中国は大発展を遂げていくだろうし、また、世界は、激動、激変していくでしょう。それだけに、仏法の平和思想、人間主義の哲学を、広く世界に発信していかなくてはならない。したがって、仏法を深く掘り下げ、生命尊厳の法理を、社会に、世界にと展開していく教学運動も大事になります。二十一世紀の平和を築くうえで、今こそ、すべての面で、一時の猶予《ゆうよ》も許されない段階に入っているんです」

懇談が終わったあと、伸一に同行していた「聖教新聞」の記者が言った。

「帰国報道のほかに、先生が長崎文化会館で長崎支部結成二十二周年記念幹部会に出席されたことも、記事にしたいと思います」

「かまいません。事実を隠す必要はない。創価の師弟が分断され、不二《ふに》の心が失われていけば、広宣流布はできない。だから私は、同志と共に戦いを開始します。私の今後の予定も発表しよう。さあ、反転攻勢だ！　戦闘開始だよ！」

翌四月三十日付の「聖教新聞」一面には、伸一の帰国や記者会見の模様、記念幹部会への出席の報道とともに、「名誉会長は、長崎のあと福岡、関西、中部の会員の激励・指導に当たる予定になっている」と記されていた。

この一文は、読者の目をくぎ付けにした。日本列島に歓喜の激震が走った〉（前掲書、

264〜266ページ）

池田の指導によって、創価学会は宗門の謀略を打ち破って、新たな道を着実に歩み始めた。

火蓋が切られた第二次宗門事件

日蓮正宗宗門と緊張関係をはらみながらも創価学会の宣教（広宣流布）は、日本でも世界でも進んでいった。創価学会員は、1990年9月2日に行われた大石寺開創七百年慶祝記念文化祭に全力で取り組んだ。しかし、この時点で日顕を法主とする宗門は、池田を失脚させる計画を練っていた。

〈九〇年夏、総本山では、学会の青年たちが、九月二日に行われる大石寺開創七百年慶祝記念文化祭の準備に、連日、汗を流していた。この文化祭は、開創七百年の記念行事の幕開けとなるもので、十月には、慶讃大法要の初会《しょえ》、本会《ほんえ》が営まれる。

九月二日夕刻、慶祝記念文化祭が、「天座《てんざ》に輝け　幸《さち》の光彩」をテーマに掲げ、総本山・大客殿前の広場で盛大に開催された。

宗門からは、日顕をはじめ、総監などの役僧《やくそう》、多数の僧らが、学会からは、名誉会長である山本伸一、会長の秋月英介《あきづきえいすけ》、理事長の森川一正《もりかわかずまさ》のほか、副会長らが出席した。

文化祭では、芸術部、男女青年部による、邦楽演奏や優雅な寿《ことほ》ぎの舞、バレエなど、熱演が繰り広げられた。また、色とりどりの民族衣装に身を包んだ、世界六十七カ国・地域のメンバーが誇らかにパレードすると、会場からは大拍手が鳴りやまなかった。

世界広布《こうふ》への誓いを胸に、歓喜の笑顔で手を振る、メンバーの清らかな思いに応《こた》えようと、伸一も力いっぱい拍手を送った。

隣には、日顕も、笑みを浮かべて演技を観賞していた。

この年の十二月——宗門による、伸一と会員とを分離させ、学会を破壊しようとする陰謀が実行されることになるとは、誰も想像さえしなかった〉（池田大作『新・人間革命第30巻下』聖教新聞社、2018年、290〜291ページ）

創価学会員は、信仰即《そく》社会と考える。文化は人類の英知によって生み出されたものだ。文化に敬意を表しつつ、社会に根差して信頼を勝ち得ることで世界広宣流布は可能になると池田は信じていた。

1990年12月13日、東京の聖教新聞社で池田は、ノルウェーのオスロ国際平和研究所のスベレ・ルードガルド所長と、環境問題と軍縮問題を総合的に考える環境安全保障に関する意見交換を行った。池田が、創価学会の世界宗教化に向けた努力を続けているまさにそのときに創価学会と宗門との関係を決定的に変化させる第二次宗門事件の火蓋《ひぶた》が切られた。

〈この十三日、東京・墨田区《すみだ》の寺では、学会と宗門の連絡会議が行われた。学会からは、会長の秋月英介らが、宗門からは、総監の藤本日潤《にちじゅん》らが出席した。

連絡会議が終了しようとした時、総監が封筒を秋月に差し出した。前月の十六日に行われた、学会創立六十周年を祝賀する本部幹部会での伸一のスピーチについて、入手したテープに基づいて質問書を作成したので、文書で回答してもらいたいというのである。

唐突にして性急な要求であった。学会の首脳たちは、宗門側の意図がわからなかった。

秋月は、何か疑問があれば、文書の交換などという方法ではなく、連絡会議の場で話し合うよう求めた。総監は、考え直すことを約束し、文書を持ち帰った。

しかし、三日後の十二月十六日付で、宗門は学会に文書を送付した。「到達の日より七日以内に宗務院へ必着するよう、文書をもって責任ある回答を願います」とあった。

仲一のスピーチは、世界宗教へと飛躍するための布教の在り方、宗教運動の進め方に論及したものであった。だが、その本義には目を向けぬ、一方的な難詰《なんきつ》であった。

そして、仲一が、ベートーベンの「歓喜《かんき》の歌」を大合唱していこうと提案したことについて、〝ドイツ語で「歓喜の歌」を歌うのは、キリスト教の神を讃歎《さんたん》することになり、大聖人の御聖意に反する〟などと、レッテルを貼《は》ったうえでの質問であった〉（前掲書、295～296ページ）

創価学会と対話する意思はなかった

ここで宗門が問題としたのは、キリスト教だ。ベートーベンの「歓喜の歌」を歌うことが邪教礼賛《じゃきょうらいさん》になると宗門は考えた。ヨーロッパの文化はキリスト教と深く有機的に結びついている。ヨーロッパ文化から、キリスト教を抜き去って理解することは不可能だ。科学的無神論を国是としたソ連や東ドイツでも、「歓喜の歌」が、無神論の否定する神を礼賛するといった理由で禁止することはなかった。宗門はソ連共産党やドイツ社会主義統一党（東ドイツにおける共産党と社会民主党の合同政党。実質的には共産党）よりも偏狭なキリスト教観を持っていることが露呈した。

〈十二月十六日、伸一は、第一回壮年部総会を兼ねた本部幹部会に出席。この日が、ベートーベンの誕生の日とされ、生誕二百二十年に当たることから、楽聖《がくせい》の〝わが精神の王国は天空にあり〟との毅然《きぜん》たる生き方に言及した。

なぜ、ベートーベンが、苦しみのなかで作曲し続けたのか。自身がつかんだ歓喜の境涯《きょうがい》を、未来のため、不幸な貧しき人びとのために分け与えたかったからである――それが伸一の洞察であった。まさに、この大音楽家の一念は、学会精神に通じよう。

宗門の「お尋《たず》ね」と題する質問文書に対して、学会は、二十三日、「あくまでも話し合いで、理解を深めさせていただきたい」との返書を送った。併せて、僧俗和合《そうぞくわごう》していくために、これまで思い悩んでいた事柄や疑問を、率直に、「お伺《うかが》い」することにした。それは、秋月英介が伸一と共に対面した折の法主《ほっす》の話や、僧たちの不謹慎《ふきんしん》な言動など、九項目に及んだ〉（前掲書、２９６ページ）

創価学会からすれば、宗門による詰問《きつもん》は為《ため》にする言いがかりのように見える。しかし、宗門にはそれなりの言い分があるのかもしれない。そこで創価学会は宗門との対話を進めようとした。しかし、宗門に創価学会と対話する意思はなかった。

〈二十六日付で宗門から書面が届いた。

「『お伺い』なる文書をもって、事実無根《じじつむこん》のことがらを含む九項目の詰問状を提出せられるなど、まことにもって無慚無愧《むざんむき》という他ありません」「一一・一六のスピーチについては、文書による誠意ある回答を示される意志が全くないものと受けとめました」

翌二十七日、宗門は臨時宗会《しゅうかい》を開き、宗規《しゅうき》の改正を行った。改正された宗規では、これまで任期のなかった総講頭の任期を五年とし、それ以外の役員（大講頭ら）の任期を三年とした。また、「言論、文書等をもって、管長を批判し、または誹毀《ひき》、讒謗《ざんぼう》したとき」は処分できるとなった。

この変更された宗規は、即日施行《しこう》され、それにともない、「従前法華講本部役員の職にあった者は、その資格を失なう」とあった。つまり、総講頭の伸一も、大講頭の秋月や森川らも、資格を喪失することになる。

宗門の狙いは、明白であった。宗規改正を理由に、伸一の宗内《しゅうない》における立場を剝奪《はくだつ》し、やがては学会を壊滅させ、宗門の権威権力のもとに、会員を隷属させることにあった〉

（前掲書、２９６～２９７ページ）

池田は、第一次宗門事件の際、1979年4月26日、法華講総講頭を辞したが、同日、名誉総講頭に就任した。1984年1月2日、日蓮正宗の法主・日顕は池田を再度、法華講総講頭に任命した。今回、日顕は、池田を総講頭から解任することによって、池田と創価学会員の分断を図った。創価学会員を寺の檀家にして、創価学会を宗門の統制下に置こうとしたのである。奇妙なことに宗門は、池田に伝えるよりも早く宗規改正をマスコミに流した。

〈宗門は、総講頭等の資格喪失について、二十八日にはマスコミに伝えていた。本人に通知が届く前である〉（前掲書、297ページ）

当時、池田を含む創価学会員は日蓮正宗の信徒でもあった。今回の宗規改正は、池田らの身分と権利に関係する重要事項だ。にもかかわらず、宗門は、組織内部での話し合いを避け、マスコミに情報を流し、池田が総講頭の資格を失ったことを既成事実にしようとした。

〈学会員は、新聞の報道などで、宗門の宗規改正によって、名誉会長の山本伸一や学会の首脳幹部らが、法華講総講頭・大講頭の資格を失ったことを知った。

同志たちは、予期せぬ事態に驚くとともに、宗門への強い怒りを覚えた。

「なんで宗門は、こんな理不尽なことをしたのか！」「宗門を大発展させたのは、山本先生ではないか！　その先生の総講頭資格を、なんの話し合いもなく、一方的に喪失させるとは何事だ！」

資格喪失の通知が届いたのは、二十九日であった。年末の慌ただしい時期ではあったが、学会では、各県・区で、緊急の幹部会を開くなどして、宗門の問題について状況を説明した。迅速な対応であった。

「われわれは時すでに遅しとならないうちに今行動しなければならない」とは、アメリカ公民権運動の指導者マーチン・ルーサー・キング博士の叫びである〉（前掲書、298ページ）

世界宗教に発展していくという決意

池田は、創価学会が世界宗教に発展するために宗門との関係に最終的な決着をつけなくてはならない時機に至ったとの認識を抱いた。創価学会は1991年を「平和と拡大の年」と定めた。

〈伸一は、新年の出発にあたって、和歌を詠《よ》み、「聖教新聞」をはじめ、各機関紙誌に発表した。このうち、「聖教新聞」に掲載された和歌の一首は――

「新春を　共に祝《しゅく》さむ　喜ばん
　皆　勇猛《ゆうみょう》の　心　光りて」

『大白蓮華《だいびゃくれんげ》』に掲載された三首のうちの一首には――

「恐れなく　妬《ねた》みの嵐も　烈風《れっぷう》も
　楽しく越えゆけ　自在のわれらは」

創価の同志は、この新春、全国各地の会館で、また、海外七十五カ国・地域で、晴れやかに新年勤行会《ごんぎょうかい》を開催し、希望あふれる一年のスタートを切った。

伸一は、学会本部での勤行会に参加した各部の代表と、学会別館で新年のあいさつを交《か》わし、励ました。

「世界広布の新しい時代の扉を開こうよ。烈風に向かって、飛び立つんだよ」〉（前掲書、298～299ページ）

「世界広布の新しい時代の扉を開こうよ。烈風に向かって、飛び立つんだよ」という言葉に、宗門の圧力に屈せず、創価学会が世界宗教に発展していくという池田の強い決意が込められている。

〈一月二日、会長の秋月と理事長の森川が登山し、日顕との話し合いを求めたが、宗門は拒否した。その後も彼らは、学会に対して、「目通《めどお》りの儀《ぎ》、適《かな》わぬ身」などと対話を拒絶し続けたのである。

十二日付で、宗門から文書が送られてきた。

実は、宗門の「お尋ね」のなかで、伸一の発言だとして詰問してきた引用に、幾つかの重要な誤りがあった。また、明らかに意味を取り違えている箇所や、なんの裏づけもない伝聞に基づく質問もあった。

この文書は、学会が、それを具体的に指摘したことに対する回答であった。宗門は、数カ所の誤りを認めて撤回した。それにより、主張の論拠は根底から崩れたのである。

しかし、彼らは、学会への理不尽な措置を改めず、僧俗の関係についても、「本質的に皆平等であるとし、対等意識をもって僧俗和合を進めるなどというのは、大きな慢心の表われであると同時に、和合僧団を破壊する五逆罪《ごぎゃくざい》に相当するもの」とまで言っているのだ。もはや看過《かんか》しておくわけにはいかなかった。日蓮仏法の根幹を歪め、世界広布を根本から阻《はば》む元凶《げんきょう》になりかねないからだ。

学会としては、誤りが明らかになったことから、公式謝罪を強く要求した。また、「お尋ね」文書の引用には、このほかにも重要な誤りがあることを学会は指摘しており、それについても回答するよう求めた。

宗門は、学会の再三にわたる話し合いの要請を、ことごとく拒否してきたが、大聖人は「立正安国論」で「屢談話《しばしばだんわ》を致《いた》さん」(御書一七ページ)と仰せのように、対話主義を貫かれている。すべての人と語り合い、道理をもって、理解と共感と賛同を獲得していくことを教えられている。武力や権威、権力など、外圧によって人を屈服させることとは対極にある。

対話は、仏法の人間主義を象徴するものであり、それを拒否することは、大聖人の御《ご》精神《せいしん》を否定することだ。学会が広布の花園《はなぞの》を大きく広げてきたのも、家庭訪問、小グループ、座談会など、対話を中心とした草の根の運動を積み重ねてきたからにほかならない。

対話主義の根底には、万人《ばんにん》尊重の哲学と人間への信頼がある。そして、それは、すべての人が等しく「仏《ほとけ》」の生命を具《そな》え、崇高なる使命をもっているという、万人の平等を

説く仏法の法理に裏打ちされている〉（前掲書、２９９〜３０１ページ）

僧俗の関係についても、「本質的に皆平等であるとし、対等意識をもって僧俗和合を進めるなどというのは、大きな慢心の表われであると同時に、和合僧団を破壊する五逆罪に相当するもの」という見解に、僧が「上」、信徒は「下」という宗門の差別的体質が表れている。

ちなみにキリスト教の歴史では、16世紀の宗教改革で司祭が「上」、信徒は「下」という当時の教会の差別主義に対してドイツのマルティン・ルターは「万人祭司」を掲げて闘った。すべての一般信徒が祭司と同じレベルでキリスト教について知り、儀式をできるようにすれば、結果として祭司はいなくなるという考え方だ。創価学会員は、教学試験などを通じて仏法に関する知識を身につける。友人葬では、信仰の同志が宗教儀式を行う、このような形態で「万人僧侶」を実現することができる。

〈しかし、日顕ら宗門は、その法理に反して、日本の檀家制度以来の、僧が「上」、信徒は「下」という考えを踏襲し、それを学会に押しつけ、隷属させようとしたのだ〉（前掲書、３０１ページ）

僧が「上」、信徒が「下」という秩序への違和感

江戸時代の檀家制度に縛られて、僧が「上」、信徒が「下」というようなヒエラルキーに固執する宗門とともに創価学会が世界宗教化することは、もはや不可能な客観的状況になっていた。

池田は、日蓮正宗宗門の僧たちがみせる言動に、しばしば強い違和感を覚えていた。その背景に、僧が「上」、信徒が「下」という秩序が、宗門の差別主義的な教学（理論）と結びついているからだ。

〈日蓮大聖人が根本とされた法華経は、「二乗作仏《にじょうさぶつ》」や「女人成仏《にょにんじょうぶつ》」が示すように、身分など、あらゆる差別と戦い、超克《ちょうこく》してきた平等の哲理《てつり》である。それゆえに、世界の識者たちも、生命の尊厳を説き、人間共和と人類の平和を開く法理として、仏法を高く評価しているのである。

大聖人は、「僧も俗も尼《あま》も女も一句をも人にかたらん人は如来《にょらい》の使《つかい》と見えたり」（御書一四四八ページ）と、僧俗も、性差も超えた、人間の平等を明確に宣言されている〉（前

掲書、301ページ）

「二乗作仏」については、少し詳しく説明しなくてはならないのでお付き合い願いたい。

仏・菩薩《ぼさつ》が衆生《しゅじょう》を利益するために、種々の所にさまざまな身に姿を変えて現れることを垂迹《すいじゃく》と呼ぶ。法華経には迹門《しゃくもん》と呼ばれる部分がある。具体的には、法華経1部8巻28品《ほん》のうち、序品《じょほん》第1より安楽行品《あんらくぎょうほん》第14までの前半14品のことだ。

二乗作仏とは、〈法華経迹門において二乗（声聞《しょうもん》・縁覚《えんがく》）の成仏《じょうぶつ》が釈尊《しゃくそん》から保証されたこと。法華経以外の大乗経《だいじょうきょう》では、二乗は自身が覚《さと》りを得ることに専念することから利他行《りたぎょう》に欠けるとして、成仏の因である仏種《ぶっしゅ》が断じられて成仏することはないとされていた。このことを日蓮大聖人は「開目抄《かいもくしょう》」（〔日蓮大聖人御書全集〕191ページ以下）で、華厳経《けごんきょう》・維《ゆい》摩経《まきょう》などの爾前経《にぜんきょう》を引かれ、詳しく論じられている。それに対し法華経迹門では、二乗にも本来、仏知《ぶっち》見《けん》（仏の智慧）がそなわっていて、本来、成仏を目指す菩薩であり、未来に菩薩道を成就《じょうじゅ》して成仏することが、具体的な時代や国土や如来としての名などを挙げて保証された。さらに法華経迹門では、この二乗作仏、また提婆《だいば》達多《だった》品《ほん》第12で説かれる女人成仏・悪人成仏によって、あらゆる衆生の成仏が保証され、十界互《じっかいご》具《ぐ》・一念三千《いちねんさんぜん》の法門が理の上で完成した〉（創価学会公式サイト）。

上座部《じょうざぶ》仏教（いわゆる小乗《しょうじょう》仏教）と大乗仏教は対立関係にあった。上座部の、仏の教えを聞いて覚りを開くことを目指す出家の弟子である声聞や声聞の教団に属することなく修行し、涅槃《ねはん》の境地を目指す独覚《どっかく》（縁覚《えんがく》）は、成仏できないと考える大乗仏教徒が多かった。それに対して、声聞や独覚（縁覚）であっても成仏の可能性があると日蓮は説いた。また、女性は成仏できないという考え方が仏教で主流であったときに日蓮は「女人成仏」を説いた。

「女人成仏」とは、〈女性が成仏すること。法華経以外の諸経では、女性は障害が多く成仏することはできないとされていたが、法華経では提婆達多品第12で竜女《りゅうにょ》の成仏が示され、女人成仏が保証された〉（創価学会公式サイト）。

世界宗教化への深刻な障害が明白に

信仰上の差別を撤廃《てっぱい》することが池田にとって死活的に重要だった。宗門の、池田と創価学会への嫌がらせの過程で、宗門が説く仏法なるものが、日蓮から変質してしまっているとの認識を池田は強く抱くようになった。

〈大聖人の仏法は、民衆の幸福のためにこそある。もしも、宗門によってその根幹が歪《ゆが》められることを放置すれば、横暴な宗門僧らの時代錯誤の権威主義がまかり通り、不当な差別を助長させ、混乱と不幸をもたらしてしまうことになる。

まさに、「悪人《あくにん》は仏法の怨敵《おんてき》には非《あら》ず三明六通《さんみょうろくつう》の羅漢《らかん》の如《ごと》き僧侶等が我が正法《しょうほう》を滅失《めっしつ》せん」（御書一八二ページ）と仏典に説かれているごとく、正しき仏法が滅しかねないのだ。

さらに、学会が、深く憂慮したことの一つは、宗門の文化などに対する認識である。彼らの文化に対する教条主義的、排他的な態度は、ベートーベンの第九「歓喜の歌」についてだけではなかった。かつて、『大白蓮華』で、「英国王室のローブ展」の展示品・ガーター勲章《くんしょう》を紹介したところ、そこに「十字」の紋章《もんしょう》が施されているのを見て、役僧がクレームをつけてきたのである。

各国、各地、各民族等の、固有の伝統や文化への理解なくしては、人間の相互理解はない。文化への敬意は、人間への敬意となる。

文化・芸術にせよ、風俗・習慣にせよ、人間社会の営みには、多かれ少なかれ、なんらかの宗教的な影響がある。「西暦」にしても、イエス・キリストが誕生したとされる年を紀元元年《きげんがんねん》としているし、日曜日を休日とするのもキリスト教の安息日からきている。

また、「ステンドグラス」も、教会の荘厳さを表現するために発達してきた、キリスト教文化の所産である。西欧の多くの建造物や建築様式には、キリスト教が深く関わっている。だからといって、それを拒否するならば、社会生活は成り立たない〉（前掲書、302〜303ページ）

ここで興味深いのは、宗門がキリスト教と敵対する姿勢を鮮明にしたことだ。ベートーベンの「歓喜の歌」にキリスト教の神が礼賛されている、『大白蓮華』（創価学会の機関誌）で紹介した英国の勲章に十字の紋章が描かれていることを理由に宗門は創価学会を非難した。各国の文化から、宗門以外の宗教的要素を除去しようという発想は、絵に描いたような排外主義だ。日本において神道や仏教、儒教が文化に結びついているようにヨーロッパではキリスト教が文化と結びついている。ある文化と根底から結びついた宗教を完全に否定するならば、宗教間対話は成り立たない。宗門の頑《かたく》なな姿勢が、創価学会の世界宗教化の深刻な障害になっていることがもはや明白になった。

池田は、宗教間対話の根拠を仏法に求める。

〈仏法には「随方毘尼《ずいほうびに》」という教えがある。「随方随時《ずいほうずいじ》毘尼」ともいい、仏法の根本法理に違《たが》わない限り、各国、各地域の風俗や習慣、時代ごとの風習を尊重し、随うべきであるとするものだ。

法華経の肝心たる南無妙法蓮華経《なんみょうほうれんげきょう》の御本尊《ごほんぞん》を受持し、信《しん》・行《ぎょう》・学《がく》を実践して、広宣流布《こうせんるふ》の使命に生きる――この日蓮仏法の根本の教えに違わぬ限り、柔軟な判断が必要になる。

信心即社会《しんじんそく》である。妙法を受持した一人ひとりが、人間の英知の所産である文化等には敬意を表しつつ、社会に根差して信頼を勝ち得ていってこそ、世界広布も可能となる。ましてや、ベートーベンが「交響曲第九番」に取り入れた合唱部分である、シラー原詞の「歓喜の歌」には、「神々」との表現はあるが、それは特定の宗教を賛美したものでは決してない〉（前掲書、303ページ）

シラーの原詞の「歓喜の歌」で賛美される神々は、キリスト教的な人格神ではなく、人間を超越する力強く美しい概念を指す。池田の認識は正しい。

〈伸一は、一九八七年（昭和六十二年）十二月、学生部結成三十周年記念特別演奏会で、メンバー五百人による第九（合唱付）を聴いた。その時の感動が忘れられなかった。

そして、創価学会創立六十周年を祝賀する本部幹部会の席上、創立六十五周年には五万人で、七十周年には十万人で「歓喜の歌」を大合唱してはどうかと提案した。この時、日本語だけでなく、「そのうちドイツ語でもやりましょう!」と呼びかけたのである。

偉大《いだい》な音楽・芸術は、国家・民族の壁を超え、魂《たましい》の共鳴音《きょうめいおん》を奏《かな》で、人間の心をつなぐ〉(前掲書、303~304ページ)

偉大な音楽や芸術で、池田は民族や国境の壁を超えようとしたのである。人間主義を推進するにあたって、民族、国籍にかかわらず多くの人々を感動させる音楽は重要な役割を果たす。しかし、思考が硬直化した宗門にはその現実がわからない。

〈宗教が教条主義に陥《おちい》り、独善的な物差しで、文化や芸術を裁断するならば、それは、人間のための宗教ではなく、宗教のための宗教である。

〝今こそ、人間に還《かえ》れ〟――新しき時代のルネサンスの必要性を、同志は痛感した。

また、学会の首脳たちは、宗門僧の振る舞いにも、心を痛めてきた。各地の会員からは、傍若無人《ぼうじゃくぶじん》な言動や、遊興《ゆうきょう》にふけり、華美《かび》な生活を追い求める風潮に、困惑、憂慮する声が、数多く寄せられていた。学会としても、そのことを宗門側に伝えた。このままでは、将来、宗内は荒廃し、収拾のつかない事態になりかねないことを危惧《きぐ》したのである。

大聖人は、折伏もせず、「徒《いたず》らに遊戯《ゆげ》雑談《ぞうだん》のみして明《あか》し暮《くら》さん者《もの》は法師《ほっし》の皮《かわ》を著《き》たる畜生《ちくしょう》なり」（御書一三八六ページ）と仰《おお》せである。

広宣流布への志《こころざし》を失い、衣《ころも》の権威を振りかざす宗門僧の姿は、学会の草創期から見られた。ゆえに第二代会長・戸田城聖は、「名誉と位置にあこがれ、財力に阿諛《あゆ》するの徒弟《とてい》が、信者に空威張《からいばり》することなきよう」等と、たびたび宗門僧に対して、信心の赤誠《せきせい》をもって厳しく諫《いさ》めてきたのである。

学会は、日蓮大聖人の御《ご》遺命《ゆいめい》たる世界広宣流布を進めていくために、いかなる圧迫があろうとも、言うべきことは言い、正すべきことは、正さぬわけにはいかなかった〉

（前掲書、306～307ページ）

今こそ、硬直した寺院制度から、人間を救済する仏法の原点に還らなくてはならない。創価ルネサンスが必要とされるのだ。創価学会は1952年に独自の宗教法人として法人格を有している。日蓮正宗とはそもそも別の宗教団体なのだ。この組織的原点に立ち返る必要が生じた。創価学会としては、自ら宗門を離脱するのではなく、最後の瞬間まで僧俗《そうぞく》和合《わごう》の可能性を追求した。そして、日蓮仏法を基準に宗門の立て直しを要求した。

〈一九九一年（平成三年）の一月三日、全国県長会議が開かれ、宗門の問題が報告された。

会長の秋月は、日蓮大聖人の御遺命を達成すべく、二十一世紀をリードする世界宗教にふさわしい広布《こうふ》の基盤を整えるために、①民主の時代に即応し、世界に開かれた宗門になってほしい、②日蓮大聖人の仏法の本来の精神に則《のっと》り、権威主義を是正し、信徒蔑《べっ》視《し》を改めてほしい、③僧侶の堕落《だらく》を戒《いまし》め、少欲知足《しょうよくちそく》の聖僧《せいそう》という宗風《しゅうふう》を確立してほしい

――という、学会の宗門への要望を確認した。

伸一は、皆と共に勤行《ごんぎょう》し、「使命の人、信念の人としての深い自覚をもって、見事な一年に！」とあいさつした。彼は、〝何があろうが、世界広布のために、仏意仏勅《ぶついぶっちょく》の創価学会を守り抜かねばならぬ〟と強く決意し、「平和と拡大の年」であるこの年も、年頭から、会員の激励に奮闘した〉（前掲書、307～308ページ）

一方的に送られた「創価学会解散勧告書」

創価学会と宗門の緊張が増す頃、国際政治に目を転じると、ソ連の崩壊過程が着実に進んでいた。ソ連型社会主義（スターリン主義）体制が解体し、創価学会が、旧ソ連地域、中東欧に広宣流布を行う歴史的環境が整えられていた。

世界広宣流布という観点からも、創価学会がこれ以上、宗門のくびきの下に置かれることは非現実的であった。

〈一九九一年（平成三年）の十一月八日のことであった。宗門から学会本部へ、「創価学会解散勧告書《かんこく》」なる文書が届いた。十一月の七日付となっており、差出人は、管長・阿部日顕《にっけん》、総監・藤本日潤《にちじゅん》である。宛先は、学会の名誉会長でSGI会長の山本伸一、学会の会長でSGI理事長の秋月英介《えいすけ》、学会の理事長の森川一正《かずまさ》であった。

そこには、僧と信徒の間には、師匠《ししょう》と弟子という筋目《すじめ》の上から厳然と差別があり、学会が法主《ほっす》や僧を師と仰がず、平等を主張することは、「僧俗師弟《してい》のあり方を破壊する邪《じゃ》見《けん》」などとして、創価学会並《なら》びに、すべてのSGI組織を解散するよう勧告してきたのである〉（前掲書、316ページ）

ここで重要なのは、創価学会から宗門に離脱を申し出たのではないという事実だ。宗門が一方的に「創価学会解散勧告書」を送りつけてきた。前に述べたように、創価学会は日蓮正宗宗門とは別の宗教団体なので、他団体から解散を指示される筋合いはない。

〈しかし、そもそも創価学会は、五二年（昭和二十七年）に、既に宗門とは別の宗教法人となっているのだ。広宣流布の使命を果たし抜かんとする第二代会長・戸田城聖の、先見《せんけん》の明《めい》によるものである。この英断によって正義の学会は厳然と守られたのだ。宗門は、法的にも解散を勧告できる立場ではなく、なんの権限もないのだ。

学会員は、解散勧告書の内容に失笑した。

「法主に信徒は信伏随従《しんぷくずいじゅう》しろとか、僧が信徒の師だとか、自分たちに都合のいいことばかり言っているが、大事なのは何をしてきたかだ」「だいたい、折伏《しゃくぶく》をしたことも、個人指導に通い詰めて信心を奮い立たせたこともほとんどない、遊びほうけてばかりいる坊主《ぼうず》が、どうやって、広布に生き抜いてきた学会員を指導するつもりなんだ！」〉（前掲書、316～317ページ）

仏教ルネサンス（宗教改革）に舵を切る

宗門からの組織的攻撃に対して、創価学会も適時に反撃した。創価学会第5代会長・秋《あき》谷栄之助《やえいのすけ》（『新・人間革命』では、秋月英介）が、1991年11月8日に歴史的な会見を行った。

〈十一月八日、会長の秋月らは、宗門から「創価学会解散勧告書」が送付されてきたことにともない、記者会見を行った。

解散勧告書の内容は全く無意味なものであることを述べるとともに、宗門が、日蓮大聖人の仏法の教義と精神から大きく逸脱している事実を話した。

また、宗門には、根深い信徒蔑視の体質があり、対話を拒否してきたこと、狭《せま》い枠《わく》の中でしかものを見ず、ドイツ語での「歓喜の歌」の合唱についても、クレームをつけてきたことなどを述べた。そして、現在、学会が行おうとしているのは、そうした偏狭《へんきょう》な権威主義を覚醒《かくせい》させる運動であり、大聖人の仏法が世界宗教として広まっているなかでの宗教改革であると訴えた。

さらに、全国の会員たちの怒りは激しく、自分たちで、法主の退座《たいざ》を要求する署名を始めている状況にあることを伝えた。

葬儀や塔婆供養《とうばくよう》等を利用した貪欲《どんよく》な金儲《かねもう》け主義、腐敗・堕落した遊興等の実態。誠実に尽くす学会員を隷属《れいぞく》させ、支配しようと、衣の権威をかざして、「謗法《ほうぼう》」「地獄へ堕《お》ちる」などと、繰り返された脅《おど》し――同志は、〃こんなことが許されていいわけがない。大聖人の仏法の正義が踏みにじられていく。その醜態《しゅうたい》は、中世の悪徳聖職者さながらではないか!〃との思いを深くしてきた。

そして、〃なんのための宗教か〃〃誰のための教えなのか〃と声をあげ始めたのである。

伸一は、一貫して「御本尊という根本に還れ!」「日蓮大聖人の御精神《ごせいしん》に還れ!」「御書という原典に還れ!」と、誤りなき信心の軌道《きどう》を語り示してきた〉(前掲書、317~318ページ)

創価学会は、仏教ルネサンス(宗教改革)に舵《かじ》を切ったのである。

終章

世界宗教への道を進む

檀家制度に結びついた葬儀を見直す

創価学会第3代会長・池田大作（『新・人間革命』では山本伸一の名で登場）が推進する人間のための宗教革命は創価学会員に大きな力を与えた。どの宗教にとっても死は大きな意味を持つ。創価学会は、江戸時代の檀家《だんか》制度に結びついた葬儀から訣別《けつべつ》して、友人葬《ゆうじんそう》を開始した。

〈同志は、宗門の強権主義、権威主義が露骨《ろこつ》になるなかで、大聖人《だいしょうにん》の根本精神を復興させ、人間のための宗教革命を断行して、世界広布《こうふ》へ前進していかねばならないとの自覚を深くしていった。その目覚めた民衆の力が、新しき改革の波となり、大聖人の御精神《ごせいしん》に立ち返って、これまでの葬儀や戒名《かいみょう》等への見直しも始まったのである。

学会では、葬儀についても、大聖人の教えの本義のうえから、その形式や歴史的な経緯を探究し、僧を呼ばない同志葬《どうしそう》、友人葬が行われていった。

日蓮《にちれん》大聖人は仰《おお》せである。

「されば過去の慈父尊霊《じぶそんりょう》は存生《ぞんしょう》に南無妙法蓮華経《なんみょうほうれんげきょう》と唱《とな》へしかば即身成仏《そくしんじょうぶつ》の人なり」（御《ご》

書《しょ》一四二三ページ)

「故聖霊《こしょうりょう》は此《こ》の経の行者《ぎょうじゃ》なれば即身成仏疑《うたが》いなし」(御書一五〇六ページ)

これらの御書は、成仏は、故人の生前《せいぜん》の信心《しんじん》、唱題《しょうだい》によって決せられることを示されている。僧が出席しない葬儀では、故人は成仏《じょうぶつ》しないなどという考え方は、大聖人の御指導にはないのである。

また、戒名(法名《ほうみょう》)についても、それは、本来、受戒《じゅかい》名、出家《しゅっけ》名で、生前に名乗ったものである。大聖人の時代には、死後戒名などなく、後代《こうだい》につくられた慣習を、宗門が受け入れたに過ぎない。戒名は、成仏とは、全く関係のないものだ。

大聖人の仏法は、葬式仏教ではなく、一切衆生《いっさいしゅじょう》が三世《さんぜ》にわたって、幸福な人生を生きるための宗教である。各地の学会の墓地公園は、そうした仏法の生命観、死生《しせい》観のもと、皆、平等で、明るいつくりになっている。

学会の同志葬、友人葬が実施されると、その評価は高かった。学会員ではない友人からも、絶讃の声が寄せられた。

「葬儀は、ともすれば、ただ悲しみに包まれ、陰々滅々《いんいんめつめつ》としたものになりがちですが、学会の友人葬は、さわやかで、明るく、冥土《めいど》への旅立ちに、希望さえ感じさせるものでした。創価学会の前向きな死生観の表れといえるかもしれません」

「今は、なんでも代行業者を使う。葬儀で坊さんに読経《どきょう》してもらうのは、そのはしりでしょう。しかし、自分たちで、故人の冥福《めいふく》を祈ってお経を読み、お題目《だいもく》を唱える。皆さんの深い真心《まごころ》を感じました。これが、故人を送る本来の在り方ではないでしょうか」

また、ある学者は、次のような声を寄せた。

「日本の葬儀に革命的ともいえる変革をもたらすもの」「時代を先取りしているだけに、一部、旧思考の人びとから反発されるかもしれないが、これが将来の葬儀となり、定着することは明らかである」「三百年かかって日本に定着した檀家制度を、わずか三十年で、もう乗り越えようとしている学会の発展とスピードは奇跡的である」〉（池田大作『新・人間革命 第30巻下』聖教新聞社、2018年、318〜320ページ）

友人葬については創価学会員以外の人々でも評価が高い。「学会の友人葬は、さわやかで、明るく、冥土への旅立ちに、希望さえ感じさせるものでした」という認識が、非学会員を含め多くの人々に広まっている。

第一次宗門事件で、池田は一歩後退し、宗門と妥協した。それは池田が最後の勝利を確信していたからだ。「一歩後退、二歩前進」で創価学会は宗門から魂の独立を獲得する道へ進んでいく。

〈各地の学会員は、第一次宗門事件後、再び宗門の権威主義という本性《ほんしょう》が頭をもたげ始めたなかで、仏法の本義に基づく平成の宗教改革に立ち上がった。

そして、宗門が学会に出した解散勧告書《かんこくしょ》を契機に、改革への同志の思いは奔流《ほんりゅう》となってほとばしった。それは、日蓮大聖人の正法正義《しょうほうしょうぎ》に背《そむ》き、広宣流布の和合僧《わごうそう》を破壊しようとする、阿部日顕の法主退座を要求する署名運動となっていった。

11・18「創価学会創立記念日」を前にして、署名は、わずか十日足らずで、五百万人に至る勢いであった。その広がりは、学会への理不尽《りふじん》極まりない仕打ちに対する、同志の怒りの大きさを物語っていた。

同時に、創価の宝友《ほうゆう》には、大聖人の〝民衆の仏法〟が世界に興隆《こうりゅう》する時が来たとの強い実感があった。それは「三類《さんるい》の強敵《ごうてき》来《きた》らん事疑《ことうたが》い無《な》し」(御書五〇四ページ)の御金言《ごきんげん》が、現実となったことによるものであった。

学会は、三類の強敵のうち、俗衆増上慢《ぞくしゅぞうじょうまん》、すなわち仏法に無知な在家の人びとによる悪口罵詈《あっくめり》等の迫害を、数多く受けてきた。また、道門《どうもん》増上慢である、真実の仏法を究《きわ》めずに自分の考えに執着する僧らの迫害もあった。

しかし、聖者のように装った高僧《こうそう》が悪心《あくしん》を抱き、大迫害を加えるという僭聖《せんしょう》増上慢は現れなかった。ところが今、法主である日顕による、仏意仏勅の広宣流布の団体たる創価学会への弾圧が起こったのである。まさに、学会が、現代において法華経を行《ぎょう》じ、御金言通りの実践に励《はげ》んできたことの証明であった〉（前掲書、321〜322ページ）

仕掛けられた闘いは正面から受けて立つ

藤原弘達《ひろたつ》の『創価学会を斬《き》る』が引き起こした難《なん》は、仏法に無知な在家の人びとによる悪口罵詈等の迫害、すなわち俗衆増上慢に起因するものだった。これにたいして宗門からの攻撃は法主の日顕が中心になって展開されている。これは、〈世間から厚く尊敬され聖者のように思われている高僧をさす。内実は狡猾《こうかつ》で名聞名利《みょうもんみょうり》を求める念が強く、慢心《まんしん》を抱き、自分より勝る者が現れると反発・敵対し、世俗の権力を利用して法華経の行者を排除しようとする〉（創価学会公式サイト）僭聖増上慢だ。創価学会は闘う教団だ。宗門から仕掛けられた闘いを正面から受けて立った。

〈宗門から解散勧告書なる文書が送付されてきてから三週間後の十一月二十九日、またしても学会本部に文書が届いた。「創価学会破門《はもん》通告書」と書かれていた。

宗門は、解散するよう勧告書を送ったが、学会が、それに従わないから、〝破門〟するというのだ。さらに、「創価学会の指導を受け入れ、同調している全てのSGI（創価学会インタナショナル）組織、並《なら》びにこれに準ずる組織」に対しても、〝破門〟を通告するとあった。

初代会長・牧口常三郎の時代に入会し、戦後は第二代会長・戸田城聖のもとで学会の再建期から戦い、宗門の実態を見続けてきた草創の幹部たちは、日顕らの卑劣《ひれつ》な策略《さくりゃく》を糾弾《きゅうだん》した。最高指導会議議長の泉田弘や参議会議長の関久男、同副議長の清原かつ等である。

泉田は、あきれ返りながら語った。

「いったい誰を〝破門〟にしたのかね。普通、〝破門〟は、人に対して行うものだが、学会とSGIという組織を〝破門〟にしたという。そして、個々の会員には、宗門の信徒の資格は残るので、学会を脱会するよう呼びかけている。結局、学会員を奪って、寺につけようという魂胆《こんたん》が丸見えじゃないか。

宗門の権威主義、保身、臆病、ずるさは、昔から全く変わっていないな。信心がないんだ。だから、戦時中は、神札《かみふだ》を受けるし、御書も削除している。また、何かあると、御本尊を下付《かふ》しないなどと、信仰の対象である御本尊を、信徒支配の道具に使う。

それと、注意しなければならないのが、創価の師弟を引き裂こうとしてきたことだよ。宗旨建立《しゅうしこんりゅう》七百年（一九五二年）の慶祝記念登山の折、戦時中、神本仏迹論《しんぽんぶっしゃく》の邪義《じゃぎ》を唱えた悪僧・笠原慈行《じこう》を、学会の青年たちが牧口先生の墓前で謝罪させた。その時も宗門の宗会は、戸田先生に対して、大講頭罷免《だいこうとうひめん》、登山停止等を決議した。戸田先生一人を処分して、同志との離間《りかん》、創価の師弟の分断を謀《はか》り、学会員を宗門に隷属させようという魂胆だった」〉（前掲書、322〜323ページ）

破門通告の日は「魂の〝独立記念日〟」

かつて宗門は、創価学会第2代会長・戸田城聖と創価学会員を分断しようとしたが、その試みは成功しなかった。今度は池田と創価学会員の分断を試みているが、成功するはずがない。

〈創価学会は、広宣流布を使命とする地涌《じゆ》の菩薩《ぼさつ》の集《つど》いである。そして、その生命線は、師弟にこそある。ゆえに、広布の破壊をもくろむ第六天《だいろくてん》の魔王は、さまざまな方法を駆使して、創価の師弟の分断を企てる。

宗門の腐敗と信徒蔑視の体質をよく知る、泉田ら草創の幹部たちは、今こそ戦おうと、宗門に対して率先して抗議してきた。

若い世代に、学会の精神を伝え抜いていくためには、歴戦の先輩たちが、自らの実践を通して、示していくしかない。後継の同志を育て上げることこそが、先輩の使命であり、責任である。

泉田は、意気軒昂《いきけんこう》に断言した。

「これで宗門が、大聖人の仏法を踏みにじり、謗法の宗となったことがハッキリしたわけだ。宗開両祖《しゅうかい》のお叱《しか》りは免《まぬか》れない!」

同志の気持ちは晴れやかであった。〝これで、あの権威ぶった陰湿な宗門に気を遣《つか》わず、さわやかに世界広布に邁進《まいしん》できる!〟というのが、皆の心境であった〉(前掲書、323~324ページ)

宗門から創価学会本部に破門通告書が1991年11月29日に届いた。創価学会は宗門の差別主義、権威主義の鎖を断ち切り、世界宗教への飛躍を開始した。破門通告書の日付11月28日は創価学会にとって「魂の〝独立記念日〟」になった。

〈破門通告書が届いた二十九日、東京・千駄ケ谷《せんだがや》の創価国際友好会館では、SGI会長の山本伸一への、「教育・文化・人道貢献賞《こうけんしょう》」の授賞式が行われた。これは、東京に大使館を置くアフリカ外交団二十六カ国の総意として贈られたもので、授賞式には、十九カ国の大使（臨時代理大使）等とアフリカ民族会議（ANC）の駐日《ちゅうにち》代表が出席した。アフリカ諸国の大使、大使館代表が、これだけそろっての訪問は、異例中の異例であった。

外交団を代表してあいさつした団長のガーナ大使は、伸一並びにSGIの世界平和への実績として、アパルトヘイト撤廃への貢献をはじめ、創価大学や民音《みんおん》などを通してのアフリカと日本の教育・文化交流などをあげた。そして、SGIは人類の理想を共有する〝世界市民の集い〟であると述べ、力を込めた。

「私どもは、〝共通の理想〟を実現しゆくパートナーとして、SGIを選んだことが正しいと確信します」

ガーナ大使は、さらに、伸一に対して、「貴殿《きでん》は、実に、どの点から見ても、〝真の世界市民〟であり、日本にとって〝最高の大使〟です」と語った。

長い間、圧迫、差別などに苦しめられ、多くの困難と戦ってきたアフリカ大陸の歴史。そのなかで培《つちか》われた鋭い眼による評価に対して、伸一は身の引き締まる思いがした。

続いて伸一に「教育・文化・人道貢献賞」が贈られると、祝福の拍手が広がった。同賞には、次のように授賞の理由が記されていた。

「教育、文化、人道主義の行動、民族の平等と人権の尊重、貧困の救済と精神的な励まし、人間性のための献身を通して世界平和を推進されている貴殿の功績を評価し、在東京アフリカ外交団は、こうした人類への奉仕のご行動の中に光る、貴殿の卓越した人間的資質をここに証明し、讃《たた》えるものである」

マイクに向かった伸一は、「今日は、感動的な〝歴史の日〟になりました」と述べたあと、学会は、創立以来、人間の尊厳と平等を守るために戦い、第二代会長・戸田城聖は「地球民族主義」を提唱したことを紹介。〝民衆の勝利〟へ進む「二十一世紀の大陸・アフリカ」との、一層の交流を誓った。

授賞式に出席していたANCの駐日代表は、マンデラ議長から伝言を託されていた。

「SGI会長にくれぐれもよろしくお伝えください。ご健勝を心よりお祈りします」

――。

伸一は、外交団の一人ひとりに感謝の言葉を述べ、固い握手を交わして見送った。

「教育の道」「文化の道」「人道の道」――これらの道が開けてこそ、真実の仏法の精神も広く世界に脈動《みゃくどう》していく。仏法の精神である人間主義、平和主義は、あらゆる壁を超えて、「人」と「人」を結んでいく。その実現をめざすなかに、仏法者の正しき実践がある。二十一世紀の世界市民運動がある。

〝人権の勝利〟へ、新しい時代の幕が、この日、厳然と開いたのである。各国大使の心こもる祝福は、堂々と「魂の独立」を果たした創価の未来に寄せる、喝采《かっさい》と期待でもあった〉（前掲書、324、326〜327ページ）

「天の時　遂に来れり　創価王」

SGIの価値観はアフリカ諸国で受け入れられた。「魂の独立」が創価学会の未来を切り開くために不可欠であることを再認識させる出来事だった。

〈授賞式翌日の三十日夜、「創価ルネサンス大勝利記念幹部会」が全国各地で盛大に開催された。山本伸一は、創価国際友好会館での集いに出席した。

彼は、創価の新しき出発となるこの日を記念して句を詠み、全国の同志に贈った。

「天《てん》の時　遂に来《きた》れり　創価王《おう》」

記念幹部会の席上、この句を紹介した会長の秋月英介は、「創価王」とは、創価学会員全員が信仰の「王者」の意味であることを伝えた。

そして、日顕ら宗門の本質を明らかにしていった。

「数々の謗法《ほうぼう》行為を犯し、〝日顕宗〟と化した宗門には、学会を破門する資格など、毛頭ありません。大罪を犯した日顕法主こそ、大聖人から厳しく裁かれなければならない」

「今回の、広宣流布の前進を妨げる『破和合僧《はわごうそう》』の行為により、宗門は、日蓮大聖人から間違いなく破門になったと断じたい」

「宗門による破門の本質は、陰湿な檀徒《だんと》づくりの策略であり、学会をさらに解体しようと狙っている野心は、少しも変わっていない。その本質を見抜いていかなければならない」

ここで彼は、声を大にして叫んだ。

「私どもは、信心のうえからも、黒い悪魔の鉄鎖《てっさ》を切って、自由に伸び伸びと、世界広布に邁進《まいしん》できることになったのであります。本日、私どもが『魂の自由』を勝ち取った、創価ルネサンスの『大勝利宣言』をしたいと思いますが、皆さん、いかがでしょうか!」

大歓声と大拍手が鳴り響いた。

さらに秋月は、「相構《あいかま》え相構えて強盛《ごうじょう》の大信力《だいしんりき》を致して南無妙法蓮華経・臨終正念《りんじゅうしょうねん》と

1994年５月21日、ロシア訪問中の池田夫妻＝モスクワ市内（© Seikyo Shimbun）

祈念《きねん》し給《たま》へ、生死一大事《しょうじいちだいじ》の血脈此《こ》れより外《ほか》に全く求むることなかれ」「信心の血脈なくんば法華経を持《たも》つとも無益《むやく》なり」（御書一三三八ページ）の御文《ごもん》を拝し、力説した。

「信心こそが、『血脈の本体』であり、御本尊に具わる功徳《くどく》は、仏力《ぶつりき》・法力《ほうりき》と、私どもの信力・行力《ぎょうりき》の四《し》力《りき》がそろうところに必ず現れ、『強盛の大信力』にこそ無量の功徳がある。そのことを、実証をもって示していきたい」

次いで秋月は、同志葬、友人葬などを担当していくため、各県・区に儀典《ぎてん》部を設置することを発表した。また、全国で、世界で進められてきた日顕《にっけん》法主《ほっす》退座《たいざ》要求署名は、国内、海外合わせ、千二百四十二万に達したことを報告し、全世界から集まった民衆の怒りの声を突きつけていきたいと訴えた。

集った同志は、大拍手をもって賛同の意を表した。皆、世界広布の「天《てん》の時」を感じていた。大宗教革命の新しき歴史の大舞《おおぶ》台《たい》に、主人公として立つ喜びに、血湧《わ》き、肉躍らせるのであった〉（前掲書、327～329ページ）

「天の時　遂に来れり　創価王」という池田の句には、宗門からの完全独立を果たし、仏法の王として、創価学会が世界宗教化する決意が込められていた。

〈いよいよ伸一のスピーチとなった。

「本日は、緊急に〝祝賀の集い〟があるというので、私も出席させていただいた」とユーモアを込めて切り出すと、爆笑が広がり、拍手が起こった。明るく、伸びやかな、喜びと決意がみなぎる集いであった。

伸一は、宗門が十一月二十八日付で学会に破門通告書を送ってきたことから、こう述べていった。

「十一月二十八日は、歴史の日となった。『十一月』は学会創立の月であり、『二十八日』は、ご承知の通り、法華経二十八品《ぼん》の『二十八』に通じる。期せずして、魂の〝独立記念日〟にふさわしい日付になったといえようか」

またしても大拍手が場内に轟《とどろ》いた。

魂の〝独立記念日〟――その言葉に、誰もが無限の未来と無限の希望を感じた。

伸一は、日蓮大聖人の仰せ通りに、学会が不惜身命の精神で妙法広宣流布を実現してきたことを再確認し、力を込めた。

「これ以上、折伏・弘教《ぐきょう》し、これ以上、世界に正法を宣揚《せんよう》してきた団体はありません。また、いよいよ、これからが本《ほん》舞台です。

戸田先生も言われていたが、未来の経典に『創価学会仏《ぶつ》』の名が厳然と記し残されることは間違いないと確信するものであります」

まさしく、仏意仏勅の創価学会であり、広宣流布のために懸命に汗を流す、学会員一人ひとりが仏《ほとけ》なのである〉（前掲書、329〜331ページ）

「戸田先生も言われていたが、未来の経典に『創価学会仏』の名が厳然と記し残されることは間違いないと確信するものであります」との池田の発言は、恩師戸田城聖の信心を継承し、創価学会の未来への決意を述べた独立宣言だ。

2000年12月14日、池田は第52回本部幹部会、関西代表幹部会、関西女性総会の席で2001年からの新しき「七つの鐘《かね》」について述べる。

〈ドイツの詩人シラーは、「鐘の歌」という有名な詩を詠《よ》んだ。

その中に、こういう一節がある。「鐘は愛すべき人達を集めて　和合させ、親密に団結させるのだ。そしてこれが鐘の今後の使命だ」「平和こそこの鐘の第一の響《ひびき》にてあれ」（木村謹治訳、『シラー選集』1所収、冨山房）

世界は今、新しい世紀、新しい千年の夜明けを告げゆく、高らかな「平和の暁鐘《ぎょうしょう》」を待ち望んでいる。弱々しく、もの悲しい哀音《あいおん》では、人々を覚醒させることはできない。

汝《なんじ》自身の中に眠る、尊極《そんごく》なる生命に皆を目覚めさせていく、鮮烈な「哲学の鐘」が必要なのである。

あらゆる人々を、平和の方向へ、希望の方向へ、幸福の方向へ、繁栄の方向へと和合させ、団結させていく鐘は、どこにあるのか。力強く、勢いのある、妙なる歓喜の響きは、どこにあるのか。

心ある世界の知性は、それを創価学会の「人間主義の鐘」に求め始めた。

ご存じのとおり、これまで創価学会は、「七つの鐘」を七年ごとに打ち鳴らしながら前進してきた。「七」は「南無妙法蓮華経」の七字にも通ずる。

第一の「七つの鐘」は、学会創立の昭和五年（一九三〇年）から、昭和五十四年（七九年）までの五十年間であった。そして創立七十周年の佳節《かせつ》を飾り、明年の二〇〇一年から二〇五〇年へ、いよいよ第二の「七つの鐘」がスタートする〉（『池田大作全集　第九十二巻』聖教新聞社、2003年、69～70ページ）

牧口常三郎《つねさぶろう》創価学会初代会長により、1930年に創価教育学会が創設された。それから50年で、池田の指導によって創価学会が750万世帯を達成した。これが第1の鐘だ。そして創価学会は1991年11月28日に宗門から「魂の独立」を達成した。そして、21世紀から創価学会は世界宗教の形成に向けて飛躍的に発展していく。

〈かつて私は、ここ関西の地で、二十一世紀、二十二世紀、そして、はるか二十三世紀までの壮大なビジョンを語りあった。(九七年五月十七日、関西代表者会議)

まず、第二の「七つの鐘」を打ち鳴らす、二十一世紀の前半の五十年では、アジアをはじめ世界の平和の基盤をつくってまいりたいと、私は申し上げた。そのとおりに私は祈り、一つまた一つと、手を打ち続けてきた。今回、私がアジアの各地を訪問したのも、この二十一世紀の構想の上からの新たな第一歩である。

続く第三の「七つの鐘」を鳴らす二十一世紀の後半では、「生命の尊厳」の哲学を時代精神にし、世界精神へと定着させたい。さらに、第四の「七つの鐘」に当たる二十二世紀の前半には、世界の「恒久《こうきゅう》の平和」の崩れざる基盤をつくりたい。その基盤の上に、第五の「七つの鐘」が高鳴る二十二世紀の後半には、絢爛《けんらん》たる人間文化の花が開いていくであろう。

それが実現すれば、第六の「七つの鐘」、第七の「七つの鐘」と進みゆく。日蓮大聖人の立宗《りっしゅう》千年(二二五三年)を迎える二十三世紀の半ばごろから、新たな展開が始まるであろう。

このように私は、未来の遠大な展望を、深い決意と願望と確信をこめて、関西の同志と語りあった。
はるかな未来のためにも、二〇〇一年からの最初の七年間が大事である。なかんずく、明二〇〇一年が、一切の勝負を決する年となろう〉（前掲書、70～71ページ）
池田の眼には、23世紀の創価学会の姿が見えるのである。その時代の百科事典で世界宗教の項を引くと、キリスト教、イスラム教に並んで創価学会が出ているのであろう。

会憲で明らかにされた戦略基盤

創価学会の戦略の基盤は、2017年11月18日に施行された創価学会会憲前文で明らかにされている。

〈第三代会長池田大作先生は、戸田先生の不二《ふに》の弟子として、広宣流布の指揮をとることを宣言され、怒濤《どとう》の前進を開始された。
日本においては、未曾《みぞう》有の弘教拡大を成し遂げられ、広宣流布の使命に目覚めた民衆勢力を築き上げられた。ともに、牧口先生と戸田先生の御構想をすべて実現されて、大聖人の仏法の理念を基調とした平和・文化・教育の運動を多角的かつ広汎《こうはん》に展開し、社会のあらゆる分野に一大潮流を起こし、創価思想によって時代と社会をリードして、広宣流布を現実のものとされた。

会長就任直後から、全世界を駆け巡り、妙法の種を蒔《ま》き、人材を育てられて、世界広宣流布の礎《いしずえ》を築かれ、1975年1月26日には、世界各国・地域の団体からなる創価学会の国際的機構として創価学会インタナショナル（SGI）を設立された。それとともに、世界においても仏法の理念を基調として、識者との対談、大学での講演、平和提言などにより、人類普遍のヒューマニズムの哲学を探求され、平和のための善の連帯を築かれた。池田先生は、仏教史上初めて世界広宣流布の大道を開かれたのである。

牧口先生、戸田先生、池田先生の「三代会長」は、大聖人の御遺命《ごゆいめい》である世界広宣流布を実現する使命を担って出現された広宣流布の永遠の師匠である。「三代会長」に貫かれた「師弟不二」の精神と「死身弘法《ししんぐほう》」の実践こそ「学会精神」であり、創価学会の不変の規範である。日本に発して、今や全世界に広がる創価学会は、すべてこの「学会精神」を体現したものである。

池田先生は、戸田先生も広宣流布の指揮をとられた、「三代会長」の師弟の魂魄《こんぱく》を留める不変の根源の地である信濃町《しなのまち》に、創価学会の信仰の中心道場の建立を発願《ほつがん》され、その大殿堂を「広宣流布大誓堂《だいせいどう》」と命名された。

2013年11月5日、池田先生は、「大誓堂」の落慶入仏式《らっけいにゅうぶつ》を執り行なわれ、「広宣流布の御本尊」を御安置され、末法万年にわたる世界広宣流布の大願をご祈念されて、全世界の池田門下に未来にわたる世界広宣流布の誓願の範を示された。

世界の会員は、国籍や老若男女を問わず、「大誓堂」に集い来り、永遠の師匠である「三代会長」と心を合わせ、民衆の幸福と繁栄、世界平和、自身の人間革命を祈り、ともどもに世界広宣流布を誓願する。

池田先生は、創価学会の本地と使命を「日蓮世界宗創価学会」と揮毫《きごう》されて、創価学会が日蓮大聖人の仏法を唯一世界に広宣流布しゆく仏意仏勅の教団であることを明示された。

そして、23世紀までの世界広宣流布を展望されるとともに、信濃町を「世界総本部」とする壮大な構想を示され、その実現を代々の会長を中心とする世界の弟子に託された。

創価学会は、「三代会長」を広宣流布の永遠の師匠と仰ぎ、異体同心《いたいどうしん》の信心をもって、池田先生が示された未来と世界にわたる大構想に基づき、世界広宣流布の大願を成就しゆくものである〉（創価学会公式サイト）

創価学会の永遠の師匠である創価学会第3代会長・池田大作の信仰、思想、行動を知ることが日本と世界の現在と未来を読み解く鍵になると筆者は確信している。(了)

あとがき

創価学会にとって２０２０年には特別の意味がある。１９３０年11月18日に牧口常三郎初代会長の著書『創価教育学体系』の第１巻が発刊された。この日が創価学会創立記念日だ。今年はその90周年にあたる。また、１９６０年５月３日に池田大作が創価学会第３代会長に就任して60年になる。創価学会は、日本の社会、政治、経済のみならず、国際関係にも大きな影響を与える。にもかかわらず創価学会の内在的論理についてわかる本が少ない。ならば自分でそのような本を書いてみようと思った。

雑誌連載をまとめる形態にしたのは、連載中に読者からさまざまな反応があることを想定して、それを踏まえた方が、いきなり書き下ろしにするよりはわかりやすい本になると考えたからだ。この戦略は正しかったと思っている。

創価学会について記述する際の私のアプローチについては本書の冒頭で詳しく説明した

のでここでは繰り返さない。私が宗教について記述するにあたって常に心がけているのは、当該《とうがい》宗教の内在的論理を明らかにすることだ。ここで私はカール・バルト（1886〜1968年）、ヨゼフ・ルクル・フロマートカ（1889〜1969年）という2人のプロテスタント神学者の方法から多くを学んだ。

第1次世界大戦の大量殺戮《さつりく》と大量破壊を目《ま》の当たりにして、スイスのプロテスタント神学者カール・バルトは、近代神学が生命力を失ってしまったと考えた。そして、人間が神について語ることをやめ、神が人間に呼びかけていることに虚心坦懐《きょしんたんかい》に耳を傾けるべきと説いた。その類比で、われわれは池田について語ることをやめ、池田がわれわれに語りかけていることについて虚心坦懐に耳を傾けることが重要だ。

バルトは新約聖書の『ローマの信徒への手紙』をていねいに読み直すことにした。私は、数多くある池田の著作から『私の履歴書』、さらに創価学会の「精神の正史」である『人間革命』と『新・人間革命』を読み直すことにした。バルトは、人間は神でないので、原理的に神について語ることはできないと考えた。しかし、神学者は神について語らなくてはならない。この弁証法的緊張から「不可能の可能性」としての神学が成立する。

本文でも何度か繰り返したが、私は創価学会員ではない。仏教徒でもない。日本基督《きりすと》教団（日本におけるプロテスタントの最大教派）に属するキリスト教徒だ。異教徒である私が創価学会の永遠の師匠《ししょう》である池田大作創価学会第3代会長について語ることは原理的にできない。しかし、一人の宗教人、一人の作家として、今、ここで池田について語らなくてはならないと確信している。本書『池田大作研究　世界宗教への道を追う』は、私が全力を尽くして「不可能の可能性」に挑《いど》んだ作品だ。

私はチェコのプロテスタント神学者ヨゼフ・ルクル・フロマートカの影響も強く受けた。フロマートカは、「フィールドはこの世界である」と強調し、キリスト教徒は教会の内側に留まっているのではなく、社会で他者に奉仕しなくてはならないと考えた。此岸《しがん》（この世）の重要性を私はフロマートカから学んだ。キリスト教徒であるフロマートカにとって、イエス・キリストこそ生き死にの原理である。信仰は、政治を含む人間の生活のすべてを貫くものだ。おそらくこれは現代に生き残る力を持つ世界宗教の特徴なのだと思う。池田の指導によって創価学会が世界宗教に発展しつつある。本書で私は、その現実を忠実に描こうと努力した。

本書を上梓するにあたっては、朝日新聞出版書籍編集部の中島美奈氏、「AERA」での連載の機会を与えてくださった片桐圭子編集長、連載のデスクを担当してくださった木村恵子氏に大変にお世話になりました。また、本書の刊行は朝日新聞出版の西村陽一会長、青木康晋社長、尾木和晴取締役の理解なくしては不可能でした。どうもありがとうございます。

２０２０年10月30日、曙橋の自宅にて

佐藤　優

付録　創価学会会憲

前文

釈尊《しゃくそん》に始まる仏教は、大乗《だいじょう》仏教の真髄である法華経《ほけきょう》において、一切衆生《いっさいしゅじょう》を救う教えとして示された。末法《まっぽう》の御本仏日蓮大聖人《ごほんぶつにちれんだいしょうにん》は、法華経の肝心《かんじん》であり、根本の法である南無妙法蓮華経《なんみょうほうれんげきょう》を三大秘法として具現し、未来永遠にわたる人類救済の法を確立するとともに、世界広宣流布《こうせんるふ》を御遺命《ごゆいめい》された。

初代会長牧口常三郎《まきぐちつねさぶろう》先生と不二《ふに》の弟子である第二代会長戸田城聖《とだじょうせい》先生は、1930年11月18日に創価学会を創立された。創価学会は、大聖人の御遺命である世界広宣流布を唯一実現しゆく仏意仏勅《ぶついぶっちょく》の正統な教団である。日蓮大聖人の曠大《こうだい》なる慈悲《じひ》を体し、末法の娑婆《しゃば》世界において大法を弘通《ぐつう》しているのは創価学会しかない。ゆえに戸田先生は、未来の経典に「創価学会仏《そうかがっかいぶつ》」と記されるであろうと断言されたのである。

牧口先生は、不思議の縁により大聖人の仏法に帰依《きえ》され、仏法が生活法であり価値創造の源泉であることを覚知《かくち》され、戸田先生とともに広宣流布の実践として折伏《しゃくぶく》を開始された。第二次世界大戦中、国家神道を奉ずる軍部政府に対して国家諫暁《かんぎょう》を叫ばれ、その結果、弾圧・投獄され、獄中にて逝去《せいきょ》された。牧口先生は、「死身弘法《ししんぐほう》」の精神をご自身の殉教によって後世に遺《のこ》されたのである。

戸田先生は、牧口先生とともに投獄され、獄中において「仏とは生命なり」「我、地涌《じゆ》の菩薩《ぼさつ》なり」との悟達《ごだつ》を得られた。戦後、創価学会の再建に着手され、人間革命の理念を掲げて、生命論の立場から、大聖人の仏法を現代に蘇生《そせい》させる実践を開始された。会長就任に当たり、広宣流布は創価学会が断じて成就するとの誓願《せいがん》を立てられ、「法華弘通《ほっけぐつう》のはたじるし」として、「大法弘《だいほう》通慈折《じしゃく》広宣流布大願成就《だいがんじょうじゅ》」「創価学会常住《じょうじゅう》」の御本尊を学会本部に御安置《ごあんち》され、本格的な広宣流布の戦いを展開された。戸田先生は、75万世帯の願業《がんぎょう》を達成されて、日本における広宣流布の基盤を確立された。

第三代会長池田《いけだ》大作《だいさく》先生は、戸田先生の不二の弟子として、広宣流布の指揮をとることを宣言され、怒濤《どとう》の前進を開始された。

日本においては、未曾有《みぞう》の弘教《ぐきょう》拡大を成し遂げられ、広宣流布の使命に目覚めた民衆勢力を築き上げられた。とともに、牧口先生と戸田先生の御構想をすべて実現されて、大聖人の仏法の理念を基調とした平和・文化・教育の運動を多角的かつ広汎《こうはん》に展開し、社会のあらゆる分野に一大潮流を起こし、創価思想によって時代と社会をリードして、広宣流布を現実のものとされた。

会長就任直後から、全世界を駆け巡り、妙法の種を蒔《ま》き、人材を育てられて、世界広宣流布の礎を築かれ、1975年1月26日には、世界各国・地域の団体からなる創価学会の国際的機構として創価学会インタナショナル（ＳＧＩ）を設立された。それとともに、世界においても仏法の理念を基調として、識者との対談、大学での講演、平和提言などにより、人類普遍のヒューマニズムの哲学を探求され、平和のための善の連帯を築かれた。池田先生は、仏教史上初めて世界広宣流布の大道を開かれたのである。

牧口先生、戸田先生、池田先生の「三代会長《さんだい》」は、大聖人の御遺命である世界広宣流布を実現する使命を担って出現された広宣流布の永遠の師匠《ししょう》である。「三代会長」に貫かれた「師弟不二」の精神と「死身弘法」の実践こそ「学会精神」であり、創価学会の不変の規範である。日本に発して、今や全世界に広がる創価学会は、すべてこの「学会精神」を体現したものである。

池田先生は、戸田先生も広宣流布の指揮をとられた、「三代会長」の師弟の魂魄《こんぱく》を留める不変の根源の地である信濃町《しなのまち》に、創価学会の信仰の中心道場の建立《こんりゅう》を発願《ほつがん》され、その大殿堂を「広宣流布大誓堂《だいせいどう》」と命名された。

2013年11月5日、池田先生は、「大誓堂」の落慶入仏《らっけいにゅうぶつ》式を執り行なわれ、「広宣流布の御本尊」を御安置され、末法万年にわたる世界広宣流布の大願をご祈念されて、全世界の池田門下に未来にわたる世界広宣流布の誓願の範を示された。

世界の会員は、国籍や老若男女を問わず、「大誓堂」に集い来り、永遠の師匠である「三代会長」と心を合わせ、民衆の幸福と繁栄、世界平和、自身の人間革命を祈り、ともどもに世界広宣流布を誓願する。

池田先生は、創価学会の本地と使命を「日蓮世界宗創価学会」と揮毫《きごう》されて、創価学会が日蓮大聖人の仏法を唯一世界に広宣流布しゆく仏意仏勅の教団であることを明示された。

そして、23世紀までの世界広宣流布を展望されるとともに、信濃町を「世界総本部」とする壮大な構想を示され、その実現を代々の会長を中心とする世界の弟子に託された。

創価学会は、「三代会長」を広宣流布の永遠の師匠と仰ぎ、異体同心の信心《しんじん》をもって、池田先生が示された未来と世界にわたる大構想に基づき、世界広宣流布の大願を成就しゆくものである。

第1章　総則

（名　称）
第1条　この会は、「創価学会」という。
（教　義）
第2条　この会は、日蓮大聖人を末法の御本仏と仰ぎ、根本の法である南無妙法蓮華経を具現された三大秘法を信じ、御本尊に自行化他にわたる題目を唱え、御書《ごしょ》根本に、各人が人間革命を成就し、日蓮大聖人の御遺命である世界広宣流布を実現することを大願とする。

（三代会長）

第３条　初代会長牧口常三郎先生、第二代会長戸田城聖先生、第三代会長池田大作先生の「三代会長」は、広宣流布実現への死身弘法の体現者であり、この会の広宣流布の永遠の師匠である。

２．「三代会長」の敬称は、「先生」とする。

（目　的）

第４条　この会は、日蓮大聖人の仏法の本義に基づき、弘教および儀式行事を行ない、会員の信心の深化、確立をはかることにより、各人が人間革命を成就するとともに、日蓮大聖人の仏法を世界に広宣流布し、もってそれを基調とする世界平和の実現および人類文化の向上に貢献することを目的とする。

（構　成）

第５条　この会は、「三代会長」を広宣流布の永遠の師匠と仰ぎ、第２条の教義および前条の目的を同じくする世界各国・地域の団体（以下「構成団体」という。）および会員をもって構成する。

第2章　創価学会総本部

（創価学会総本部）

第6条　この会は、第4条の目的を達成するため、「創価学会総本部」を日本国東京都新宿区信濃町に置く。

2．創価学会総本部に、世界広宣流布を推進するため、「世界本部」を置く。

（広宣流布大誓堂）

第7条　この会は、日蓮大聖人の御遺命である世界広宣流布の大願成就を誓願する信仰の中心道場として「広宣流布大誓堂」を設置する。

2．この会は、「大法弘通慈折広宣流布大願成就」「創価学会常住」の御本尊を広宣流布大誓堂に御安置する。

（名誉会長）

第8条　この会に、創価学会会則の定めるところにより、名誉会長を置くことができる。

（会　長）

第9条　この会に、会長を置く。

2．会長は、「三代会長」を継承し、その指導および精神に基づき、この会を指導し、統理する。

3．会長は、この会の教義および化儀を裁定する。

4．会長は、御本尊に関する事項を司《つかさど》る。

5．会長は、この会の儀式行事を主宰する。

6．会長の選出、代行および任期は、創価学会会則の定めるところによる。

（世界広宣流布諮問会議）

第10条　この会に、世界広宣流布諮問会議を置く。

2．会長は、世界広宣流布に関わる重要な事項、その他必要と認める事項について、世界広宣流布諮問会議に諮問することができる。

3．世界広宣流布諮問会議員は、会長が任命し、その任期は会長の在任中とする。

（創価学会インタナショナル）

第11条　この会は、この会の国際的機構として、創価学会インタナショナル（以下「ＳＧＩ」という。）を置く。

2．ＳＧＩに、ＳＧＩ会長を置く。
3．ＳＧＩは、構成団体および会員に対して、その信仰活動を増進させるため、助言、指導するとともに、必要な措置を講ずることができる。
4．ＳＧＩならびに構成団体および会員は、その活動の推進に当たっては、各国・地域の法令を遵守し、また、随方毘尼の精神を踏まえ、文化および風習を尊重する。
5．本条に定めるもののほか、ＳＧＩは、その組織および運営に関する規則をＳＧＩ規約として定める。
6．構成団体に関し必要な事項は、ＳＧＩ規約の定めるところによる。

第3章　会員

（会　員）
第12条　会員は、この会の教義を遵守し、「三代会長」の指導・精神に則り、この会の指導に従い、この会の目的達成のため信行学を実践する。
2．会員の地位の得喪の要件および手続は、前項のほか、ＳＧＩ規約の定めるところによる。

第4章　教師および准教師

（教師および准教師）

第13条　この会に、儀式行事を執行し、会員を指導し、世界広宣流布を推進する任に当たる模範のリーダーとして、教師および准教師を置く。

2．教師および准教師は、信仰経験、人格、識見、指導力、教学力ともに優れた会員の中から、会長がこれを任命する。

3．教師および准教師の任期その他必要な事項は、本条に定めるもののほか、ＳＧＩ規約の定めるところによる。

第5章　補則

（最高法規）

第14条　この会憲は、この会の根本規範であり最高法規であって、他の規定に優先する。

（改　正）

第15条　この会憲の改正は、創価学会会則に定める会則改正と同一の手続を経た上で、会長が発議し、会憲改正会議の構成員総数の3分の2以上の多数の議決により決する。
2．会憲改正会議は、教師の中から会長が任命する会議員をもって構成し、その員数は30名以内とする。
3．この会憲の改正は、会長がこれを公布する。

付則

（施行期日）
第1条　この会憲は、2017年11月18日から施行する。

一、本書は、週刊誌「AERA」に二〇一九年一二月三〇日・二〇二〇年一月六日号〜一一月九日号まで全四三回連載された「池田大作研究　世界宗教への道を追う」に加除・修正したものです。敬称は省略しました。
一、本文中の池田大作氏の叙述・発言などは、『池田大作全集』『新・人間革命』（聖教新聞社）を出典とし、「獅子」は「師子」で統一しました。
一、本文中、『池田大作全集』『新・人間革命』で引用される文献の出典は次の通りです。新字体、現代仮名遣いに改めたところもあります。
・内村鑑三『代表的日本人』鈴木俊郎訳、岩波文庫
・カール・マルクス「ヘーゲル法哲学批判」花田圭介訳、大内兵衛・細川嘉六監訳『マルクス＝エンゲルス全集』1所収、大月書店
・「宗教にたいする労働者党の態度について」、日本共産党中央委員会レーニン選集編集委員会編『レーニン10巻選集』4所収、大月書店
・『妙法蓮華経㊥開結』創価学会版
・『トルストイ全集18』深見尚行訳、岩波書店
・C・カーソン、K・シェパード編『私には夢がある　M・L・キング説教・講演集』梶原寿監訳、新教出版社
一、「付録　創価学会会憲」のルビは編集部で付しました。

校閲　真船　靖
ＤＴＰ　坂本由佳
（いずれも朝日新聞総合サービス）

佐藤　優（さとう・まさる）
作家、元外務省主任分析官

一九六〇年生まれ。同志社大学神学部卒業。同大学院神学研究科修了。八五年、外務省入省。在ソ連・在ロシア日本大使館勤務。北方領土交渉などで活躍。二〇〇二年、背任と偽計業務妨害容疑で逮捕。〇九年、最高裁上告棄却。一三年、執行猶予期間を満了し刑の言い渡しが効力を失う。同志社大学神学部客員教授。著書に『国家の罠』（毎日出版文化賞特別賞）、『自壊する帝国』（大宅壮一ノンフィクション賞、新潮ドキュメント賞）、『十五の夏』（梅棹忠夫・山と探検文学賞）など多数。朝日新書に『創価学会と平和主義』がある。

池田《いけだ》大作《だいさく》研究《けんきゅう》
世界宗教《せかいしゅうきょう》への道《みち》を追《お》う

二〇二〇年一〇月三〇日　第一刷発行

著　者　佐藤　優
発行者　尾木和晴
発行所　朝日新聞出版
〒一〇四-八〇一一　東京都中央区築地五-三-二
電話　〇三-五五四一-八六二七（編集）
〇三-五五四〇-七七九三（販売）

印刷製本　凸版印刷株式会社

ISBN978-4-02-331885-4
定価はカバーに表示してあります。